Sgrégérie conp̶ | 8.21

||||||||||||||||||||||||||||
D1085721

Tgres conflits : 101

Yvon Dallaire

Psychologue

Qui sont ces couples heureux?
Surmonter les crises et les conflits du couple

Traité de psychologie des couples heureux

Option Santé
ÉDITIONS

Catalogage avant publication de Bibliothèque et Archives Canada

Dallaire, Yvon, 1947-
    Qui sont ces couples heureux? Surmonter les crises et les conflits du couple
    Comprend des réf. Bibliogr.
    ISBN 2-922598-22-5
        1. Couples. 2. Bonheur. Relations entre hommes et femmes. I. Titre
    HQ737.d34 2005   306.81   c2005-941670-X

Qui sont ces couples heureux? Surmonter les crises et les conflits du couple
Copyright© 2006 par Yvon Dallaire
Tous droits réservés pour tous pays
2ᵉ édition

Les Éditions Option Santé Enr.
675, Marguerite Bourgeoys, Québec (Québec) Canada, G1S 3V8
Téléphone : +418.687.0245
Courrier : info@optionsante.com
Site Internet : http://www.optionsante.com

Mise en page : Chalifour Communications inc.
Conception de la page couverture : Caroline Bédard
Photo de la page couverture : Les photographes Kedl
Photogravure et impression : AGMV Marquis
Photographie de l'auteur : Les photographes Kedl

Dépôt légal : 1ᵉʳ trimestre 2006
Bibliothèque et Archives Canada
Bibliothèque nationale du Québec
ISBN 2-922598-22-5

Distributeurs exclusifs
Pour le Canada : Les Messageries Agence de Distribution Populaire
Pour l'Europe francophone :
© ViaMedias Éditions 2006,
ISBN 2-84964-030-1

Imprimé au Canada

À Renée, ma compagne de vie,
qui m'a appris sur l'Amour
plus que je ne l'espérais.

Du même auteur

Aux éditions Option Santé

S'aimer longtemps ?
L'homme et la femme peuvent-ils vivre ensemble ?

Chéri, parle-moi !
Dix règles pour faire parler un homme

Pour que le sexe ne meure pas.
La sexualité après 40 ans.

Homme et fier de l'être.
Un livre qui dénonce les préjugés contre
les hommes et fait l'éloge de la masculinité.

La violence faite aux hommes.
Une réalité taboue et complexe.

Moi aussi... Moi... plus
1 001 différences homme – femme

• • • • •

Aux Éditions Bayard Canada
et la Société Radio-Canada

La planète des hommes
(Ouvrage collectif avec Mario Proulx et autres auteurs)

Sommaire

Préface

Le bonheur

Il existe des couples heureux, nous en avons tous rencontrés, mais nous allons découvrir avec le livre d'Yvon Dallaire, extrêmement bien construit, que ce ne sont pas nécessairement ceux qui l'affirment haut et fort qui sont les plus heureux. Un chercheur, un praticien des relations conjugales ne peut se contenter du témoignage de tous ceux qui déclarent qu'ils «vivent heureux depuis 20, 30 ou 40 ans!» ou qui définissent leur entente à partir de leur autosatisfaction à avoir «gagné le gros lot en épousant l'âme sœur» ou encore sur ceux qui s'appuient sur la fidélité de leur partenaire ou de la leur. Il se doit de tenter de mieux comprendre ce qui fait que certains couples s'enferment dans le malheur et que d'autres s'épanouissent dans ce qui paraît être quelque chose de proche du bonheur.

L'auteur, psychologue et sexologue, bien connu dans les pays francophones, va nous faire découvrir que les couples heureux ont une histoire non seulement personnelle, mais une histoire de couple qui a du sens, une histoire vivifiée au quotidien par des conduites de vie qui vont leur permettre de traverser les malentendus et les conflits inévitables qui jalonnent une vie à deux. Ces couples ont su se ressourcer dans les crises et maintenir un degré de cohésion face aux forces de séparations qui agissent dans toute vie de couple.

Les couples heureux passent par les mêmes étapes, les mêmes confrontations, les mêmes moments difficiles que tous les autres, mais ils vont réagir différemment aux situations conflictuelles : ils n'entretiennent pas les différends, tout en acceptant les différences. Ils ont, nous dit l'auteur, une intelligence émotionnelle plus ouverte et j'aurais envie d'ajouter, après cette lecture stimulante, une intelligence relationnelle plus élevée, plus concrète, plus ancrée dans le réel que les autres couples qui vont (trop souvent) s'acharner à développer des mécanismes autodestructeurs et qui vont entretenir des scénarios répétitifs dans lesquels ils vont s'enliser, se noyer ou se résigner.

« Absolument personne n'est préparé au mariage, c'est le mariage qui prépare au mariage. » À partir de cet axiome qui me paraît tout à fait vrai, Yvon Dallaire va nous montrer, nous démontrer avec beaucoup de cohérence et une conviction fondée non seulement sur sa pratique de thérapeute de couple, mais aussi sur les travaux de plusieurs chercheurs (qui mériteraient d'être plus connus), que les couples heureux sont ceux qui ont su établir un équilibre entre les moments de fusion (satisfaction mutuelle des désirs et des besoins) et les moments de distanciation, de séparation (où peuvent se vivre le sentiment du manque lié à l'absence et retrouver l'appétence de se revoir). Ce sont des couples qui pourront passer de la fusion (disparition des différences) à l'intimité partagée (reconnaissance des différences).

Les couples heureux sont ceux dans lesquels chacun des partenaires ne fait pas porter sur l'autre la responsabilité des tensions, des conflits imprévisibles qui vont surgir, mais qui vont accepter que le couple soit un lieu privilégié pour vivre des crises qui vont permettre à chacun de grandir. Cette affirmation en surprendra plus d'un, mais elle se révèle convaincante dans les démonstrations qu'en fait l'auteur.

Les couples heureux sont ceux où les partenaires ont renoncé à la lutte pour le pouvoir sur l'autre et accepté une inter influence à valeur d'autorité mutuelle (pour permettre à chacun d'être auteur de sa propre vie). Ils acceptent que chacun puisse influencer l'autre pour lui permettre d'être plus lui-même, d'accéder au meilleur de lui. Le couple véritable est possible quand chacun des partenaires est suffisamment autonome, différencié de l'autre et capable de se relier à d'autres personnes sans que cela soit vécu dans la culpabilisation ou comme une menace pour la relation de couple.

Le couple heureux est un couple où les besoins relationnels de chacun (se dire, être entendu, être valorisé, être reconnu et avoir une intimité propre) sont entendus, comblés et respectés. C'est encore un couple où chacun des partenaires peut vivre une double intimité : intimité commune et partagée et intimité personnelle et réservée. Quand chacun privilégie la relation en découvrant qu'ils sont toujours trois : l'un et l'autre et la relation qui les relie. Que cette relation est importante pour chacun et qu'il leur appartient de la nourrir, de la vivifier, de la dynamiser.

Yvon Dallaire sait combien les jeux de pouvoir peuvent être destructeurs d'une relation, même quand existent des sentiments forts, mais qui ne résisteront pas si l'un veut imposer son jeu et ses règles, tout en refusant ou sabotant le jeu et les règles de l'autre.

Les couples heureux sont ceux qui ne s'abritent pas derrière leurs sentiments, qui ne mettent pas toujours en avant leur amour, pour en faire un alibi, un enjeu de chantage ou de pression. Ils vont découvrir, ce que moi-même j'ai mis longtemps à reconnaître, que ce n'est pas l'amour qui maintient ensemble deux êtres dans la durée, mais la qualité de leur relation et que cette qualité passe par le respect de certaines balises.

Yvon Dallaire nous rappelle, à plusieurs reprises, ce propos d'une vérité profonde « que l'amour est l'objectif de la relation », qu'un amour va se construire au-delà de l'attirance, des premiers émois, des fantasmes sur ce que devrait être (ou ne pas être) l'autre pour passer à l'espérance et à la connaissance, c'est-à-dire à la co-naissance qui participe d'une naissance avec l'autre. En renonçant à entretenir des pseudos croyances ou des mythologies personnelles telles que l'amour peut tout, que c'est lui qui va nous aider à résoudre nos difficultés, à apaiser nos souffrances, à réparer les blessures de notre enfance…

« Les couples heureux savent qu'on peut s'aimer même dans le désaccord ! »

Au cours des différents chapitres, qui sont autant d'initiations à la vie de couple, l'auteur va démystifier de façon qui me paraît extrêmement saine, la surévaluation de la communication, de la toute-puissance donnée à celle-ci dans les dernières années par de nombreux spécialistes en dégonflant des certitudes bien ancrées, quand il nous affirme entre autres « que les conflits de couple sont pour la plupart insolubles ». Il nous invite ainsi à un changement radical de notre regard en nous proposant de ne plus fuir dans la recherche de solutions, mais dans l'acceptation d'une évolution des positions dans un conflit. En nous présentant les six sources de conflits insolubles : l'éducation des enfants, la gestion financière du budget familial, les relations avec la belle-famille, la répartition des tâches ménagères, l'équilibre entre la vie privée et la vie professionnelle ainsi que la vie sexuelle, il attire notre attention sur le fait de ne pas s'enfermer dans la recherche d'un accord à tout prix, c'est-à-dire le plus souvent de la réduction de l'autre à notre position. Les couples heureux seront ceux qui, paradoxalement, accepteront de vivre avec des désaccords permanents où chacun connaît la position de l'autre sans s'y rallier ni tenter de la démolir.

Les couples heureux en acceptant de vivre la crise quand elle se présente, plutôt que de la majorer, se donnent plus de chance de la traverser sans se détruire. « Ils acceptent les imperfections de leur

partenaire parce qu'ils savent qu'eux-mêmes ne sont pas parfaits. »
Tout en continuant à admirer leur partenaire, à maintenir une estime
élevée pour lui, ce qui semble être à la base même d'un amour vécu
dans la durée.

Les couples heureux sont heureux non parce qu'ils le décident, mais
le plus souvent sans savoir pourquoi ils le sont. Pour Yvon Dallaire,
le constat qu'il pose est qu'ils ont un goût et des dispositions évidents
pour l'auto-responsabilisation en refusant de s'enfermer dans le
double piège possible de l'accusation (disqualifiante) de l'autre et
de l'auto-accusation (dévalorisante) de soi.

Le travail de balisage proposé par l'auteur quand il décrit ce que
devraient être les objectifs d'un couple tels l'épanouissement personnel, l'éducation des enfants, l'organisation matérielle et financière,
la vie sociale (commune et personnelle de chacun), la répartition des
tâches ménagères, la réussite professionnelle, l'épanouissement
sexuel et certainement la capacité d'entraide devraient permettre à
beaucoup de lecteurs et de lectrices de se retrouver et de trouver des
ancrages pour mieux se positionner dans leur vie conjugale.

Ce livre, j'aurais dû le dire plus tôt, est passionnant, extrêmement
bien documenté, démystificateur de beaucoup de croyances erronées
sur le couple, stimulant par les remises en cause qu'il suscite, encou-
rageant par les ouvertures qu'il propose.

Mon sentiment après l'avoir refermé est qu'il apporte quelque chose
de neuf dans un domaine qui a été beaucoup exploré. J'ai apprécié la
rigueur de l'analyse, le choix des exemples, la pertinence des reliances
pour nous inviter, si nous vivons en couple, à prendre la responsabilité
de notre propre bonheur à vivre à deux et, si nous ne vivons pas
encore en couple, à espérer que cette aventure soit un jour possible.

Jacques Salomé.

Avant-propos

Vous trouverez à la fin de ce livre (Annexe 2) un test d'évaluation de votre satisfaction conjugale. Je vous suggère de passer ce test avant d'entreprendre la lecture de ce livre afin d'être conscient des sources d'insatisfaction de votre relation actuelle. Vous pourrez alors être davantage sensible et attentif à ce qu'il vous faudra modifier dans vos attitudes, aptitudes et connaissances et les efforts à faire afin d'améliorer votre degré de satisfaction conjugale et, par le fait même, celui de votre partenaire.

Avant d'y répondre, faites une photocopie du test pour que votre partenaire puisse évaluer, de son côté et en toute confidentialité, son propre degré de satisfaction conjugale. Vous pourrez, une fois que vous aurez tous deux terminé la lecture de *Qui sont ces couples heureux ?*, amorcer une discussion sur vos satisfactions et insatisfactions personnelles en tenant compte des principes qui font de certains couples des couples heureux à long terme.

Je vous souhaite une excellente lecture et beaucoup de bonheur à deux.

Yvon Dallaire

Le couple aujourd'hui

D'après les sociologues, le taux de divorce continue de grimper dans tous les pays pour lesquels l'Organisation mondiale de la santé compilent des statistiques. D'une moyenne de 5 % qu'il était en 1890, ce taux est passé à 18 % en 1920 et à 30 % en 1950. Pour les couples mariés durant les années 70, la probabilité de divorce s'élève à près de 50 %. On estime à 67 % la possibilité de divorce des couples mariés depuis 1990[1]. Le taux d'échec des couples reconstitués, contrairement à la croyance populaire, est de 10 % supérieur au premier mariage ; de plus, le deuxième divorce survient encore plus rapidement que le premier. Les couples vivant en concubinage ou en union libre présentent un bilan encore plus catastrophique, les liens de ces couples étant plus faciles à défaire et provoquant moins de répercussions légales.

Parmi les couples qui survivent aux aléas de la vie à deux, les psychologues estiment que plus de la moitié se résignent et se supportent pendant des décennies. Ce qui laisse un maigre 15 à 20 % de couples véritablement heureux, et ce à long terme. Car il y a une distinction à faire entre couple heureux et couple heureux à long terme. Tous les couples sont heureux lors de la phase de séduction, de préparation au mariage et de la lune de miel. Mais, pour la plupart, passé le temps où chacun se présente sous son plus beau jour, vient un moment où les deux partenaires se dévoilent véritablement. Commence alors

---

[1] Statistiques rapportées par Daniel Goleman, *L'intelligence émotionnelle. Comment transformer ses émotions en intelligence*, Éd. Robert Laffont, 1997, p.169.

une lutte pour le pouvoir qui se termine soit par la soumission de l'un et/ou de l'autre dans une codépendance émotive, sexuelle et financière, soit par le divorce désiré par l'un ou l'autre ou d'un commun accord. Ces personnes, heureuses le temps de la passion, partent alors à la recherche d'un nouveau partenaire et recommencent le même scénario : séduction, lune de miel, lutte pour le pouvoir et séparation. Cela donne naissance à trois nouveaux phénomènes : les familles monoparentales, les familles recomposées et les célibataires en mal d'amour.

Plusieurs facteurs expliquent l'augmentation croissante de l'échec des mariages contractés avec l'espoir que «l'amour rimera avec toujours». Car ce n'est pas faute d'amour ou de bonne volonté de la part des deux partenaires si les couples divorcent, comme me l'ont prouvé les milliers de couples que j'ai reçus en thérapie conjugale depuis la fin des années 70. Les causes sont variées et relèvent beaucoup plus souvent de la méconnaissance de la psychologie différentielle des sexes, de l'absence de certaines habiletés relationnelles et du refus de faire les efforts nécessaires à l'adaptation à la vie conjugale. J'aurai l'occasion d'y revenir. Pour le moment, analysons rapidement les facteurs corrélés au taux de plus en plus élevé de relations qui se retrouvent dans un cul-de-sac.

Le premier de ces facteurs tient au fait que l'espérance de vie a presque doublé depuis un siècle. À la préhistoire, l'espérance de vie tourne autour de 25 années, le temps de se reproduire. Au Moyen-Âge, cette espérance atteint 35 ans, ce qui donne un peu plus de temps pour faire autre chose. En 1900, l'espérance de vie des femmes passe à 51 ans et à 49 ans pour les hommes[2]. Au moment où j'écris ces lignes, il y a plus de centenaires vivants que dans toute l'histoire de l'Humanité et notre espérance de vie moyenne est d'environ 80 ans. Les généticiens prédisent à nos petits-enfants une durée de vie de

---

[2]   L'espérance de vie est aujourd'hui encore inférieure à 40 ans dans certains pays d'Afrique subsaharienne.

120 ans avant la fin du siècle actuel. L'amour peut-il rimer avec toujours si ce toujours s'éternise ? Sera-t-il possible, dans les siècles futurs, de vivre une belle histoire d'amour centenaire sans que les différences entre les hommes et les femmes ne deviennent conflictuelles avec le temps ou les futures générations connaîtront-elles plutôt plusieurs histoires d'amour d'une durée de 5 à 20 ans, avec des objectifs différents selon l'âge des partenaires ?

La baisse de la pratique religieuse, la découverte de la pilule contraceptive, la révolution sexuelle des années 70, le relâchement des mœurs, les lois plus permissives sur le divorce, la culture du Moi (le « me, myself and I »)[3], la philosophie du « ici et maintenant » et la culture des loisirs à tout prix sont d'autres éléments qui expliquent la fragilité des promesses faites au pied de l'autel ou devant une cour civile. On se sépare aujourd'hui pour des raisons beaucoup plus subjectives (incompatibilité de caractères, désaccord au sujet des priorités de vie, partage non équitable des tâches…) que les raisons traditionnelles objectives et vérifiables en vigueur avant la loi actuelle sur le divorce : violence, non consommation du mariage, alcoolisme ou toxicomanies, refus de pourvoir ou infidélité. On s'engage aussi plus facilement, sachant que l'on peut divorcer plus rapidement, caractéristique de la société de consommation, du « jeter après usage ».

L'émancipation féminine, favorisée par une plus grande autonomie financière des femmes due à leur arrivée massive sur le marché du travail lors et après la Seconde Guerre mondiale, semble toutefois être l'élément majeur de l'augmentation du taux de divorce : les femmes d'aujourd'hui n'acceptent plus, avec raison, de vivre des situations que leurs grands-mères n'avaient pas le choix de supporter en raison de leur dépendance financière. Mais, lorsque l'on sait que 65 à 80 % des demandes de séparation sont faites par les femmes, on peut à juste titre se demander s'il n'y a pas là un certain dérapage.

---

[3] Marie-France Bazzo, animatrice à Radio-Canada, suggérait, suite à un appel à tous fait en 2004 au cours de son émission *Indicatif présent*, de nommer la génération actuelle la Génération Ego.com.

Les gens, hommes et femmes, divorcent parce qu'ils ne se sentent pas heureux dans le mariage ou parce qu'ils ne réussissent pas à se développer sur le plan personnel. Et les femmes, plus que les hommes, ont l'impression que les liens du mariage les transforment et les étouffent, leurs plus grandes attentes n'étant pas satisfaites.

Évelyne Sullerot[4], sociologue française, féministe de la première heure et fondatrice de l'organisme Retravailler où elle a reçu plus de 500 000 femmes, résume bien la situation lors d'une entrevue accordée à la journaliste Renata Libal :

> **« Il ne faut pas oublier que ce sont les femmes, dans trois cas sur quatre, qui demandent la séparation... Et pourquoi la demandent-elles ? Diverses études montrent que la cause numéro un est le désappointement... Elles ne supportent pas le quotidien sans la romance : je m'ennuie, donc je veux refaire ma vie... ».**

Il serait toutefois sexiste de faire porter tout le blâme sur ce nouvel égoïsme féminin, car beaucoup d'hommes ne remplissent pas véritablement leur part de responsabilités conjugales et domestiques et « poussent » ainsi leur femme à demander le divorce. De nombreux hommes considèrent leur femme acquise et ne font pas les efforts nécessaires pour entretenir l'harmonie conjugale, ignorant même, délibérément ou non, les nombreux appels et avertissements de leur partenaire sur leur insatisfaction conjugale.

* * * * *

Depuis plus d'une décennie, de nombreuses équipes de chercheurs se sont penchées sur les couples heureux. On les a questionnés, testés, analysés et invités à vivre sous observation, soit dans leur

---

[4]   Entrevue accordée à la journaliste Renata Libal et rapportée dans le magazine *L'Hebdo*, no. 39, 25 septembre 1997.

milieu familial, soit dans des laboratoires spécialement conçus à cet effet. On a ainsi compilé de précieuses données sur les couples heureux et découvert certaines caractéristiques qui les différencient des couples malheureux. Il n'existe évidemment pas de formule miracle toute faite ou de trucs infaillibles utilisés de façon systématique par tous les couples qui se disent heureux à long terme. D'ailleurs, quand on demande à ces couples heureux le secret de leur bonheur conjugal, ils ne savent que répondre : ils sont heureux, mais sans trop savoir pourquoi.

Ce livre vous apprendra que ces couples ne sont pas différents des autres, qu'ils ne sont pas plus intelligents que les autres et qu'ils vivent les mêmes difficultés que les couples qui finissent par divorcer. Les couples heureux passent par les mêmes étapes, les mêmes confrontations, les mêmes moments difficiles, mais vous apprendrez, dans ces pages, qu'ils réagissent différemment des couples malheureux aux situations inévitables de la vie à deux. Ces couples développent des dynamiques que n'utilisent pas les couples malheureux et évitent les scénarios destructeurs dans lesquels s'enlisent les autres. Ils ont une sorte d'intelligence émotive, innée ou acquise, qui fait qu'ils sont « spontanément » heureux et savent tirer les bonnes leçons des expériences, parfois douloureuses, que la vie, et en particulier la vie à deux, leur réserve. Je vous dévoilerai, tout au long de ce livre, ce qui les différencie des couples malheureux qui divorcent ou se résignent.

Pourquoi vivre en couple alors que le célibat semble si attrayant et tellement valorisé de nos jours, du moins à en croire certains médias ? Pourquoi renoncer aux nombreuses facilités et activités offertes aux célibataires et au fait qu'une personne sur trois vit maintenant seule ? Le célibat ne représente-t-il pas la liberté totale, y compris la liberté sexuelle : aucun compte à rendre ; vivre à son propre rythme ; sortir seulement si on le veut ; manger quand on veut et ce qui nous plaît ; contrôle total de la télécommande télévisuelle ;

partir sur un coup de tête… les avantages sont nombreux. Mais si les célibataires sont si heureux, expliquez-moi pourquoi les sites de rencontre constituent l'une des activités commerciales les plus rentables sur Internet ? Malgré toutes les difficultés de la vie à deux, le couple apparaît encore comme le meilleur style de vie et la meilleure garantie de bonheur.

Nous savons, par exemple, que le risque de suicide est plus faible chez les personnes mariées et qu'il augmente chez les divorcés, les séparés et les veufs. Le taux de suicide serait jusqu'à dix fois plus élevé chez les célibataires malheureux. Les personnes heureuses dans leur couple vivent plus longtemps et en meilleure santé que les personnes malheureuses en ménage ou mal à l'aise dans leur célibat. C'est du moins la conclusion à laquelle arrivent les chercheurs Lois Verbrugge et James House de l'Université du Michigan[5]. D'après leurs recherches, un mariage malheureux augmente les risques de maladies de 35 % et écourte la vie de quatre ans. Leur hypothèse est que les partenaires malheureux sont plongés dans un état d'irritation physiologique permanent et diffus, c'est-à-dire qu'ils sont dans un état chronique de stress physiologique et psychologique. Cette tension accélère le processus de vieillissement du corps et de l'esprit, lequel se manifeste par des désordres physiques tels les différents problèmes cardiaques, l'hypertension artérielle et des symptômes psychiques tels l'anxiété, la dépression, la violence, l'alcoolisme, les toxicomanies, etc.

Dans les couples heureux, ces diverses affections sont moins fréquentes parce que chaque conjoint, plus spécifiquement la femme, prend davantage soin de la santé de l'autre et est plus présent lors des maladies de son ou sa partenaire pour surveiller la prise de médicaments, par exemple, ou lui rappeler qu'il ou elle doit passer un examen médical annuel. Les conjoints heureux se préoccupent aussi davantage de leur alimentation et de leur condition physique.

---

[5]   Le lecteur peut consulter le lien Internet suivant : www.ereader.com/product/book/excerpt/4061

D'après l'équipe de John Gottman, dont les résultats de recherches ont été publiés dans *The Seven Principles for Making Mariage Work*[6], l'explication serait que le bonheur conjugal renforce le système immunitaire. Leurs études ont démontré que les globules blancs des femmes et des hommes heureux en couple se multiplient plus rapidement que ceux des membres des couples malheureux ou des célibataires. De plus, les personnes vivant en couple heureux posséderaient plus de cellules tueuses que les autres. Les cellules tueuses sont celles qui éliminent les cellules endommagées ou dénaturées.

En plus des bienfaits pour le couple lui-même, les enfants des couples heureux sont moins exposés à la dépression, moins sujets à l'absentéisme scolaire, plus facilement acceptés par leurs pairs, souffrent moins de problèmes de comportement (agressivité, hyperactivité) et ont moins d'échecs scolaires. On rencontre beaucoup plus de décrochage scolaire chez les enfants de couples malheureux que parmi les enfants de couples heureux. On sait aussi que 80 % des délinquants proviennent de familles dirigées par un seul parent. Vivre heureux à deux est excellent pour la santé physique et mentale du couple et de la famille. Il vaut donc la peine (ou la joie) de nourrir sa relation conjugale et de faire les efforts nécessaires pour y parvenir. Les pages qui suivent sont là pour vous y aider.

Contrairement à certains auteurs, je n'ai pas écrit ce livre sur la base de ma seule expérience personnelle, quoique j'aie eu à maintes occasions la possibilité, dans mon propre couple, de vérifier la véracité des principes qui y sont présentés. Ce livre n'est pas non plus basé uniquement sur mon expérience professionnelle de thérapeute conjugal, même si de nombreux couples m'ont confirmé l'utilité et la puissance des techniques que je leur ai enseignées en consultation depuis près de trente ans de pratique. Cet ouvrage n'est

---

[6]   Gottman, John et Nan Silver, *The Seven Principles for Making Mariage Work*, Crown Publishers, 1999. Ce livre est aussi disponible en français sous le titre *Les couples heureux ont leurs secrets*, JC Lattès, 1999, 281 p.

pas non plus un livre de recettes idéales comme de nombreux autres qui vous promettent qu'en suivant leurs directives à la lettre, vous serez heureux pour le reste de votre vie.

Ce livre ne vous présente pas le couple idéal ; il vous présente le couple réel aux prises avec les réalités de la vie conjugale. Il vous décrit les connaissances, les croyances, les attitudes, les aptitudes et les comportements des couples heureux tels qu'ils ont été observés par la science conjugale. Oui, ce livre est aussi basé sur mon expérience personnelle et professionnelle, ma formation universitaire et mes nombreuses lectures, mais il est surtout basé sur les résultats des recherches scientifiques sur le couple. J'espère que la mise en œuvre de ces découvertes vous permettra de rejoindre les couples heureux et d'en augmenter ainsi le pourcentage. Ce livre vous indique les nombreux efforts nécessaires à fournir pour enfin parvenir à la paix et l'harmonie conjugales.

> *Les gens mariés ont pris le risque terrible de l'intimité et, l'ayant pris, savent que la vie sans intimité est impossible.*
>
> Carolyn Heilbrun

1

Le couple
Un organisme vivant

« Il la réveilla d'un baiser.
Elle le trouva charmant.
Ils se marièrent.
Ils eurent deux enfants.
Et vécurent heureux. »
Fin du tome I

Ce livre présente le tome deux de la vie conjugale. Si la vie de couple était aussi facile que nous le laissent entendre nos contes de fée, la thérapie conjugale n'existerait pas. Il n'existerait pas d'Ordre professionnel regroupant des milliers de thérapeutes conjugaux. De nombreux psychologues n'en feraient pas leur principale source de revenus. De plus, il n'y aurait pas un nombre aussi élevé d'avocats pratiquant le droit matrimonial (60 % des avocats dans certains pays). La profession de médiateur[7] n'aurait pas été créée à la fin des années 80 pour aider les couples à divorcer sans tout casser. Et — quel paradoxe ! — aucun de ces professionnels ne divorcerait. Non, la vie de couple n'est pas facile et personne, absolument personne n'est préparé au mariage. C'est plutôt le mariage lui-même qui nous prépare au mariage, tout comme on apprend à être parent à partir du moment où l'on a

---

[7] Les professionnels de la médiation se sont regroupés en Association internationale francophone des intervenants auprès des familles séparées (AIFI) dont le site Internet est www.aifi.info.

des enfants. L'amour et la bonne foi sont loin d'être suffisants ; encore faut-il faire d'immenses efforts pour acquérir la conscience et les nombreuses connaissances, attitudes et aptitudes nécessaires à la vie à deux.

1.1 Un plus Un n'égale pas Un

Dans la conception traditionnelle du mariage, lorsque deux personnes forment un couple, les deux personnes doivent disparaître au profit du couple ou, de façon plus réaliste, que l'une de ces deux personnes doit s'effacer et se mettre au service de l'autre. Traditionnellement, c'est la femme qui, en apparence, devait suivre et seconder son époux en tout temps. La femme n'avait d'existence légale que celle que lui conférait son statut d'épouse et elle devait, ainsi que ses enfants, prendre le nom de famille de l'homme, constituant ainsi une filiation patrilinéaire, même si aucune loi autre que la coutume n'obligeait la femme à prendre le nom de son mari. J'appelle « fusionnel » ce type de couple où Un plus Un fait Un, deux gouttes d'eau formant une nouvelle goutte d'eau plus grosse.

Ma propre mère se faisait appeler « Madame Jean-Charles Dallaire », prenant aussi le prénom de son mari comme beaucoup de femmes de son temps ; elles le gardaient même après le décès du conjoint. Mais que l'on ne s'y trompe pas, le véritable chef de la famille, chez moi comme chez beaucoup de familles au Québec et à travers le monde, c'était elle. Mon père travaillait à l'usine, rapportait son salaire et le confiait à sa femme qui gérait non seulement le budget et l'argent de poche de son mari, mais l'entretien de la maison, l'éducation des enfants, les activités sociales et, probablement, leur vie sexuelle. Et elle réussissait à faire des merveilles avec le maigre salaire gagné à la sueur du front de mon père, lequel s'est tué à l'ouvrage pour les gens qu'il aimait (il est effectivement mort d'une maladie industrielle). Pour joindre les deux bouts, ma mère s'était procuré une machine à coudre et faisait de la couture pour les autres «cheffes» de famille du quartier afin d'arrondir les fins de mois. Dans ce couple, Un plus Un égalait Une.

Les membres d'un tel couple fusionnel croyaient, en se mariant, monter dans le même bateau : tout devait être mis en commun et fonctionner par consensus. Beaucoup de couples modernes fonctionnent encore selon cette aspiration qui n'est finalement qu'illusion. Car, lorsque nous sommes dans le même bateau, la question est toujours de savoir qui prendra le gouvernail. Il ne peut y avoir qu'un seul capitaine par bateau. Afin de mener celui-ci à «bon port», le capitaine impose le consensus et, pour éviter la mutinerie, doit mener son équipage d'une main de fer. Tout dépendant de la force de caractère de chacun, c'est tantôt l'homme qui impose ses valeurs, tantôt la femme.

Mais peu importe qui, de l'homme ou de la femme, portait la culotte, les couples traditionnels vivaient dans une telle codépendance économique que la survie de chacun dépendait de l'appartenance à

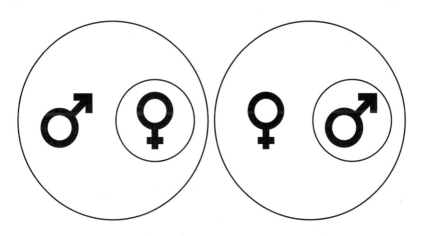

Figure 1. Couple patrifocal   Figure 2. Couple matrifocal

Un couple. De plus, au-delà de la codépendance économique, la majorité de ces couples vivait aussi une codépendance émotionnelle fusionnelle, véritable carcan qui tuait toute initiative personnelle spontanée. Une fois marié, le couple devenait la norme à suivre et tout devait se vivre en couple, qu'il soit à dominance patrifocale ou matrifocale. Il y avait peu de place pour l'homme ou la femme en tant qu'individu. En apparence stables, nous savons aujourd'hui que les couples les plus fusionnels sont les plus susceptibles de violence verbale, économique, psychologique, sexuelle et physique. Nos grands-mères et nos grands-pères supportaient souvent l'inacceptable.

Faut-il se surprendre que ce type de conjugalité n'ait pas survécu à l'amélioration des conditions matérielles de vie, à la société des loisirs et à l'autonomie financière nouvellement acquise par les femmes de l'après-guerre, autant la Première (avec les suffragettes) que la Deuxième (avec les féministes). Les femmes et les hommes d'aujourd'hui refusent le style de vie de nos grands-parents, l'un, esclave de son travail[8], l'autre, esclave de ses nombreux enfants. Félicitons nos mères et grands-mères d'avoir, les premières, voulu se défaire des chaînes de leur esclavage et remercions nos pères et grands-pères, malgré certains grincements de dents, de leur avoir facilité la tâche. Grâce à leur révolution plus ou moins tranquille, nous pourrons, et nos enfants aussi, vivre dans des couples ouverts où la famille et le couple auront la possibilité de s'épanouir, tout comme chacun de ses membres en tant que personne unique. Il est toutefois plus facile de le dire que de le faire, comme nous le verrons tout au long de ce livre.

Le couple d'aujourd'hui constitue davantage une association entre deux personnes qu'une unité en soi. Chacun veut bien vivre en couple, mais personne ne veut abdiquer sa liberté. Chacun veut bien s'engager, mais plus personne n'accepte d'être envahi. « Je t'aime, mais je

---

[8]   Étymologiquement, travail vient du mot latin *trepalium* signifiant : instrument de torture.

ne veux pas me perdre en toi», «Je nous aime, mais j'existe aussi en dehors de nous.» Ni l'un, ni l'autre ne veulent monter dans le bateau de l'autre et se laisser conduire par l'autre. La structure conjugale devient donc trinitaire, comme l'illustre bien la Figure 3.

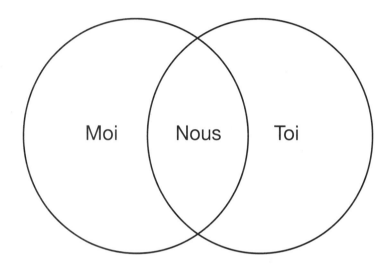

Figure 3. 1 + 1 = 3 : moi, toi et nous

Cette figure, tirée de la théorie des ensembles ou de l'approche systémique, regroupe deux entités réelles partageant un espace commun, le couple, constituant ainsi trois systèmes présentant chacun leurs caractéristiques propres et un fonctionnement intrinsèque. La majorité des couples est formée d'un homme et d'une femme[9]. En tant qu'être humain, nous partageons un génome identique... enfin, presque identique. Nous sommes tous constitués de 22 paires de chromosomes semblables et d'une 23e paire de chromosome qui

---

9 Certaines nuances seraient à apporter pour les couples gays et lesbiens. Ayant choisi de ne m'intéresser qu'aux couples hétérosexuels, je laisse aux spécialistes des couples homosexuels le soin de présenter ces nuances.

détermine notre identité sexuelle génétique. Cette 23ᵉ paire est constituée d'un premier chromosome sous forme d'un X pour tous et d'un 2ᵉ chromosome : un autre X pour la femme et, pour l'homme, un chromosome Y quelque peu différent.

En tant que personne, chaque humain est unique, ce qui fait de chacun d'entre nous un être exceptionnel, mais mortel. Chaque personne est la somme d'interférences entre une nature humaine, masculine ou féminine, et une culture. Quoiqu'il puisse y avoir parfois davantage de différences entre deux personnes, les hommes possèdent certaines tendances qui leur sont naturelles. Qu'on le veuille ou non, les garçons reçoivent une éducation stéréotypée faisant de chacun d'eux l'homme d'aujourd'hui, à la fois semblable et différent de son ancêtre homo sapiens, semblable à la femme en tant qu'être humain, mais différent par son identité sexuelle génétique. Il en est de même pour les femmes qui partagent certaines tendances naturelles et reçoivent une éducation spécifique.

On sait aujourd'hui que le génome féminin actuel est stabilisé depuis 143 000 ans ; celui de l'homme ne l'est que depuis 59 000 ans[10]. On peut en déduire que le chromosome Y serait un atout évolutif permettant à l'espèce humaine d'assurer une meilleure stratégie de survie, mais au service de l'humanité représentée par le chromosome X, sexe de base. On sait aussi que le 2ᵉ X est constitué de 1 078 gènes potentiellement activables si les gènes correspondants du 1ᵉʳ X font défaut[11], alors que le chromosome Y ne rassemble que 98 gènes, tous différents des gènes du 1ᵉʳ X, faisant ainsi de l'être humain mâle un être quelque peu différent de l'être humain femelle. Les différences entre les hommes et les femmes ne tiennent donc qu'à un chromosome sur 46, soit 2,17 %. Une différence minime,

---

[10] Johnson, Olive Skene, *The Sexual Spectrum. Exploring Human Sexuality,* Raincoast Books, 2004, pp 34-35.

[11] La duplication des gènes du X explique pourquoi les femmes récupèrent mieux que les hommes des séquelles, par exemple, d'un trauma cérébral identique au niveau du centre de la parole.

mais souvent exprimée de façon opposée et source d'incompréhension et de différends entre les hommes et les femmes plutôt que d'être vue comme une source de richesse et de complémentarité.

Cette minime différence génétique s'observe dès la 6e semaine de l'évolution du fœtus, moment où le cerveau de l'enfant baigne soit dans la progestérone et les œstrogènes, hormones féminines, ou dans la testostérone et les androgènes, hormones masculines. Cette baignade est responsable de la sexualisation du cerveau, de l'évolution des organes génitaux et de la constitution morphologique de chaque être humain. Ces hormones influencent aussi en partie la psychologie et les comportements des hommes et des femmes. En partie seulement, car la culture vient orienter, au mieux faciliter ou au pire contrecarrer, l'expression de ces différences créées par la nature. Nous verrons dans de prochains écrits comment les hommes et les femmes doivent tenir compte de ces différences pour être heureux en amour à long terme. Tous savent très bien que ces différences sont à la source de notre attirance réciproque, mais aussi à la base de nos nombreux conflits conjugaux, particulièrement chez les couples fusionnels. Pour le moment, attardons-nous à l'analyse de la dynamique conjugale.

1.2 Le couple, deux forces à équilibrer

Au-delà de la différence génétique, les êtres humains possèdent les mêmes besoins et les mêmes désirs[12] ou attentes et, pour en satisfaire quelques-uns, forment des couples. Du côté gauche du lit, un homme qui veut s'affirmer et dont la satisfaction de certains besoins et désirs dépend de la présence d'une femme. De l'autre côté du lit, une femme qui, elle aussi, possède des besoins et des désirs dont la réalisation et la satisfaction dépendent d'un homme et qui, aujourd'hui, ne veut surtout pas être dominée par ce dernier. Chacun veut être libre, mais a besoin de l'autre. Chacun veut, avec raison, être en

---

[12]   La différence entre besoin et désir est que le premier est vital et non le second.

couple pour satisfaire ses besoins et attentes légitimes. Le lit restera-t-il un terrain de jeux et de repos ou deviendra-t-il une arène de lutte ? Il n'y aurait aucun problème si les besoins et désirs de chacun étaient identiques et se présentaient dans le même ordre de priorité. En fait, ils sont la plupart du temps identiques, mais se présentent rarement dans le même ordre de priorité. Comment alors gérer une association si les deux partenaires veulent être chefs et imposer leurs priorités à l'autre ?

Sophie et Michel se connaissent depuis plus de 20 ans, soit le moment de leur rencontre et de leur première phase fusionnelle. Cette phase aboutit, deux ans plus tard, à un début de bataille rangée où chacun cherchait à imposer à l'autre sa perception du couple. Sophie désirait plus de « présence » de son partenaire et des moments de communication intime ; Michel refusait de faire quelque concession que ce soit ayant l'impression, ce faisant, de se soumettre aux caprices de Sophie. Ils eurent deux enfants et divorcèrent quelques années plus tard, continuant de se disputer pour la garde des enfants et la pension alimentaire, tout en ayant à l'occasion des rapports sexuels, parfois passionnés, la plupart du temps insatisfaisants. Chacun eut des expériences amoureuses sans suite avec différents partenaires. À chaque fois, après la période « lune de miel », ils recréaient la même dynamique qui avait mené leur couple au divorce. Au moment où je les rencontrai pour la première fois, après 6 ans de séparation, ils faisaient une tentative pour reprendre la vie commune. Michel vint à la demande de Sophie, plus ou moins convaincu de la nécessité d'une thérapie, mais prenant conscience, après Sophie, de la répétition de leur scénario dans leurs tentatives avortées de fonder un couple entre eux ou avec un nouveau partenaire. Les entrevues initiales démontrèrent rapidement que pour Sophie l'amour signifiait fusion et pour Michel que ce même amour représentait plutôt la soumission et qu'il ne devait donc pas suffisamment aimer Sophie s'il refusait de répondre aux attentes de celle-ci. De plus, les deux entretenaient l'illusion que, s'ils s'aimaient vraiment, il n'y aurait pas de conflit et que leur vie serait toujours harmonieuse.

Le couple Sophie et Michel constitue la synthèse de couples que j'ai reçus en trente années de pratique et qui tous, ou à peu près, me présentèrent le même scénario, scénario si justement nommé «paradoxe de la passion» par le duo Delis et Phillips[13]. Selon ces deux auteurs, la passion possède en elle-même le germe de sa destruction, au même titre que manger fait disparaître la faim et qu'il faut cesser de manger pour la retrouver. Tout couple est aux prises avec deux forces opposées et complémentaires : le désir de fusion et le désir d'autonomie, tel qu'illustré à la Figure 4.

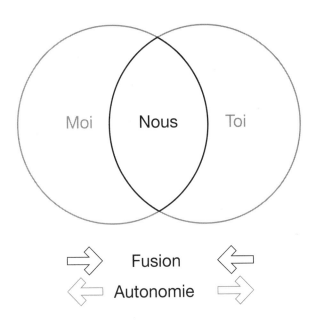

Figure 4. Le paradoxe de la passion

---

[13] Delis, Dean et Cassandra Phillips, *Le paradoxe de la passion. Les jeux de l'amour et du pouvoir*, collection Réponses, Éd. Robert Laffont, 1992, 415 p.

Le désir de fusion et le désir d'autonomie sont deux désirs humains fondamentaux. En fait, la dysharmonie du couple provient de la différence d'intensité de ces besoins et de ces désirs entre les deux partenaires. Si Michel manifestait le même désir de présence et de communication que Sophie, ou si Sophie profitait des absences de Michel pour satisfaire son propre désir d'autonomie, il n'y aurait jamais de nuages dans leur ciel conjugal. Mais la réalité est tout autre. Deux personnes ne peuvent avoir les mêmes besoins et les mêmes désirs, surtout dans le même ordre de priorité.

En fait, tout se passe comme si chacun cherche à changer l'autre sans vouloir se changer lui-même. Chacun veut que l'autre s'adapte à son style. D'autant plus, comme nous le verrons, que chacun des deux partenaires, à cause de son immaturité émotionnelle, compte sur l'approbation de son conjoint pour transcender son anxiété et son insécurité. Dans les couples malheureux, cette dynamique se manifeste dans la tendance des deux partenaires à croire que «J'ai raison, tu as tort». À l'inverse, les membres d'un couple heureux savent qu'il a deux gagnants ou deux perdants dans un couple, d'où la nécessité d'établir un rapport de force égal afin que chacun y trouve son compte. Pour reprendre l'exemple du bateau, les membres d'un couple heureux veulent former une armada plutôt que d'avoir un seul navire.

Le désir de fusion se manifeste particulièrement dans la première étape de la relation amoureuse, la passion, moment où les deux partenaires ont vraiment l'impression de ne former qu'Un (Un plus Un égale Un). Cette «lune de miel» ne dure toutefois qu'un certain temps car, une fois son besoin de fusion satisfait, l'un des deux partenaires veut recouvrer son indépendance, son autonomie: «Je continue de t'aimer et de vouloir m'engager avec toi, mais j'ai d'autres projets; j'existe aussi en dehors de toi et de nous».

D'un côté, un désir fondamentalement humain de fusion qui nous pousse à la recherche d'un partenaire et à l'établissement d'un couple permanent afin d'assurer la satisfaction de ce désir et d'une multitude d'autres. D'un autre côté, un désir tout aussi fondamental d'être différent, unique, autonome ; un désir d'avoir une identité propre qui nous permet d'exister en tant qu'*autre* et désirer fusionner avec un *autre*. La fusion ou la passion porte donc en elle-même le germe de sa disparition puisque lorsque satisfaite apparaît le désir d'autonomie qui porte en lui aussi le germe de sa disparition puisque lorsque satisfait revient alors le désir de fusion. Élizabeth Taylor et Richard Burton illustrent très bien ce jeu de yo-yo, eux qui se sont mariés et divorcés à plusieurs reprises.

Les couples heureux réussissent à établir un équilibre mouvant entre ces deux forces, ces deux branches du paradoxe. Les couples malheureux ne réussissent jamais à gérer ce paradoxe et se retrouvent généralement avec un déséquilibre permanent dans lequel un dépendant émotif fait face à un contre-dépendant ou un dominant. Ce déséquilibre est d'autant plus intense et conflictuel que ces deux types de partenaires sont fusionnels et recherchent l'approbation de l'autre pour légitimer leur perception du couple, ce qu'évidemment l'autre refuse de faire. Il semble paradoxal de dire que le dominant est fusionnel, puisqu'il semble s'opposer au désir de rapprochement intime du dépendant, mais il faut comprendre que la fusion est une tentative d'amener l'autre à agir tel qu'on le veut. On serait porté à croire que le dépendant est fusionnel alors que le contre-dépendant ne l'est pas, mais rien n'est plus faux car le contre-dépendant, en tenant l'autre à l'écart, veut que l'autre soit comme lui, contre-dépendant, signe d'une attitude fusionnelle. Un plus Un égale Un : « Je suis comme ça, tu devrais être comme ça. Car ce n'est que comme ça que je peux être heureux. » La fusion passionnelle, c'est vouloir soumettre l'autre et non laisser l'autre libre.

Lorsque je demandai à Sophie et Michel, après leur avoir présenté les principes du paradoxe passionnel, d'utiliser les deux cercles pour illustrer leurs sentiments face à leur couple, je ne fus nullement surpris de constater le résultat qui apparaît aux Figures 5 et 6 :

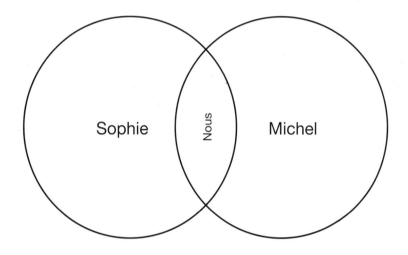

Figure 5. Le dépendant

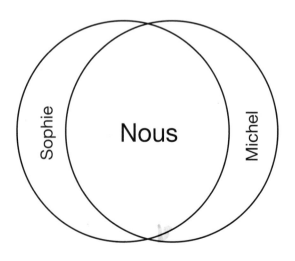

Figure 6. Le contre-dépendant

Le dépendant est en attente ; il a l'impression que ses besoins et désirs ne sont jamais satisfaits et croit que c'est l'autre qui a le contrôle. Le contre-dépendant ou dominant, quant à lui, étouffe dans la relation ; il a aussi l'impression que ses attentes ne sont pas satisfaites et trouve son partenaire envahissant et tyrannique. Les deux éprouvent pourtant les mêmes sentiments : ils se sentent seuls, ont l'impression de ne pas être aimé et se posent la question s'ils aiment encore leur partenaire. Vu de l'extérieur, le dépendant apparaît généralement comme la victime et le contre-dépendant comme le responsable, celui qui, par mauvaise foi, ne veut pas fusionner davantage avec son partenaire, ce qui démontre que la croyance « Amour = fusion » est largement répandue dans la population. Pourtant, le problème est accentué par le fait que le contre-dépendant est aussi fusionnel que le dépendant, sinon il n'aurait pas peur de se perdre en se rapprochant de son partenaire et en vivant une réelle intimité.

Sophie et Michel ont cru qu'ils s'étaient trompés en se choisissant l'un l'autre et que la seule solution possible était de mettre fin à leur couple et de trouver un autre partenaire plus présent ou moins envahissant. Mais ils ont recréé le paradoxe de la passion avec chacun des nouveaux partenaires parce que ce paradoxe est inhérent à la dynamique conjugale, sauf que parfois leur position était inversée. Chacun éprouvait de la passion pour les partenaires qui leur résistaient et étouffait avec ceux qui voulaient au contraire s'engager rapidement, passant de la dépendance à la contre-dépendance.

La passion a besoin de désir pour exister et, par définition, le désir s'exprime lorsque existe un manque, car lorsque le désir est satisfait, il disparaît. D'où la nécessité de voguer de la frustration à la satisfaction pour que la relation puisse durer. En d'autres termes, les couples heureux établissent un certain équilibre entre des moments de fusion et des moments de séparation.

1.3 Établir la juste distance

Ce qu'il faut comprendre ici, c'est qu'il y a une grande différence entre intimité et fusion. La fusion est tout sauf de l'intimité, car l'intimité implique deux personnes différenciées. La fusion fait disparaître les différences ; elle exige la conformité. Michel et Sophie sont incapables de véritable intimité parce qu'ils sont incapables de vivre ensemble et l'un sans l'autre, tout comme ils seront toujours incapables de développer une réelle intimité avec un autre partenaire, car fusionnels. C'est la principale motivation qui les pousse à nouveau l'un vers l'autre : ils croient que, parce qu'ils se connaissent depuis si longtemps et qu'ils n'ont pas réussi avec un autre partenaire, c'est une preuve, sinon qu'ils s'aiment, du moins qu'ils sont faits pour vivre ensemble, y étant parvenu pendant quelques années. Le résultat est prévisible, car la raison essentielle de leur motivation à reprendre la vie commune est qu'ils refusent que l'autre puisse exister en soi et pour soi et ont constamment besoin de l'approbation de l'autre. Aucun couple ne peut vivre harmonieusement et intimement tant et aussi longtemps que le désir de fusion des deux partenaires cherche à asservir l'autre. Pour ce faire, il faut établir ce que Delis et Phillips appellent la « juste distance ». Cette juste distance n'est toutefois possible qu'entre deux personnalités bien établies, avec des frontières bien déterminées, sans toutefois être hermétiques. On peut, à juste titre, se demander qui sont ces personnes vivant en couple et qui réussissent à établir cette distance.

Retournons quelques instants au sein maternel. Ce que chacun de nous a alors vécu était un état symbiotique parfait (à condition que notre mère ait été une adulte saine et satisfaite de sa grossesse). Nous étions logés, nourris, chauffés, bercés, cajolés (bien qu'à travers des parois ventrales et utérines) sans que nous n'ayons à faire d'efforts. Le paradis, quoi ! Pas besoin de nous occuper de notre survie, quelqu'un d'autre le faisait à notre place. Nous vivions alors dans un état de totale dépendance symbiotique bienheureuse. Et puis, un jour, panique : notre mère nous expulse. Ce ne fut pas sans douleurs réciproques. Nous avons alors vécu notre première angoisse, notre premier traumatisme (disent les psychologues), notre première séparation, notre première peine d'amour, notre premier rejet. Il s'agit d'observer les petits poings crispés, les yeux et le front plissés de n'importe quel nouveau-né pour constater la douleur de cette première rupture. Rupture toutefois nécessaire, sinon c'est l'étouffement assuré.

> *L'angoisse est la disposition fondamentale qui nous place face au néant.*
>
> Martin Heidegger

Ce rejet est d'autant plus traumatisant que de la présence de notre mère (ou père ou quelque autre substitut) dépend notre survie physique. À la naissance, nous perdons nos frontières enveloppantes et faisons l'expérience de l'immensité du vide : littéralement, nous avons l'impression de tomber tout comme, lorsque nous sommes quittés, nous avons la sensation que le sol s'ouvre sous nos pieds. Nous commençons aussi à vivre les affres de la faim et les tensions musculaires de nos besoins à satisfaire. Mais voilà, nous sommes complètement à la merci d'un autre. Notre survie dépend de quelqu'un d'autre. Si cet autre ne s'occupe pas de nous, ne nous aime pas, nous allons mourir. C'est à partir de cette sujétion que notre personnalité se développera, d'où l'importance des premières années dans l'identité adulte. Notre premier amour est marqué du signe de la fusion absolue, fusion que cherche à retrouver les personnes qui croient qu'elles ne peuvent vivre sans amour, sans cette fusion passionnelle, pourtant signe de mort puisque la fusion émotive signifie la perte de soi.

Heureusement, toute vie possède un instinct qui la pousse à vivre, à rechercher le plaisir (dans la satisfaction des besoins) et à fuir le déplaisir (provoqué par la frustration de ces mêmes besoins). Non seulement, pour survivre, fallait-il « sortir » du ventre de notre mère, mais pour vivre, il faut aussi apprendre à se différencier d'elle, de l'autre, et apprendre à compter sur soi pour la satisfaction de nos besoins. Ce processus de différenciation est nécessairement un processus d'opposition, du moins au départ. De dépendant, nous devenons contre-dépendant pour assurer notre survie. Ce processus prend au minimum vingt ans dans nos sociétés actuelles. L'objectif de ce processus est d'acquérir notre indépendance, laquelle nous permet de vivre selon nos principes personnels et nos propres règles de vie. L'indépendance n'est toutefois pas l'étape ultime.

Contrairement aux croyances des enfants rois[14] devenus adultes, donc contre-dépendants, l'indépendance ou la liberté ne signifient nullement la possibilité de faire tout ce que l'on veut, avec qui on le veut, quand on le veut, aussi souvent qu'on le veut, avec le nombre de personnes qu'on le veux, où on le veut et de la façon dont on le veut. Non, la liberté implique des responsabilités et le respect de ses engagements. L'étape ultime du processus de maturation n'est pas l'indépendance, mais bien l'interdépendance, puisque nombre de nos besoins et désirs nécessitent la présence et la participation active d'une autre personne pour leur satisfaction. Nous verrons plus tard à quelles attentes légitimes doit répondre tout couple pour devenir un couple heureux.

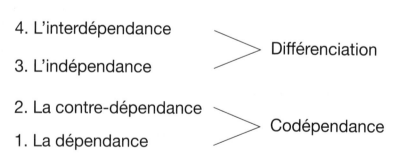

4. L'interdépendance

3. L'indépendance

Différenciation

2. La contre-dépendance

1. La dépendance

Codépendance

Tableau 1. De la codépendance à la différenciation

14   Voir à ce sujet l'excellente analyse de Gilbert Richer, *Par le bout du nez,* publiée récemment aux éditions Option Santé pour le Québec, www.optionsante.com/livres.php?livre=22, et chez ViaMedias Éditions pour la France.

La dépendance et la contre-dépendance sont les deux polarités de la codépendance. Le dépendant fait tout pour attirer l'attention de l'autre, alors que le contre-dépendant fait tout pour se détacher de la personne dont il dépend. La contre-dépendance n'est pas de l'indépendance, car la personne indépendante agit en fonction d'elle-même et non en « action vers » ou en « réaction à » une autre personne. La personne indépendante devient capable d'intimité, laquelle nécessite évidemment une autre personne. Ces deux personnes différenciées peuvent alors développer une interdépendance pour l'établissement d'une relation intime et la satisfaction d'attentes légitimes.

La véritable intimité conjugale n'est possible qu'entre deux êtres ayant acquis leur autonomie et cette autonomie n'est possible que chez les gens qui ont atteint la troisième étape du développement personnel et qui se sont hautement différenciés de leurs parents et de toute autre personne. Tout le reste n'est que fusion et confusion. Les personnes différenciées sont capables de vivre per se, sans la croyance qu'ils ne peuvent vivre sans l'autre (dépendance fusionnelle du nourrisson) ou en constante opposition avec l'autre pour sauvegarder leur identité (contre-dépendance réactionnelle adolescente anti-fusionnelle). Les personnes différenciées ne vivent pas en autarcie, car l'un de leurs besoins est justement d'être en lien émotif avec une autre personne tout aussi différenciée, permettant ainsi l'ouverture de soi et l'acceptation de l'autre : « Je ne m'ouvre pas pour que tu t'ouvres », « Je ne m'ouvre pas non plus pour que tu m'approuves », « Je peux m'exprimer, même si tu n'es pas d'accord avec moi ». L'intimité n'est possible qu'entre deux personnes qui maintiennent une certaine distance entre elles.

Les personnes fusionnelles ne s'ouvrent pas de peur d'être rejetées. Elles cherchent à plaire à l'autre. Les personnes fusionnelles ne s'ouvrent qu'à la condition que l'autre s'ouvre et les confirme dans ce qu'ils sont ou veulent être. Les personnes fusionnelles sont les plus susceptibles d'être malheureuses en couple, qu'elles se retrouvent dans la position de dépendance ou de contre-dépendance, appelée aussi dominance, démontrant ainsi que tout couple fusionnel est constamment aux prises avec une lutte pour le pouvoir où chacun des deux partenaires cherche à prendre le contrôle émotif de l'autre pour le rendre conforme à ses attentes. Ce qui n'est que fol illusion.

Seules les personnes ayant développé leur indépendance (intelligence) émotionnelle, apprivoisé leur solitude et assumé la responsabilité de leurs besoins, y compris leur besoin d'intimité, peuvent faire partie des couples heureux. La différenciation, ou juste distance, est la base de l'intimité, et non la fusion.

Le couple est un organisme vivant en perpétuelle mouvance pour toutes ces raisons.

Chapitre

2

Amour et passion

« Je reste sans voix à ta vue.
Ma langue se brise.
La fièvre me brûle.
Mes yeux se brouillent.
Mes oreilles bourdonnent.
Je transpire, je frissonne.
Je verdis, je crois mourir.
Je vais jouir ! »
Sapho, VIIe avant J.C.

Le poème de Sapho à son amante illustre bien l'impétuosité du mouvement passionnel. Ce mouvement de tout l'être vers ce qu'il désire, cette émotion violente, puissante, continue qui domine la raison peut-il s'apparenter à l'amour ? Et peut-il durer toujours ? Qui d'entre nous n'a jamais été amoureux et n'a pas connu l'euphorie et les tourments de la passion amoureuse ? Pourquoi et comment la présence d'un autre, d'une autre, peut-elle provoquer tant d'émois, tant d'envahissement ? Et pourquoi est-ce lui ou elle ? La passion est-elle synonyme d'amour ?

2.1 La passion

La passion se reconnaît à la présence de cinq éléments :

1. La personne, objet de votre passion, assaille vos pensées de manière incontrôlable. Vous en rêvez jour et nuit et n'aspirez qu'à la retrouver.

2. L'objet de votre passion est sans défaut ; vous avez enfin trouvé l'âme sœur tant recherchée depuis si longtemps.

3. Vous vivez dans l'espoir que cette attirance soit réciproque et paniquez à la seule pensée de perdre la source de tant de plaisirs intenses.

4. Vos émotions sont de véritables montagnes russes : tout gage d'amour de la personne désirée vous transporte, mais toute hésitation de sa part vous angoisse.

5. Pour rien au monde vous ne feriez quelque chose qui pourrait lui déplaire et la faire fuir.

La passion correspond en fait à une véritable perte de contrôle rationnel sur nos sensations et nos émotions. Nous sommes transformé, nos parents et amis ne nous reconnaissent plus. D'où l'expression « tomber » en amour ou « tomber » amoureux. Notre bonheur dépend de la présence de l'autre ; nous sommes suspendu à ses volontés. D'où aussi l'expression « coup de foudre », car nous avons vraiment l'impression que Cupidon nous a transpercé le cœur d'une flèche d'amour.

En réalité, ce n'est pas tellement le cœur comme le nez qui est en cause ici. Il y a dans la passion de nombreux phénomènes physiologiques incontrôlables. Les neurobiologistes ont démontré depuis longtemps que, tout comme chez les animaux, notre corps sécrète de nombreuses phéromones[15], dont certaines sont impliquées dans le sentiment amoureux. Entre autres, la phényléthylamine ou PEA, une amphétamine naturelle produite par notre cerveau et responsable de sensations euphoriques. La personne, objet de votre réaction passionnelle, dégage une odeur qui agit sur une partie de votre cortex cérébral

La nature de l'émotion est qu'elle est aussi fugitive qu'un arc-en-ciel de printemps.

Daniel Goleman

---

[15] Phéromone : substance chimique qui, émise à dose infime par un animal dans le milieu extérieur, provoque chez ses congénères des comportements spécifiques.

primitif, appelé cerveau reptilien ou rhinencéphale, et provoque des sensations d'allégresse : nous croyons être amoureux alors que nous ne sommes que le jouet de nos hormones.

En présence de l'être «aimé», nous flottons car nous n'avons jamais été aussi léger et heureux. Nous avons l'impression de faire un avec notre partenaire et sommes tous deux assurés que notre partenaire est aussi «accroché» que nous et que cet état durera toujours. Du moins, c'est ce que nous souhaitons ; c'est ce que tout le monde souhaiterait à notre place. Mais, nous ne sommes pas réellement amoureux de la personne réelle à l'origine de tant d'intensité, nous sommes amoureux des sensations que nous éprouvons devant l'image améliorée que cette personne nous présente (elle cherche à nous séduire) et que nous-même améliorons pour la faire correspondre à notre image de femme ou d'homme idéal. Nous nous présentons également sous notre plus beau jour afin de correspondre à ce que nous imaginons que l'autre attend de nous et ainsi le séduire et en prendre le contrôle émotionnel. Nous faisons ainsi disparaître notre grande peur de la solitude : une véritable arnaque réciproque, en fait ! La passion résulte donc d'un cerveau submergé par un déluge d'amphétamines et d'autres stimulants naturels qui altèrent les sensations et, du même coup, le sens de la réalité. Pour en savoir davantage sur la chimie de l'amour–passion, consultez l'annexe 1. Mes observations cliniques m'ont convaincu que plus la personne est immature émotionnellement, moins elle est différenciée, et plus elle est susceptible de rechercher l'âme sœur avec laquelle vivre cette passion fusionnelle irréaliste.

*La mesure de l'amour,
c'est d'aimer sans mesure.*

Philippe Desportes

Nous ne sommes pas amoureux, nous sommes drogués ! Advenant la perte de notre objet de passion, nous souffrons des symptômes du manque comme n'importe quel drogué en manque d'héroïne, de cocaïne ou de crack. Si nous ne pouvons retrouver immédiatement une autre source de passion, soit d'autres bras pour nous accueillir, nous vivons alors le revers des plaisirs passionnels, soit des peines passionnelles tout aussi intenses. Les toxicologues ont démontré que les passionnés en mal d'amour présentent exactement les mêmes symptômes physiques et psychiques que ceux éprouvés lors des périodes de sevrage des toxicomanes qui veulent se libérer des drogues dures. La dépendance psychologique à une passion fusionnelle ressemble étrangement à la dépendance physiologique.

La première caractéristique de la passion : l'intensité.

Mais qu'en est-il de l'amour, si l'amour n'est pas passion ? La passion est une émotion, l'amour est un sentiment. L'émotion (e = motion tout comme $E = MC^2$) est de l'énergie en mouvement se définissant comme un trouble subit, une agitation passagère qui peut se manifester sous forme de peur, de surprise, de joie, de peine, de colère... Le côté physique de l'émotion est l'excitation, le désir. L'amoureux, tout comme le passionné, éprouve aussi du désir et de l'excitation devant la personne aimée, mais cette excitation est sous le contrôle de sa raison : il ne se laisse pas envahir par la sensation, quoiqu'il puisse en jouir. L'amour est un sentiment basé sur l'amour de soi et la connaissance réelle de l'autre personne : l'amoureux sait que l'âme sœur n'existe pas, qu'aucune union n'est parfaite[16] tout simplement parce que lui-même n'est pas parfait. Le sentiment amoureux est un état affectif certes complexe, mais durable parce que basé sur la réalité et non sur le fantasme qui lui est plutôt volatile. L'amoureux est aussi un être émotif, sensible, pouvant être ému. Mais, à la différence du passionné, il ne se laisse pas entraîner par ses émotions, qu'elles soient agréables ou non et il ne laisse pas ses émotions déborder sur l'autre personne, ce que font les couples malheureux.

---

[16] Les sites et agences de rencontre anglophones vous promettent un « perfect match », exploitant ainsi votre immaturité émotive.

D'après les sexologues, nous possédons tous une «carte du tendre» qui se développerait entre cinq et huit ans, au contact de certaines personnes du sexe opposé de notre entourage qui, à cet âge, s'agrandit. Lors de l'adolescence, moment où les hormones sexuelles inondent à nouveau notre cerveau, cette image du tendre se cristallise. Ce qui fait que nous ne devenons pas amoureux de n'importe qui, mais d'une certaine catégorie de personnes. L'expression de Chaucer à l'effet que «l'amour est aveugle» ne s'applique qu'aux personnes non différenciées et dont l'identité est floue. Les personnes possédant un bon sens de l'identité et une estime de soi basée sur des critères internes et non sur le regard approbateur ou désapprobateur d'autrui prennent conscience de leur excitation face aux personnes correspondant à leur carte physiologique amoureuse, mais ne fondent pas leur relation uniquement sur cette excitation, au contraire des passionnés.

La passion mène l'immature émotif ou la personne non différenciée par le bout du nez et, à son insu, lui fait faire des choses avec des personnes qui, hier encore, lui étaient totalement inconnues. La passion a besoin de terres nouvelles à défricher. On éprouve rarement de la passion pour des personnes que l'on connaît bien, au contraire de l'amour qui se développe souvent entre amis d'enfance et d'adolescence. Les obstacles rendent plus désirable la personne convoitée. Rien d'étonnant si certains tombent amoureux d'un individu déjà marié ou d'un être dont ils sont séparés par une barrière apparemment infranchissable. C'est le fameux syndrome Roméo et Juliette[17]. Le coup de foudre existe depuis le début de l'humanité et partout à travers le monde. Mais combien de suicides et de meurtres cette passion amoureuse n'a-t-elle pas générés? Certains peuples n'ont pas de mot pour nommer le coup de foudre, ils l'appellent tout simplement «folie». Dans notre propre société, au XIXe siècle, la passion

---

[17] La très grande majorité des romans ou films d'amour ne présente que l'amour passion, à l'exception peut-être des films de Woody Allen et de quelques auteurs français, dont Alexandre Jardin ne fait certainement pas partie.

était considérée suspecte. L'augmentation croissante des divorces et des mariages malheureux est directement proportionnelle au fait que l'on veut aujourd'hui se marier par amour–passion. Le problème est que la majorité des hommes et des femmes associe l'amour à la passion.

La deuxième caractéristique de la passion : l'inconscience

2.2 L'amour véritable

L'amour est un sentiment beaucoup plus doux et basé lui aussi sur l'attirance physique puisque la première chose que l'on voit d'une personne est son corps. Mais l'amour englobe la tendresse qui se développe au fur et à mesure de l'apprivoisement de la personne aimée. Alors que la passion crée la dépendance, l'amour crée l'attachement, sentiment d'affection et de sympathie. L'amour, c'est ce qui reste une fois passée l'intensité de l'attirance physique initiale. Cette attirance n'apparaît parfois que plus tard chez les couples heureux à long terme, une fois que l'on connaît mieux la personne aimée. Un proverbe arabe dit : «N'épousez pas la personne que vous aimez. Aimez la personne que vous avez épousée.» Je vous suggère plutôt d'apprendre à aimer cette personne avant de lui offrir une bague de fiançailles et de l'épouser. Il est illusoire de croire que la passion puisse toujours durer. Comme pour les drogues dures, avec le temps se produit un phénomène de saturation qui fait que notre cerveau ne réagit plus devant la source de la passion. J'appelle ce phénomène «la douloureuse morale du plaisir», c'est-à-dire que même les plaisirs physiques les plus intenses deviennent fades avec la répétition et le temps. La plus belle femme et le plus bel homme finissent par perdre leur aura avec le temps. D'où la nécessité de changer l'objet de la passion, en changeant de partenaire, où en rendant plus difficile la satisfaction du désir fusionnel, ce que font les couples malheureux en multipliant les sources de conflits et d'opposition : la réconciliation devient tellement excitante après avoir pris le risque de perdre l'objet de son désir.

Les amoureux au long cours préfèrent carburer aux endorphines, ou endomorphines, plutôt qu'aux amphétamines Les endorphines ont des propriétés antalgiques, associées au calme, au bien-être et à l'absence de douleur. Voilà pour la dimension physiologique. Du point de vue psychologique, deux autres éléments sont nécessaires pour que l'amour véritable puisse exister : l'admiration et un ou des projets communs. Ces éléments doivent être canalisés vers la même personne et réciproques, à moins de vouloir être malheureux et de vivre des amours impossibles.

L'amour durable ne supporte pas la fusion, sinon à dose homéopathique, mais il s'enrichit de la dualité

Jacques Salomé

L'amour, tout comme la passion, est basé sur une attirance physique et sexuelle réciproque : ne dit-on pas « faire l'amour » pour désigner la relation sexuelle, l'acte d'amour ? Qu'y a-t-il de plus merveilleux que de faire l'amour avec l'être aimé ? Aimer quelqu'un, c'est vouloir se « lover », se toucher, se caresser, s'interpénétrer, se fusionner l'espace d'un moment. Mais pour que cette intimité fusionnelle temporaire puisse se vivre, rappelez-vous qu'elle nécessite deux personnes autonomes, entières et différenciées, toutes deux capables de retrouver leur centre identitaire après le lâcher prise nécessaire à la jouissance sexuelle fusionnelle.

L'amoureux ne peut aimer que s'il admire la personne qui l'attire. L'admiration est un sentiment de joie et d'épanouissement devant ce que l'on juge beau et grand. L'admiration invite au respect. J'englobe dans le concept admiration tous les aspects psycho-émotifs et même spirituels de la relation amoureuse. J'admire la personne qui habite ce corps qui m'attire. Mon sexe se met en action, certes, mais sous la direction de mon cœur et de mon cerveau, de mon intelligence émotionnelle[18]. L'admiration implique non seulement le respect, mais aussi la connaissance, la confiance, l'honnêteté, la loyauté, la sincérité, la fidélité et la fiabilité, qualités que l'on retrouve en abondance chez les amoureux à long terme et les couples heureux, mais aussi chez des amis sincères (à la différence que ceux-ci n'ont pas de relations sexuelles). Ces qualités se retrouvent autant chez l'un que chez l'autre. Cette admiration repose sur la réalité de la personne aimée et non sur l'image idéalisée de cette personne. L'illusion n'est pas source d'admiration, mais plutôt de déception, ce que vit un jour ou l'autre le passionné déçu de s'apercevoir que la personne aimée ne correspond pas, ou plus, à son idéal illusoire.

Deux personnes qui s'aiment partagent les mêmes projets, d'où la nécessité de confronter ses projets personnels à ceux de l'autre. Deux personnes qui s'aiment se regardent, mais regardent aussi dans la même direction. S'aimer, c'est planifier ensemble des projets communs. Le passionné est assuré que l'autre voit ce que lui voit, projette ce que lui projette. Les amoureux à long terme font rapidement volte-face s'ils se rendent compte que leurs projets de vie personnels et conjugaux sont incompatibles. La psychologie populaire est souvent paradoxale dans ses dictons. On dit « Les contraires s'attirent », ce qui se vérifie en génie électrique et lors d'étincelles amoureuses, mais la psychopop dit aussi « Ceux qui se ressemblent s'assemblent ». La psychologie scientifique confirme que si l'amour est improbable entre deux personnes identiques, les couples heureux à long terme réunissent, non pas un minimum, mais un maximum de compatibilités. On constate même qu'ils deviennent de plus

> *Une loi naturelle veut que l'on désire son contraire, mais que l'on s'entende avec son semblable. L'amour suppose des différences. L'amitié suppose une égalité, une similitude de goûts, de force et de tempérament.*
>
> Françoise Parturier

---

18 Concept développé par Daniel Goleman dans *L'intelligence émotionnelle. Comment transformer ses émotions en intelligence,* Éd. Robert Laffont, 1997.

en plus compatibles avec le temps, alors que les fusionnels deviennent de plus en plus divergents.

Les passionnés fusionnels ne prennent pas le temps de vérifier ces compatibilités avant de se mettre en couple. Ce n'est qu'avec le temps qu'ils s'aperçoivent que leurs différences sont insurmontables. Les personnes matures émotionnellement vérifient avant de s'engager si leurs désirs de cohabitation concordent, s'ils veulent le même nombre d'enfants, s'ils possèdent les mêmes principes éducatifs et s'ils partagent les mêmes objectifs pécuniaires (aussi terre-à-terre que cela puisse paraître). Ils ne partent pas du principe qu'ils vont nécessairement être d'accord parce qu'ils s'attirent et s'aiment l'un l'autre. Ils parlent de carrière, de partage des tâches ménagères, de vie sociale. Ils s'invitent à tour de rôle dans leur famille respective, non pas pour faire approuver leur choix, mais parce qu'ils auront à vivre avec deux familles. Et aujourd'hui, beaucoup plus qu'avant, ils s'expérimentent sexuellement et vérifient leur compatibilité libidinale. Dans leurs discussions, ils ne cherchent pas à plaire à l'autre ; ils disent ce qu'ils sont. Ils ne croient surtout pas que leur amour amènera l'autre à changer et à partager leurs projets. Impossible, évidemment, que tous ces désirs concordent parfaitement, mais nous verrons au chapitre sept que, chez les couples heureux, la différence entre ces désirs ne devient pas source de blocages permanents, mais au contraire source d'épanouissement et de complémentarité, alors que les couples malheureux cherchent, après coup, à établir un consensus sur tous ces points et s'accusent réciproquement de fausse représentation, de mauvaise foi ou de manque d'amour lorsqu'ils n'y parviennent pas.

La stabilité, plutôt que l'intensité, et la conscience, plutôt que l'inconscience, sont les deux caractéristiques d'un véritable engagement amoureux. L'attachement est

Aimer, ce n'est pas seulement «aimer bien»; c'est surtout comprendre.

Françoise Sagan

la conséquence de l'amour. L'amour s'oppose à la passion, laquelle nécessite une nouveauté sans cesse renouvelée. L'intensité passionnelle peut faire souffrir, mais, disent les passionnés, qu'est-ce l'amour sans passion ? Nous verrons, en réalité, que la souffrance des passionnés provoquée par l'impossibilité de la satisfaction de leurs désirs fusionnels leur donne, paradoxalement, l'occasion de sortir de l'inconscience, de grandir émotionnellement et d'apprendre à se centrer et apprécier l'autre dans sa différence. Tous, malheureusement, n'y parviennent pas, malgré l'aide de thérapeutes.

Avant d'analyser les différentes phases du processus conjugal, comparons le triangle amoureux au triangle passionnel :

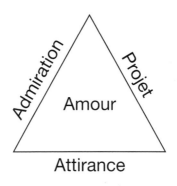

Figure 7. L'amour véritable

Figure 8. La fusion passionnelle

Les deux triangles, ou pyramides, ont la même base, soit l'attirance physique. Mais, contrairement au passionné qui idéalise l'objet de son attirance et rêve d'une fusion éternelle, l'amoureux découvre la personne réelle qui existe dans ce corps qui l'attire, admire ce qu'il découvre et élabore un projet de vie avec la personne désirée et aimée. L'attirance représente la dimension biochimique de l'amour, l'admiration, la dimension psycho-émotive de la relation, et le projet, l'objectif du couple.

Les couples fusionnels le deviennent à partir d'un coup de foudre ou de la croyance qu'enfin ils ont trouvé le bon partenaire ou l'âme sœur. Les couples heureux à long terme se sont parfois formés à partir d'une forte attirance physique et sexuelle. Mais leur triangle, contrairement à celui des passionnés, est flexible : leur relation est parfois devenue amoureuse après qu'ils soient devenus amis, parfois après avoir travaillé à la réalisation d'un projet commun, professionnel ou communautaire. La base de leur amour ne se limite pas à l'attirance physique et sexuelle.

Figure 9. Des amis devenus amoureux

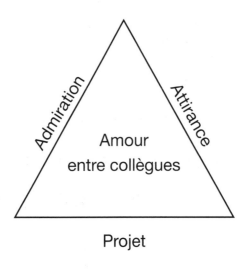

Figure 10. Des collègues devenus amoureux.

La passion ne dure guère que quelques heures ou, tout au plus, deux ou trois ans. L'amour peut durer toute une vie, si on y met les efforts nécessaires et qu'on accepte de se remettre régulièrement en question. Toutes nos recherches nous démontrent que très rares sont les amours à long terme basés sur la passion et, quand cela arrive, cet amour est entaché de souffrances tout aussi intenses, comme nous le démontrent les amours difficiles de nombreux artistes célèbres. Nous avons toujours le choix entre l'intensité (amphétamines) et la stabilité (endorphines). Les couples heureux à long terme réussissent à se maintenir entre ces deux extrêmes.

3

Les cinq étapes de l'évolution d'un couple heureux

Les couples heureux à long terme vivent les cinq étapes suivantes :
1. La lune de miel ou période passionnelle
2. La lutte pour le pouvoir ou période d'adaptation
3. Le partage du pouvoir ou période de stabilisation
4. L'engagement ou l'amour véritable
5. L'ouverture sur autrui ou comment servir d'exemple

Les couples malheureux dépassent rarement la deuxième étape. Ces étapes ne sont pas nécessairement chronologiques avec des frontières clairement définies. Elles peuvent l'être, mais la plupart du temps, elles se superposent, peuvent être élastiques ou même s'intercaler, particulièrement la lutte pour le pouvoir qui peut être ravivée lors des moments difficiles inévitables vécus par tous les couples. Préalablement à la naissance du couple prend place la séduction qui elle aussi comporte cinq phases.

3.1 La lune de miel

Du latin *seducere,* séduction signifie « amener à l'écart pour obtenir des faveurs ». L'objectif de la séduction amoureuse est d'attirer l'attention d'une personne par tous les moyens possibles afin d'en prendre le contrôle émotionnel et d'assurer ainsi la satisfaction de tous les besoins nécessitant la participation d'une autre personne, la sexualité n'étant qu'un de ces nombreux besoins. Les étapes et les rituels de séduction sont universels, à quelques nuances près, et se retrouvent aussi dans le monde animal (dont, ne l'oublions pas, nous faisons partie).

Premier acte : L'attirance. La séduction, à la fois consciente et inconsciente, est toujours présente. Inconsciente, elle est inhérente à notre corps et ses odeurs (phéromones) : qu'on le veuille ou non, toute personne rencontrée suscite une réaction sympathie-antipathie ou attirance-répulsion. Consciente, elle crée une industrie qui engloutit des milliards à chaque année pour mettre en valeur le corps, support et objet de séduction. Hommes et femmes, à la recherche d'un partenaire de vie, vont mettre leur corps en valeur pour attirer l'attention de la personne convoitée. La femme se montre sexy et gage de plaisirs innombrables, sachant consciemment ou non que l'homme sélectionne la femme selon son apparence physique, du moins au début. C'est pourquoi elle « chaloupe » des hanches et se montre aguichante. L'homme démontre plutôt sa richesse, son statut et sa force, sachant consciemment ou non que la puissance est le premier aphrodisiaque de la femme, du moins au début. C'est pourquoi il bombe le torse. Les femmes provoquent, les hommes paradent.

Deuxième acte : Les regards et les sourires. Le regard est l'instrument de séduction humain le plus efficace. La rencontre des regards provoque un effet instantané : elle entraîne l'attirance ou la répulsion. La répulsion fait détourner la tête, l'attirance provoque un sourire gêné, mais engageant. Encore faut-il que le regard intrusif et intéressé d'un homme rencontre le regard réceptif et intéressé d'une femme. Se produit alors une dilatation inconsciente des pupilles et une étincelle remplie de promesses. Ne dit-on pas que les nouveaux amoureux se « dévorent des yeux » et qu'ils sont seuls au monde, même parmi la foule ?

Si tes yeux un moment pouvaient me regarder.

Jean Racine

Troisième acte : La conversation. Le plus simple est le mieux ; nul besoin de chercher une entrée percutante. Dites simplement : « J'aimerais faire votre connaissance ». Vous avez une probabilité de 82 % que la conversation s'amorce[19], un peu plus ou un peu moins dépendant de votre beauté esthétique. Rappelez-vous que la séduction est affaire de nez plus que de mots. Nous verrons au chapitre 4 que le contenu de la communication n'est pas si important et que la communication n'est pas aussi puissante que nous le voulons, que ce soit au début d'une relation ou pour régler un conflit. Converser constitue toutefois la meilleure façon de briser la glace et d'annoncer nos couleurs. Plus importants sont nos gestes et le ton de notre voix comme l'ont découvert les psychologues : la communication est faite de langage corporel à 55 % et d'intonation vocale à 38 %. Le sens des mots ne pèse que 7 % dans cette balance. Cherchez quand même un sujet qui puisse intéresser votre partenaire potentiel. Soyez observateur et attentif. Des amours possibles ont tourné court dès les préambules verbaux. La conversation constitue un point de rupture : la séduction passe ou casse car, qu'on le veuille ou non, elle révèle déjà notre personnalité, ainsi que nos origines sociales et culturelles.

Quatrième acte : Le contact physique. Lorsqu'ils sont interrogés, les couples disent que c'est l'homme qui en prenant la main de sa « conquête » a exercé le premier contact physique. Tout autre est l'observation des anthropologues qui ont démontré que c'est la femme, à 75 %, qui se hasarde au premier contact physique. Elle le fait généralement en effleurant du bout des doigts le bras, l'avant bras ou le dessus de la main du soupirant. Elle semble le faire d'une façon fortuite et « naïve », mais, ne soyez pas dupe, elle l'a souvent prémédité et calculé. C'est une manière de vous dire : « Vous m'intéressez, Monsieur, continuez de chercher à me séduire ».

---

[19] Selon une étude du psychologue Michael Cunninghman dans les bars de rencontre du Chicago métropolitain.

De harcèlement sera accusé l'homme que la femme n'a pas invité à la séduire. Les hommes ne sont pas tous des Don Juan ou des Casanova. Ce subtil toucher de la femme sonne le départ, car il s'est avéré que par la suite c'est plutôt l'homme qui prend l'initiative des contacts physiques et des invitations, du moins jusqu'à tout récemment.

Cinquième acte : La danse de l'amour. Dernière étape de la séduction, cette danse de l'amour se révèle en même temps la première étape de la constitution du couple : la lune de miel. C'est une période de bonne entente pendant laquelle les deux partenaires s'apprivoisent. Cette danse de l'amour, ce « toilettage » dirait Desmond Morris[20], se manifeste dans le synchronisme corporel dès la première rencontre (se tourner et se pencher l'un vers l'autre, boire en même temps, etc.), les invitations ultérieures acceptées, les nombreuses danses sociales, les sorties, toutes préludes à la danse d'amour par excellence : l'acte sexuel. Elle est rapide et intense chez les passionnés : le tout peut se dérouler le soir même, ce que nos amis anglophones appellent un « one night stand » ou après quelques sorties seulement. Elle est plus lente chez les célibataires bien dans leur peau et à la recherche non pas d'aventures successives, mais d'une relation stable, ce que nos grands-parents appelaient les « fréquentations ». Les passionnés vont de coup de foudre en coup de foudre ; les membres d'un futur couple heureux cherchent à savoir à qui ils ont affaire avant de « tomber » réellement en amour. La majorité des histoires d'amour, au long cours ou non, a commencé ainsi. À la différence toutefois que les personnes passionnées voient l'acte sexuel comme l'amorce de leur relation amoureuse alors que les personnes différenciées voient ce rapport intime comme une conséquence de leur relation amoureuse.

S'installe alors une période qui peut durer jusqu'à deux ou trois ans, période de grande intensité où chacun, n'étant pas encore assuré

---

[20] Pour connaître l'œuvre complète de Desmond Morris, consultez http://www.desmond-morris.com.

que la relation est bien établie, va se montrer sous son plus beau jour afin de continuer de séduire et de conquérir l'autre. C'est pendant cette phase que les hommes sont, par exemple, les plus communicatifs et les plus attentifs : ils soignent leur image et sont intéressés par tout ce que leur partenaire dit ; ils n'ont d'yeux que pour elle et la complimentent sans cesse. C'est pendant cette phase, par exemple, que la femme regarde et écoute l'homme avec la plus grande admiration ; elle ne le critique jamais et l'encourage dans tous ses projets qu'elle trouve fantastiques. De plus, elle est toujours prête à faire l'amour avec son partenaire potentiel, aussi souvent qu'il le désire.

En même temps, chacun auréole l'autre : c'est l'âme sœur, le prince, la princesse, une personne «pas comme les autres» et chacun s'estime être l'heureux élu. Ces amoureux sont assurés que leur amour pour l'autre surmontera toutes les épreuves. Ils passent des heures à bavarder, à faire des projets, à partager de multiples activités et à faire et refaire l'amour. Ils ne peuvent plus se passer l'un de l'autre. C'est la phase que l'on voudrait faire durer toujours. C'est pendant cette phase que l'on décide généralement de cohabiter ou de se marier.

Progressivement, sous l'effet des hormones dont nous avons parlé au chapitre précédent et de la routine, la passion fait lentement place à des jours de bonheur plus tranquille. Les amoureux gorgés d'intensité prennent un peu de repos. Ils peuvent maintenant dormir en paix, en silence, dans les bras l'un de l'autre, sans nécessairement faire l'amour. Ils peuvent passer une soirée côte à côte à regarder la télévision. Ils n'auront jamais été aussi bien, aussi en harmonie de toute leur vie. Leur couple les comble : ils vivent des périodes d'accalmie agrémentées de sursauts de passion intense.

Hélas, la passion... passe ! Ou heureusement ?

3.2 La lutte pour le pouvoir

En fait, pendant la phase de passion, les partenaires ne sont pas réellement amoureux de l'autre personne ; ils sont plutôt amoureux des sensations que l'idée qu'ils se font de l'autre personne provoque dans leur corps et leur tête. La connexion fusionnelle les a aidés à minimiser les défauts de l'autre ; ils n'ont pas voulu voir et entendre ce qui ne faisait pas leur affaire ; ils ont mis de côté tout ce qui pouvait émousser leur passion.

Lors de la période de séduction et de la première étape de la relation amoureuse, la lune de miel, tous les couples sont heureux. Ils le sont jusqu'au mariage, ou la cohabitation, et pendant quelque temps après. Mais, sournoisement, s'insinue le paradoxe de la passion dont j'ai parlé au premier chapitre. Tant que les deux partenaires sont incertains d'avoir séduit, conquis, acquis la personne aimée, les deux se comportent comme si l'autre était un « invité spécial » : ils en prennent soin et sont dévoués à l'autre. Les hommes ne seront plus jamais aussi attentifs, soignés, enveloppants, flatteurs, sensuels, communicatifs et intéressés par les propos de leur femme que lors de cette phase. Les femmes ne seront plus jamais aussi admiratrices, encourageantes, non directives, séductrices, positives, valorisantes et réceptives sexuellement que lors de cette période. L'insécurité et l'anxiété sont nécessaires pour que dure cette étape.

Mais voilà, la vie de couple étant ce qu'elle est, le ciel bleu conjugal change tranquillement de couleur. Voilà qu'apparaissent des nuages, petits au début, de plus en plus gros avec le temps qui passe. « Pour le meilleur et pour le pire » nous a pourtant averti l'officier ou le curé en célébrant notre mariage ou nos parents et amis avant notre cohabitation. Le couple existe pour obtenir certains avantages et réaliser certains projets, mais il existe aussi pour nous mettre à l'épreuve, pour nous faire acquérir de la maturité, pour nous confronter à la réalité. Et la réalité est qu'un couple est formé de deux êtres humains distincts, vivant chacun un vide existentiel qu'il cherche désespérément à combler en voulant fusionner avec un autre être humain tout aussi incomplet. La

Le divorce fut inventé à peu près en même temps que le mariage. Deux semaines après, pour être plus exact.

Voltaire

période de passion nous donne, le temps d'un instant, l'illusion que l'autre nous complète, que nous avons trouvé notre âme sœur et que celle-ci comblera tous nos manques, qu'elle nous permettra de résoudre tous nos problèmes et fera disparaître notre angoisse de vivre et ce, pour toujours. La frustration sera d'autant plus grande que notre idéal était élevé et que l'autre nous avait fait croire, volontairement ou non, qu'il pouvait combler ces manques et répondre à nos attentes. La frustration sera d'autant plus grande si nous sommes fusionnels et dépendants du regard approbateur de l'autre. Le couple existe pour nous confronter et assurer à la fois notre indépendance et notre interdépendance. **Le couple existe pour créer des crises.**

Notre sens de l'identité se structure à partir de deux perceptions. La première est unique : c'est celle que chacun d'entre nous porte sur lui-même, une perception qui vient de l'intérieur de soi. Elle est formée du schéma corporel, mais aussi de la conscience de soi. C'est cette perception qui permet à chacun de dire « Je » ou « Moi » et de se différencier de l'autre à qui l'on dit « Tu » ou « Toi ». C'est en ce sens que chacun se retrouve « seul au monde », seul au centre de soi. Par contre, c'est ce sentiment de solitude qui nous pousse vers l'autre, lequel autre nous procure la deuxième perception de l'identité, une perception qui vient de l'extérieur de soi. C'est d'abord en étant influencé (éduqué) par la perception de notre entourage lors de notre enfance et en contestant cette perception externe lors de l'adolescence que nous construisons notre identité interne et que nous devenons ce que nous sommes. Cette recherche d'identité, d'indépendance, se manifeste tout d'abord par une affirmation négative (contre-dépendance) avant de s'exprimer de façon positive (indépendance). Le jeune adulte commence par définir son «non moi» pour pouvoir dire, par la suite : «Je suis ce que je suis : je suis moi». Pour y parvenir, il doit sans cesse valider son moi intérieur avec l'image de lui que son entourage lui renvoie. Lorsqu'il y a concordance entre les deux perceptions, tout va. Les conflits sont d'autant plus grands qu'existe une discordance entre la perception interne et la perception externe[21].

L'acquisition de l'identité rend possible l'intimité, laquelle intimité confronte et valide l'identité. Mais ici encore, un paradoxe. Pour être capable d'intimité, nous devons savoir qui nous sommes. Mais pour savoir qui nous sommes, nous avons besoin du regard intime de l'autre, d'un autre. Pour compliquer la situation l'autre est aussi en recherche d'identité et a besoin du regard de l'autre pour mieux se connaître. Chacun se cherche et se cherche dans le regard de l'autre. Voilà à quoi sert le couple : à créer des occasions permettant la confrontation de ces paradoxes. Ces occasions peuvent difficilement être autre chose que des crises. À l'intérieur d'un couple, nous osons nous révéler tel que nous sommes afin de valider, par le regard approbateur ou désapprobateur de l'autre, notre perception de nous-même. Nous sommes en recherche d'une double validation : la validation de soi par soi-même et la validation de soi par l'approbation de l'autre. Et nous espérons que la validation de l'autre sera toujours conforme à notre propre validation. Ces deux perceptions sont nécessaires pour structurer notre identité personnelle, mais c'est illusion de croire qu'elles seront nécessairement synchrones : le regard de l'autre n'est pas toujours approbateur.

Une première lutte s'installe à l'intérieur de tout individu entre être soi et être en relation sans se perdre. S'installe aussi ce que, à la suite

---

[21] Pour en savoir davantage sur l'acquisition de l'identité, je vous réfère à l'œuvre d'Érik Érikson dont je vous résumerai l'essentiel au chapitre 10, sur les bases de l'harmonie conjugale. Littéralement Érik fils d'Érik, nom qu'il prit après avoir renié son père et qui l'amena à développer sa théorie analytique de l'identité. Cet auteur, plus que tout autre, démontre qu'il faut parfois rejeter le regard de l'autre sur soi pour devenir soi, qu'il faut se définir à partir de son regard interne et non en fonction (réaction ou soumission) du regard de l'autre.

de nombreux auteurs, j'appelle la lutte pour le pouvoir émotionnel : chacun veut que l'autre se conforme à ses attentes et lui accorde l'amour tel qu'il le perçoit.

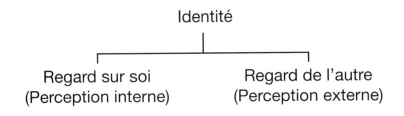

Tableau 2. Les sources de l'identité

Cette lutte pour le pouvoir est fondamentalement saine en soi, mais elle devient trop souvent destructrice à cause de l'absence de la juste distance. Positive, elle permet à chacun des deux partenaires de se dire et de dire à l'autre ce que chacun attend du Nous construit avec l'autre. Négative, cette confrontation se transforme en affrontement où chacun veut imposer sa conception du Nous qu'il veut construire avec l'autre. Cet affrontement mine le respect et la confiance réciproques et se termine par le divorce (50 % des couples) ou la résignation (30 % des couples), malgré certaines accalmies. Cette lutte pour le pouvoir sera d'autant plus destructrice que l'un des partenaires, mais généralement les deux, aura une faible ou une mauvaise perception interne de lui-même. Je dis les deux parce que généralement nous choisissons rarement un partenaire plus évolué, plus identifié ou différencié que soi. C'est pourquoi les psychologues disent que la personne choisie est notre miroir et c'est pourquoi aussi les crises du couple deviennent des occasions privilégiées de croissance personnelle et, conséquemment, conjugale. Du moins pour les personnes désirant se remettre en question et voulant vraiment s'engager. Les autres démissionnent dès les premières crises.

Cette lutte pour le pouvoir prend différentes formes comme me l'ont illustré les nombreux couples reçus en consultation. Par exemple, Marie accuse Jean de ne pas être assez présent ; Jean accuse Marie d'être envahissante. Pierre reproche à Sophie de toujours compliquer les choses et Sophie reproche à Pierre de fuir la communication. Sylvie blâme Philippe de ne pas être assez romantique ; Philippe blâme Sylvie d'être frigide. Alexandre critique l'attitude dominatrice de Sonia tandis que Sonia reproche à Alexandre de vouloir toujours avoir le dernier mot. François réprouve les réactions émotives de Renée qui réprouve la froideur de François. Caroline accuse Sylvain de ne penser qu'à son travail et Sylvain reproche à Caroline sa tendance à dépenser sans retenue. Hélène n'aime pas l'autoritarisme de Marc sur les enfants et Marc déteste la trop grande permissivité qu'Hélène leur accorde. Line voudrait voir sa famille plus souvent alors que Daniel voudrait passer plus de temps en couple. Ken voudrait faire l'amour plus souvent et Karen le traite d'obsédé.

> *Le défi du couple :*
> *Rester ensemble et*
> *rester soi-même.*
>
> Jacques Salomé

Les observations du psychologue Joe Tanenbaum auprès des couples venus le consulter démontrent une certaine sexualisation de cette lutte yin-yang dans son livre *Découvrir nos différences*[22]. Il constate que la majorité des femmes voudrait que les hommes parlent plus souvent, soient plus émotifs, se dépensent moins physiquement, soient plus romantiques, plus sensuels et moins axés sur la génitalité, s'occupent plus des « autres » (et d'elle), soient plus spontanés, s'occupent moins de leur travail et davantage de leur famille, sortent plus souvent, montrent plus de compassion, soient moins pressés et plus patients et, finalement, se préoccupent davantage de leur hygiène.

Ce à quoi, la plupart des hommes réplique en souhaitant que les femmes parlent moins souvent, soient moins émotives, se dépensent

---

[22] Tanenbaum, Joe, *Découvrir nos différences entre l'homme et la femme*, Ed. Quebecor, 1992, 234 p.

plus physiquement, soient moins romantiques, fassent l'amour plus souvent et compliquent moins les choses, s'occupent moins des autres (et plus de lui), soient plus rationnelles, s'occupent plus de leur carrière, restent plus souvent à la maison, soient moins sensibles, plus ponctuelles et se préparent plus rapidement. Quoiqu'il puisse y avoir des inversions d'un couple à l'autre, mes trente années de pratique en thérapie conjugale (et mon expérience conjugale personnelle) me confirment la justesse de ces observations.

Cette lutte pour le pouvoir est certes influencée par des différences liées au sexe et au fait que chaque être humain est différent, mais l'intensité de cette lutte est directement proportionnelle à la maturité émotive des partenaires. Plus les partenaires ont développé un sens idiosyncrasique[23] de leur identité, plus il leur sera facile d'accepter que l'autre puisse être différent, sans qu'il s'en offusque et se sente menacé. Les membres d'un couple heureux savent qu'ils ne peuvent pas toujours être d'accord et que le couple qu'ils ont formé est au service des deux partenaires. Moins

Définition populaire du mariage

Aucune femme n'obtient ce qu'elle espérait. Aucun homme n'espérait ce qu'il a obtenu.

les partenaires seront différenciés, plus leur perception d'eux-mêmes dépendra de l'approbation de l'autre, plus ils voudront fusionner, régressant ainsi au stade infantile de la codépendance. Moins ils auront apprivoisé leur vide existentiel, plus ils seront fusionnels. Moins ils auront acquis une maturité émotive, plus leurs désaccords provoqueront des réactions émotives. Plus l'un et l'autre seront en attente d'approbation, moins chacun voudra valider l'autre, car valider l'autre veut alors dire se soumettre à l'autre. Les deux se retrouvent alors dans le cercle vicieux de la dépendance–contre-dépendance (ou dominance). Chacun en voulant conserver son autonomie veut convaincre l'autre du bien fondé de sa perception.

---

[23] Idiosyncrasie : Manière d'être particulière à chaque individu qui l'amène à avoir des réactions et des comportements qui lui sont propres. *(Le Petit Larousse)*

Reprenons ici la Figure 4 pour mieux illustrer ce paradoxe de la passion qui existe chez les couples dysfonctionnels.

Dans la Figure 11, les flèches indiquent que les deux partenaires s'affrontent dans un combat sans fin pour essayer d'expliquer à l'autre ce que le couple devrait être : « Moi dire à Toi comment Nous devrait fonctionner pour que Toi et Moi soyons heureux et Toi doit nécessairement être d'accord avec Moi pour que cela arrive ». Les partenaires tournent en rond, chacun cherchant à prendre le contrôle du Nous à son avantage.

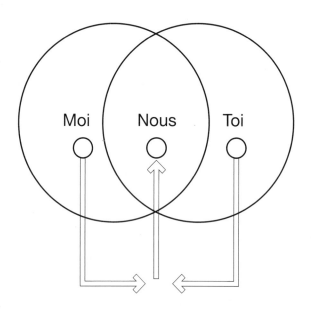

Figure 11. La lutte pour le pouvoir

Arrivés au cercle vicieux de la dépendance–contre-dépendance, les partenaires ont les choix suivants:
1. Soumettre son partenaire, de gré ou de force;
2. Se faire violence et se soumettre aux volontés de son partenaire;
3. Se résigner à vivre en colocataires, sans réelle intimité;
4. Divorcer et trouver un nouveau partenaire.

Les couples sont d'autant plus conflictuels que leurs membres croyaient que la vie de couple serait harmonieuse et coulerait comme un long fleuve tranquille. Ils sont conflictuels car ils font porter sur l'autre la responsabilité de l'échec de leurs espérances plutôt que de comprendre que le couple est un lieu privilégié de crises permettant la croissance de chacun des deux individus et, conséquemment, du couple et de la famille. Les deux amants intimes, devenus souvent deux ennemis intimes, doivent cependant apprendre à partager le pouvoir pour que puisse survivre leur intimité. Une seule solution: devenir plus différenciés, moins fusionnels, et apprendre à gérer cette lutte inévitable pour le pouvoir, due justement au fait que les deux partenaires sont différents. En fait, cette lutte pour le pouvoir ne prend jamais fin, ne doit jamais prendre fin. Encore faut-il que les deux partenaires soient de force égale et que chacun accepte de se remettre en question et d'être influencé par l'autre. Contrairement à Jung qui disait que l'amour et le pouvoir s'excluent l'un l'autre, je crois plutôt que l'amour n'est possible qu'entre deux «adversaires» qui se respectent et se tiennent debout l'un face à l'autre, mais non l'un contre l'autre.

3.3 Le partage du pouvoir ou période de stabilisation

La phase passionnelle permet à deux personnes généralement étrangères l'une à l'autre d'être attirées et de partager de nombreux plaisirs qui, finalement, les lient dans une dynamique plus ou moins fusionnelle. La majorité des couples se marie ou cohabite au cours de cette première phase. La lutte pour le pouvoir, phase consécutive et inévitable, permet aux deux partenaires de découvrir «qui» est réellement la personne dont ils sont devenus amoureux et, par le fait même, de mieux découvrir leur propre besoin de fusion et de contrôle, de dépendance et de contre-dépendance. Plus l'un des partenaires est dépendant, plus l'autre deviendra contre-dépendant, initiant ainsi la lutte pour le pouvoir dans le couple. Comme mentionné précédemment, 80 % des couples ne survivent pas à cette révélation, laquelle met fin à l'enchantement entretenu lors de la première phase par de nombreuses illusions (dont nous verrons la liste au chapitre suivant).

Il reste néanmoins 20 % des couples qui transcendent la lutte pour le pouvoir et qui réussissent à partager ce pouvoir et à s'aimer à long terme. Qui sont-ils ces couples heureux ? Comment arrivent-ils à surmonter une étape qui fait tant de victimes, malgré l'amour et la bonne foi des partenaires ? Ils font actuellement l'objet de nombreuses recherches et mon objectif est de vous en faire la synthèse et de vous en présenter les principales conclusions, tout en y intégrant mon expérience personnelle et mon expertise de psychothérapeute conjugal.

Nous savons que les célibataires heureux font d'excellents candidats au bonheur conjugal. Ces célibataires sont des personnes autonomes, conscientes d'elles-mêmes et respectueuses des autres. Ce sont des personnes bien identifiées, bien différenciées des autres et reliées aux autres, car elles savent que certains de leurs besoins sont relationnels. Elles ont une conscience de soi bien développée. Ces gens proviennent généralement de familles heureuses qui leur ont permis d'atteindre un degré de maturité émotionnelle et un sens de responsabilité au-dessus de la moyenne. Ils ne sont pas nécessairement plus intelligents que les autres, mais savent soumettre leur passion à leur raison. Ils ne laissent pas leur cerveau primitif (cerveau reptilien) prendre le dessus sur leur cerveau humain (néocortex).

Pour être capable d'une véritable relation d'intimité, le couple doit être composé de deux personnes bien identifiées et conscientes de leurs besoins relationnels et d'autonomie. Les couples heureux ne sont pas fusionnels ; ils établissent plutôt une relation d'interdépendance qui leur permet de satisfaire pleinement leurs besoins relationnels et émotifs, sans perdre leur identité respective.

La lutte pour le pouvoir permet aux deux partenaires de se rencontrer et de rencontrer l'autre dans son identité réelle et de mettre fin à l'illusion de la fusion passionnelle, du moins chez les couples heureux. Les autres se résignent soit à une relation dominant–dominé, soit à mettre fin à leur couple et à partir à la recherche d'une autre personne avec laquelle fusionner quelque temps, se battre quelque temps, se séparer et recommencer tant et aussi longtemps qu'ils ne comprendront pas la réalité du couple qui est justement de confronter deux personnes pour que celles-ci s'individualisent et renoncent à la fusion afin qu'advienne une réelle intimité. Les couples heureux réussissent à établir une «juste distance» entre eux, distance qui permet à chacun de satisfaire ses besoins d'intimité et ses besoins d'autonomie.

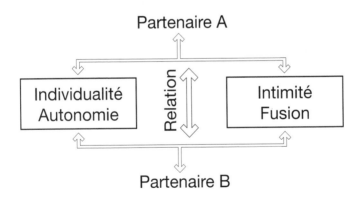

Figure 12. Le couple harmonieux

Pour qu'advienne cette intimité, chacun des deux partenaires doit en effet prendre une certaine distance face à lui-même et une conscience de lui-même. Appelons cette partie de soi, capable de s'élever au-dessus de soi-même, le «petit psychologue» (PP). Le petit psychologue est comme un sage intérieur[24] pouvant jeter un regard sur soi (RS) sans jugement et de reconnaître qu'il peut avoir des besoins paradoxaux (autonomie et intimité). Il est aussi capable de jeter un regard sur l'autre (RA) sans jugement et reconnaître que son partenaire a aussi les mêmes besoins ou d'autres besoins ou encore un ordre de priorité de besoins différent du sien. Le petit psychologue s'accepte lui-même et accepte l'autre tel qu'il est, aussi semblable et différent puisse-t-il être.

Chacun des deux petits psychologues ne cherche pas à se changer pour être aimé de l'autre ni à changer l'autre pour qu'il réponde à ses besoins; il ne rend pas l'autre responsable de ses besoins, mais il sait qu'il a besoin de l'autre pour la satisfaction de certains de ceux-ci. Il sait que l'autre a aussi des besoins, que l'autre est responsable de ses besoins et que le couple existe pour satisfaire les besoins des deux partenaires. Les deux petits psychologues s'associent alors dans une alliance stratégique et deviennent un couple complice (CC). Ils jettent ensemble un regard sur Nous (RN) et trouvent des façons d'être et de faire, d'agir et de réagir qui font que Nous puisse satisfaire les besoins et désirs légitimes de Moi et de Toi. Les membres des couples heureux deviennent alors des amants intimes là où les membres des couples malheureux demeurent des ennemis intimes. Ils partagent ou alternent le pouvoir là où, dans les couples malheureux, chacun s'accroche au pouvoir et cherche à changer l'autre.

Dans le partage du pouvoir, l'un et l'autre prennent connaissance des particularités individuelles de chacun et acceptent d'utiliser ces particularités, différentes et parfois contradictoires, pour former leur couple. L'un et l'autre ne cherchent plus à transformer l'autre pour

---

[24] Harvey, André, *Rencontre avec son sage intérieur*, Éd. Incala, 2001.

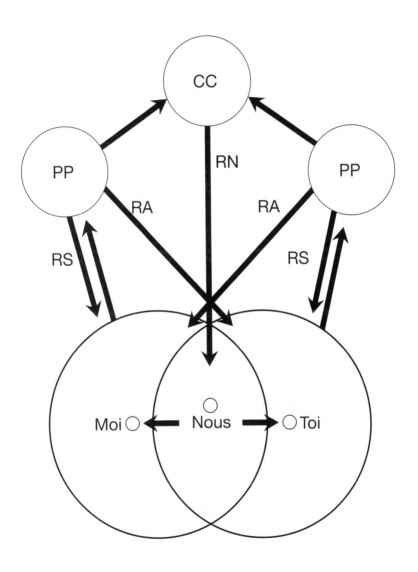

Figure 13. Le partage du pouvoir

répondre à leurs attentes propres ; l'un et l'autre n'accusent plus l'autre d'être le responsable de la frustration de leurs illusions adolescentes face au couple. Les deux prennent conscience qu'ils sont amants et ennemis intimes (il y aura toujours des différends même dans les couples les plus heureux), mais les deux mettent dorénavant l'accent sur l'intimité et l'apport personnel, quoique différent, de chacun dans ce couple unique. Les deux exploitent les qualités de l'autre au profit du couple (et plus tard de la famille et de la société). Les deux partagent le pouvoir qu'ils transfèrent maintenant au couple, comprenant que seul le couple, et non pas l'autre, peut satisfaire les besoins de chacun. Ces couples sont plus souvent amants qu'ennemis intimes. De nombreux exemples de cette entente harmonieuse se trouvent à la section 6 du septième chapitre, *Surmonter les crises et les conflits*.

3.4 L'engagement ou l'amour véritable

Non seulement les partenaires heureux transfèrent-ils leur pouvoir au couple, mais chacun s'engage envers lui-même et envers l'autre à se mettre au service du couple et de l'autre pour permettre au couple et à chacun de ses membres de s'épanouir. Le « Je t'aime » de la première phase est plutôt cannibale et cherche la fusion passionnelle. Le « Je t'aime » de la lutte pour le pouvoir est souvent étouffé par le « Je te déteste » parce que tu n'es pas la personne que j'ai imaginée. Pourtant, c'est cette ambivalence amour–haine qui crée la juste distance de la troisième phase, laquelle distance permet de redire plus facilement « Je t'aime ». Ce « Je t'aime » est beaucoup plus réaliste que le premier, car il s'adresse à la personne telle qu'elle est, avec ses qualités et défauts, plutôt qu'à la personne fantasmée. Le « Je t'aime » de la quatrième phase signifie en fait « Je nous aime, j'aime ce que j'ai construit avec toi et je veux tout faire pour préserver notre amour et l'améliorer, au-delà de nos différences et de nos différends ». Les deux amants deviennent de réels complices. C'est à cette étape que l'on devrait contracter mariage et non au temps de la passion aveuglante.

Contrairement à la croyance populaire qui dit que les couples heureux n'ont pas d'histoire, nos observations nous confirment le contraire. Ce sont les couples malheureux qui vivent tous la même histoire, la même dynamique fusionnelle conflictuelle qui finalement les poussent à se résigner ou à divorcer. Les membres des couples malheureux se critiquent et se justifient, se méprisent et finalement se fuient. Les membres des couples heureux, quant à eux, développent un style relationnel qui leur est spécifique. Tous les couples heureux sont formés de partenaires exigeants et égalitaires qui, grâce à leurs hautes aspirations, développent des projets à court, moyen et long terme et des rituels amoureux, conjugaux et familiaux. Ce que j'appelle une « culture de couple » est que chaque couple heureux possède une histoire et une culture qui lui est propre.

Dans mon cabinet privé, j'ai un plateau carré divisé en soixante-quatre cases noires et rouges sur lequel on peut jouer indifféremment aux échecs et aux dames, deux jeux que la majorité des gens connaît bien. Sur un côté du plateau, j'ai aligné les pièces du jeu d'échecs et de l'autre côté les pièces du jeu de dames pour illustrer la réalité du couple. Le plateau représente l'espace commun du couple. À vous de choisir quel jeu représente lequel des deux partenaires. L'important est de comprendre que chaque jeu possède ses propres règlements, que chaque partenaire possède sa personnalité, ses connaissances, ses croyances, ses blessures, ses espoirs, sa perception de l'amour, du couple et de la famille... Les membres des couples malheureux cherchent à imposer à l'autre joueur les règlements de leur jeu, tout en refusant de jouer au jeu dont ils ne connaissent pas les règles, chacun voulant s'assurer de gagner (de contrôler le jeu). Les membres des couples heureux se rendent rapidement compte que les deux jeux se jouent sur le même plateau, mais avec des règles de jeu différentes. Ils apprennent qu'ils peuvent jouer deux jeux dans un même espace et que chacun de ces jeux possède une richesse particulière. Chacun accepte donc d'apprendre les règles du jeu de l'autre et se montre disposé à enseigner les siennes à l'autre. Reste alors à décider à quel jeu ils vont jouer. Les couples qui partagent le pouvoir vont alterner régulièrement les jeux. Les couples heureux à long terme vont non seulement alterner les jeux, mais ils vont également développer un nouveau jeu intégrant, mélangeant, modifiant les règles des deux jeux pour former un nouveau jeu, leur jeu. Ce qui me fait dire que chaque couple possède sa propre histoire.

L'amour véritable n'est pas le fait d'une acceptation inconditionnelle de l'autre, il est même souvent très exigeant. L'amour véritable, engagé, est toutefois plus calme, plus amical, plus paisible. Ces amoureux reconnaissent et acceptent l'évolution et la transformation de leur lien amoureux. Les amoureux heureux font des choix et ils savent que faire un choix c'est dire oui à certaines choses et renoncer à d'autres. Les partenaires heureux ont décidé d'être avec l'autre et présent pour l'autre, jour après jour. Cette présence, quoique imparfaite, est concrète, unique et ouverte. L'amour véritable laisse libre. Les amoureux au long cours n'exigent plus l'impossible à l'autre : devenir celui que je veux que tu sois. Ils ont appris à se « contenter », non pas dans le sens de se résigner, mais de se rendre heureux et satisfaits de ce que leur partenaire leur offre. Ils ont cessé de remettre leur amour en question à chaque différend : chaque nouvelle crise renforce leur lien, car au lieu de se demander s'ils vont se séparer ou non, ils mettent leur énergie à résoudre la nouvelle crise avec leur partenaire. Pour les couples malheureux, chaque nouvelle crise ravive toutes les crises non résolues du passé et élargit le fossé entre les partenaires, rendant encore plus difficile la prochaine crise. Les crises du passé ont fait grandir l'intimité, l'entraide et l'interdépendance des partenaires heureux et les a outillés pour affronter chaque nouvelle crise qui devient alors source de créativité et de croissance personnelle et conjugale.

3.5 L'ouverture sur autrui ou comment servir d'exemple

Il est facile, au restaurant par exemple, de différencier les vieux couples qui s'aiment de ceux qui se sont faits la guerre et ne parviennent plus à communiquer. Les couples heureux se touchent, se regardent, se parlent ; leurs yeux sont pétillants ; ils sont animés. Ils respirent l'harmonie et la paix et deviennent, pour nous, des modèles prouvant que la vie à deux est possible à long terme, malgré tout. C'est ce que j'appelle l'ouverture sur autrui, la dernière étape de l'évolution du couple.

Les membres des couples heureux ont décidé d'être heureux plutôt que de chercher à avoir raison sur l'autre.

D'ailleurs, ces couples, souvent à la retraite, voyagent, s'impliquent socialement, font du travail bénévole ou sont tout simplement prêts à partager leur bonheur avec leurs enfants, leurs petits-enfants, leur entourage immédiat et lointain. Ils font preuve d'une très grande réceptivité, ayant été, malgré les épreuves inévitables de la vie, comblés par celle-ci. Ils deviennent des modèles à imiter et sont souvent des modèles enviés.

À l'inverse, il est également facile d'identifier, toujours au restaurant, les couples qui en sont encore à l'étape de la passion : ils ont l'air seuls au monde et n'ont de regards que pour eux. Quant à ceux qui n'ont jamais surmonté la lutte pour le pouvoir, mais se sont résignés à rester ensemble, ils échangent à peine quelques propos ; l'homme lit souvent un journal ou jette des regards tout autour ; la femme, tête baissée, regarde son mari par en dessous, espérant qu'il s'intéresse à elle et elle lui en veut de ne pas le faire. La tension entre les deux est évidente et palpable.

Les vieux couples heureux ont l'air d'avoir beaucoup de plaisir à être ensemble malgré les épreuves qu'ils ont traversées, ou grâce à elles. Ils sont des exemples vivants qu'il est possible de persévérer et de surmonter les crises existentielles du couple. Ils démontrent aussi que l'amour peut évoluer, se transformer et rester solide. Ils nous disent que la vie à deux demeure encore la meilleure façon de la vivre.

• • • • •

Ces étapes ne sont pas bien sûr aussi tranchées ; elles s'imbriquent et se superposent, mais elles illustrent bien les grandes étapes à travers lesquelles évoluent tous les couples heureux. Pour y parvenir, les deux partenaires ont dû surmonter de nombreuses illusions et fausses croyances concernant le couple et l'amour. Ces illusions sont beaucoup plus nombreuses et profondes qu'on ose le croire.

4

Mythes, illusions et fausses croyances sur le couple

Les couples heureux ont réussi à surmonter les nombreuses illusions et fausses croyances entourant le couple, l'amour, la communication, la sexualité et les conflits conjugaux. Ce ne fut pas sans difficulté ni grincement de dents, mais ils se sont rapidement confrontés à la réalité du couple et ont su abandonner leurs perceptions adolescentes ou narcissiques de la vie à deux. Les attentes irréalistes génèrent des insatisfactions. Ces illusions prennent racine dans la pensée magique de l'enfance et de l'adolescence, pensée entretenue par les histoires racontées par les parents, les romans et les films d'amour. Malheureusement, les films et romans d'amour ont tendance à se terminer là où la vraie vie commence. De plus, à ce scénario romantique illusoire, il faut maintenant ajouter la très grande facilité d'accès de nos jeunes à la pornographie sur Internet et les chaînes spécialisées de télévision qui les pousse à rechercher des partenaires physiquement parfaits et toujours disponibles à la génitalité. La perception de la sexualité que l'on y présente laisse entrevoir de nouvelles difficultés conjugales pour la génération montante[25].

---

[25] Lire à ce sujet le livre de la sexologue Jocelyne Robert, *Le sexe en mal d'amour*, publié aux Éditions de l'Homme, Montréal, 2005.

4.1 L'amour transporte les montagnes

Je fus un jour invité à une émission télévisée très populaire pour répondre à la question « L'homme et la femme peuvent-ils vivre ensemble ? » Je venais de publier mon livre *S'aimer longtemps ?* qui cherchait justement à répondre à cette question. L'émission était enregistrée devant un public composé de personnes de tous âges qui pouvaient intervenir dans ma discussion avec l'animatrice. Je parlais du taux croissant de divorce et des nombreuses difficultés rencontrées par tous les couples lorsqu'une jeune fille d'une vingtaine d'année intervint pour dire que « Quand on s'aime vraiment, on peut surmonter toutes les difficultés ». Le jeune homme assis à côté d'elle, probablement son amoureux, souscrivit à son intervention, ainsi que les autres jeunes de l'assistance. Je remarquai quelques esquisses de sourires chez les personnes plus âgées de l'auditoire.

Voilà la première et la plus pernicieuse des illusions entretenues sur le couple depuis l'avènement du romantisme vers la fin du XVIIIe siècle et de l'amour comme principale raison du mariage. Le problème, c'est que l'amour n'est pas la base de la relation, mais l'objectif de celle-ci. Au début, n'existent que l'attirance physique et les fantasmes. L'amour véritable, en tant que sentiment, nécessite la connaissance de l'autre. Le sens biblique du verbe aimer est connaître. La passion, ou l'amour émotion, du début de la relation n'est pas faite de connaissances, elle est faite d'espérance : l'espérance que l'autre va combler nos manques, nous aider à régler tous les problèmes de notre passé et que nous allons vivre en harmonie pour le reste de nos jours. C'est cet espoir naïf qu'exprimaient la jeune femme, son compagnon ainsi que les autres jeunes. C'est aussi cet idéal que nous croyons tous accessible lorsque nous commençons une vie à deux : que notre passion amoureuse survivra à toutes les épreuves. Or, nous l'avons vu, la passion doit passer pour faire place à l'amour. Et tous les couples expérimentés, ceux qui souriaient dans l'anecdote ci-dessus, savent qu'il faut beaucoup plus que de l'amour pour vivre à deux heureux et longtemps. Pour faire d'un couple un couple heureux, l'amour est certes nécessaire, mais insuffisant.

Cette illusion est pernicieuse parce que très rapidement l'un ou l'autre des partenaires accusera l'amour d'être le responsable des difficultés du couple. « Si tu m'aimais vraiment, tu comprendrais… » ou « Si tu m'aimais vraiment, tu accepterais… ». L'amour n'a généralement rien à voir avec les difficultés conjugales, comme j'ai pu le constater à de multiples reprises chez les couples venus me consulter. Ce n'est pas l'amour qui est en cause, mais bien la croyance que « l'amour peut tout ». L'amour n'est pas tout-puissant et ne peut résoudre par lui-même les difficultés inhé-rentes à la vie de couple, difficultés créées par la vie de couple elle-même pour per-mettre aux deux partenaires d'apprendre à

L'amour est aveugle, mais le mariage rend la vue.
Anonyme

mieux se confronter et ainsi se connaître et possiblement s'aimer. Par contre, l'amour grandissant peut faciliter l'acceptation des difficultés inévitables et en minimiser les impacts. Les couples heureux ne remettent plus leur amour en question lors de désaccords, contrairement aux couples fusionnels qui associent amour et accord. Les couples heureux savent que l'on peut s'aimer, même en désaccord.

Lors de crises conjugales, il est normal de devenir ambivalent face à notre partenaire et d'expliquer son ambivalence par un manque d'amour. « Si j'ai le goût d'être seul, est-ce que cela veut dire que j'aime moins mon partenaire ? » « Si mon partenaire refuse de faire l'amour, est-ce parce qu'il ne m'aime plus ? » Cette logique est très dangereuse car elle fait du manque d'amour le problème à résoudre alors que l'ambivalence amoureuse est plutôt la conséquence de la crise, le symptôme d'un désaccord plutôt que sa cause. Accepter et apprendre à vivre avec des désaccords permet plus facilement de passer à travers la crise et à l'amour d'être réactivé. Paradoxalement, pour être heureux longtemps en amour, il faut mettre l'amour de côté lors des discussions et des conflits. Sans parler du fait que chaque personne possède sa propre perception de ce qu'est l'amour.

4.2 L'âme sœur tant espérée

Google recense sur Internet 863 000 références à « âme sœur » et 2 560 000 références à son équivalent anglais « soul mate ». Toutes les agences et tous les sites de rencontres promettent à leurs adhérents de trouver pour eux leur âme sœur, soit une personne spécialement conçue pour eux, juste pour eux, qui se trouve quelque part en attente et avec laquelle ils trouveront enfin le bonheur pour la vie. Cette illusion de l'âme sœur est tellement enracinée dans la pensée magique des immatures émotifs qu'ils font de ces sites de rencontres l'une des activités commerciales les plus rentables sur Internet après les sites pornographiques[26]. Des dizaines de livres ont été écrits sur *Comment trouver l'âme sœur et la garder.* Certains sont même des best-sellers. Tous ces sites et ces auteurs ne font qu'exploiter la naïveté émotive de millions d'hommes et de femmes.

L'illusion de l'âme sœur trouve sa source dans le vide existentiel vécu par tout être humain. C'est ce vide qui nous pousse vers l'autre, mais ce vide ne peut jamais être totalement comblé, n'en déplaise aux passionnés. Ce n'est pas très agréable de savoir que nous sommes incomplets et mortels, mais telle est pourtant notre réalité. La recherche insatiable et toujours inassouvie de l'âme sœur enchaîne nombre d'hommes et de femmes dans un cercle vicieux : plus nous la recherchons, moins nous la trouvons (puisqu'elle n'existe pas) et plus nous nous sentons vide et plus nous nous mettons à la recherche d'un partenaire qui pourrait combler nos manques. Et c'est pourquoi les passionnés partent à la recherche d'une autre âme sœur lorsqu'ils

---

[26] Comscore Networks, 2004, www.conscore.com. Les pornographes recherchent le corps parfait comme les passionnés recherchent le partenaire parfait.

se rendent compte qu'ils n'ont pas réussi le match parfait avec le partenaire actuel. Plutôt que de chercher à aimer la personne actuelle, ils se convainquent qu'ils ont tiré le «mauvais numéro», qu'ils ne sont pas tombés sur le «bon» partenaire. Ils vont donc d'agence de rencontre en agence de rencontre ou naviguent de site en site, faisant ainsi la fortune de leurs propriétaires. L'alcoolique, le toxicomane, le «workaholique» participent au même cercle vicieux. La peur du vide, le refus de leur finitude et de leurs manques leur font adopter ce que les psychologues appellent la «fuite en avant». S'arrêter leur est intolérable car ils recontactent alors le vide existentiel propre à l'espèce humaine consciente.

La passion nous donne temporairement l'illusion d'avoir trouvé un partenaire qui comble nos manques et l'illusion que nous pouvons combler notre vide existentiel et celui de l'autre. Mais, un jour ou l'autre, nous constatons que le partenaire élu n'est pas parfait, qu'il a des défauts et des manques et que nous ne sommes pas non plus parfait puisque nous n'avons pas fait un choix parfait. L'alternative est alors soit de partir à la recherche d'une autre âme sœur illusoire, soit de confronter la réalité. Cette confrontation constitue généralement le fondement de la première crise conjugale.

Les membres des couples heureux ont accepté de vivre avec ce vide existentiel intérieur et permanent. Ils savent bien que le vide doit être rempli, mais ils savent faire la différence entre le partenaire fantasmé, qui ne peut exister que dans leur tête, et le partenaire réel avec lequel ils décident de lier leur vie afin d'en profiter au maximum avant l'échéance finale. Sachant qu'eux-mêmes ne sont pas parfaits, ils cessent de rechercher la personne idéale avec laquelle constituer un match parfait. La beauté de l'amour réside dans le fait d'accepter d'aimer un être imparfait.

> *La femme idéale, pour l'homme, est une colombe qui a les qualités d'une fourmi; et l'homme idéal, pour la femme, est un lion avec la patience de l'agneau.*
>
> Anonyme

Et l'amour de soi est la conscience que, même imparfaite, chaque personne est digne d'amour.

Le partenaire parfait n'existe pas car, tous, nous ne sommes que des êtres humains. Par contre, il existe ce que j'appelle des partenaires appropriés. Un partenaire approprié est une personne qui partage avec soi de nombreuses compatibilités, sans être une copie parfaite de nous-même. Ce partenaire privilégié provient généralement du même milieu socio-économique que le nôtre ; il partage les mêmes convictions spirituelles et philosophiques face à la vie ; il correspond le plus possible, même si imparfaitement, à nos exigences non négociables ; il développe un projet de vie complémentaire au nôtre ; il possède une perception de la famille et de l'éducation des enfants qui se rapproche de notre propre conception. De nombreuses études psychologiques ont démontré que la compatibilité des caractères est un facteur des plus importants dans la réussite de la vie conjugale. Le partenaire approprié est une personne qui nous ressemble, mais qui est aussi différente de nous, créant ainsi une source d'enrichissement. Où serait l'intérêt de vivre avec un clone psychologique de nous-même ?

4.3 La bonne foi fait foi de tout

« On dirait vraiment que tu fais exprès pour ne pas comprendre ! » « Ça fait dix fois que je te l'explique et tu n'as encore rien compris ! » « Il me semblait qu'on avait réglé ce problème une fois pour toutes. Pourquoi t'évertuer à remuer tout ça ? » Quel couple n'a pas déjà prononcé ces paroles ? Quel partenaire ne s'est pas demandé un jour ou l'autre si son conjoint était ou non de bonne foi ? Comme si la bonne foi était garante du bonheur conjugal.

En près de trente ans de thérapie conjugale, il m'est rarement arrivé de rencontrer des partenaires de mauvaise foi ou de réels manipulateurs tels que les décrit Isabelle Nazare Aga dans ses deux livres sur la manipulation[27]. Ces manipulateurs pathologiques ne constituent à peine que 2 à 3 % de la population. Il est toutefois très humain d'accuser l'autre de mauvaise foi (ou de manipulateur) lorsque ce dernier ne répond pas à nos attentes ou est en désaccord avec nous. Pourtant, dans la très grande majorité des cas, chacun des partenaires est de bonne foi et fait tout en son pouvoir, selon ses croyances, pour que le couple fonctionne bien. C'est de bonne foi que chacun cherche à convaincre l'autre du bien-fondé de son point de vue. C'est de bonne foi que chacun cherche à démontrer que l'autre a tort.

L'illusion est de croire qu'en faisant tout de bonne foi tout marchera bien. Les gens ont cru longtemps, de bonne foi, que la terre était plate. C'est sur la bonne foi que l'Inquisition a fait exécuter des milliers de «sorcières». Les féministes sont de bonne foi en accusant le patriarcat de les avoir dominées tout au long de l'histoire ; les masculinistes sont de bonne foi en accusant à leur tour les féministes de créer de toutes pièces de nouveaux problèmes. La bonne foi n'est pas synonyme de vérité.

Tout comme pour l'amour, la bonne foi n'a rien à voir avec les crises conjugales, mais bien la perception que l'on en a. Et tout comme pour l'amour, les membres d'un couple heureux ne mettent pas en doute la bonne foi de leur partenaire, même s'ils ne réussissent pas à s'entendre. Pourquoi ? Tout simplement, parce qu'ils savent qu'il existe des différences fondamentales d'une personne à l'autre, à plus forte raison entre un homme et une femme. Chacun d'entre nous étant unique, nous développons aussi une perception unique de la réalité, perception que nous croyons conforme à la réalité, en toute bonne foi. Chacun des deux membres des couples qui me consultent me confirme qu'il a vraiment tout fait pour que la relation

---

[27] Nazare Aga, Isabelle, *Les manipulateurs sont parmi nous* et *Les manipulateurs et l'amour,* tous deux publiés aux éditions de l'Homme.

soit harmonieuse. Il n'est pas non plus facile, parce que nous sommes des êtres humains, de remettre en question notre perception de la réalité. Nous essayons plutôt, de façon sincère, de la faire comprendre à l'autre, lequel fait la même chose avec nous, d'où possibilité de confrontation et d'affrontement, dynamique que l'on retrouve souvent chez les couples malheureux aux prises avec le « Qui a raison, qui a tort ? ».

Les couples heureux sont formés de deux personnes hautement compatibles. La science psychologique a démontré depuis longtemps que « ceux qui se ressemblent s'assemblent » et forment des couples plus stables, moins conflictuels que les couples basés sur la croyance populaire que « les contraires s'attirent ». Les couples formés de deux colombes qui roucoulent ou de deux faucons qui se donnent des coups de bec auront plus de chances d'être heureux ensemble qu'un couple formé d'une colombe et d'un faucon. Un couple formé d'un homme qui, en toute bonne foi, achète la paix par le silence et d'une femme qui veut à tout prix communiquer ses émotions, en toute bonne foi elle aussi, sera régulièrement en conflit, l'un et l'autre s'accusant mutuellement de mauvaise foi.

Les membres d'un couple heureux ont cessé de mettre en doute leur bonne foi réciproque, surtout lorsque les discussions tournent à l'argumentation. Ils savent que tout est perception et que toute perception est subjective, que la perception de chacun n'est qu'une vue partielle de la réalité,

Le silence est l'argument le plus difficile à réfuter.
Josh Billing

mais une perception quand même valable et digne d'être écoutée, respectée et prise en compte. Surtout, ils n'associent pas la perception à la personne, c'est-à-dire qu'ils font une distinction entre ce qu'une personne dit ou fait et ce que la personne est. Ils sont ainsi en mesure de croire en la bonne foi de leur partenaire, même lorsque celui-ci les contredit, les critique ou est dans l'erreur.

4.4 Il faut se parler

S'il y a un élément sur lequel la majorité des thérapeutes conjugaux s'entend, c'est bien sur la nécessité de la communication dans le couple. Des centaines de livres et d'articles ont été écrits sur la communication ; des milliers de conférences sont prononcées chaque année sur le sujet. L'analyse transactionnelle a même développé la théorie de la communication efficace en trois étapes :

1. Parler en « Je » et dire l'émotion que « Je » ressens. Par exemple : « Je me sens en colère... »

2. Décrire le comportement de l'autre : « ...devant ton retard... »

3. Faire le lien entre l'émotion et le comportement : « ... parce que j'ai l'impression que je ne suis pas importante pour toi. » ou « ...parce que cela me rappelle les disputes de mes parents quand mon père était en retard. »

Cette forme de communication s'appelle aussi la communication non violente, la C.N.V., telle que développée par Marshall B. Rosenberg et décrite de façon très accessible par l'avocat belge Thomas d'Ansembourg dans son livre *Cessez d'être gentil, soyez vrai*[28]. L'objectif de la communication dite efficace ou non violente vise à ce qu'il n'y ait jamais de perdant dans une discussion, ce qui en soi est très louable. La mode est à la communication. Tous les magazines et de nombreux intervenants s'évertuent à le répéter. D'ailleurs, nous vivons au siècle des communications. Il n'a jamais été aussi facile et rapide qu'aujourd'hui de communiquer d'un bout à l'autre de la planète. La téléphonie cellulaire, l'Internet, les webcams et les programmes tels Skype sont des moyens très sophistiqués de communication.

---

[28] D'Ansembourg, Thomas, *Cessez d'être gentil, soyez vrai*, éditions de l'Homme, 2001.

Et pourtant, il semble bien que les couples n'aient jamais eu autant de difficultés de communication. C'est d'ailleurs le principal reproche que j'ai entendu de la part des femmes envers les hommes, reproche repris dans le best-seller de S. G. Naifeh, *Ces hommes qui ne communiquent pas*[29]. Les difficultés de communication sont l'un des motifs les plus souvent impliqués dans les demandes de consultation en thérapie conjugale. J'ai personnellement écrit un livre, *Chéri, parle moi!*[30], pour enseigner aux couples, en particulier aux femmes, à mieux communiquer et d'une façon plus efficace avec leurs hommes.

Comment expliquer, si la communication est indispensable au bonheur conjugal et bien que nous ayons les meilleurs outils de communication imaginables, que les couples aient tant de problèmes de communication, problèmes qui mènent souvent à la violence verbale et/ou physique, sinon au divorce. Serait-il possible que nous nous illusionnions sur la toute-puissance de la communication ? Se pourrait-il qu'il soit impossible de communiquer comme nous le voudrions ? Se pourrait-il qu'il y ait quelque chose d'incommunicable entre deux personnes, à plus forte raison entre un homme et une femme ? Se pourrait-il que la communication, loin d'être la clé de l'amour, puisse parfois être l'une de nos principales sources de mésententes ? Combien de fois avez-vous dit à votre partenaire ou votre partenaire vous a-t-il dit : « Décidément, tu ne me comprends pas ! » ou « Tu ne comprends rien à rien » ?

C'est John M. Gottman et Nan Silver[31] qui, les premiers, m'ont incité à modifier ma perception sur la communication. Ceux-ci m'ont fait réaliser plusieurs paradoxes associés à la communication et grâce à leurs découvertes, ma réflexion m'a aussi permis d'en découvrir d'autres. J'ai aussi pu constater jusqu'à quel point les intervenants

[29] Naifeh, S. G., *Ces hommes qui ne communiquent pas*, Éditions Le Jour, 1987.

[30] Dallaire, Yvon, *Chéri, parle-moi! Dix règles pour faire parler un homme*, Éditions Option Santé, 2001.

[31] Gottman, John M. et Nan Silver, *Les couples heureux ont leurs secrets*, Éditions J. C. Lattès, 1999.

et la population en général véhiculaient en toute bonne foi des croyances fausses au sujet de la communication. Voici donc les principales illusions entretenues autour de la communication.

Premièrement, communication signifie échange et non communion ou compréhension, encore moins « commune–action » Communiquer signifie étymologiquement échanger de l'information et non, comme la majorité des gens le croit, une mise en commun d'émotions, d'expériences ou de pensées. Comme chaque personne est un être unique, il n'y a que la personne qui parle qui peut vraiment comprendre ce qu'elle vit, et encore, car nous savons jusqu'à quel point il peut être parfois difficile de se comprendre soi-même et d'être en paix avec soi-même. La communication se rapproche donc davantage du troc que de la compréhension ou de la communion.

Il est clairement préférable de communiquer de façon efficace ou non violente avec son partenaire. Mieux vaut que Julie dise à Paul : « Je me sens en colère devant ton retard parce que j'ai l'impression alors que je ne suis pas importante à tes yeux » sur un ton invitant à l'échange plutôt que de dire avec colère « T'es toujours en retard ! Je ne peux jamais me fier à ta parole. » Mieux vaut parler en « Je » plutôt qu'en « Tu », lequel Tu « tue » la communication rapidement et suscite une réaction défensive chez l'autre. Mais, même bien enrobée, une critique demeure toujours une critique : Paul sentira tout de même que la personne que Julie accuse, c'est lui et qu'il est de toute façon la source et l'objet de la colère de sa partenaire. Il réagira peut-être moins intensément, mais il réagira tout de même défensivement. De toute façon, l'analyse des dialogues des couples heureux démontre que ceux-ci utilisent abondamment des messages « Tu ». La communication dite efficace ou non violente est probablement plus un dada de psychologues qu'une méthode infaillible pour arriver à aider un couple à mieux se comprendre. Les membres des couples heureux à long terme utilisent d'autres stratégies que la communication efficace ou non violente pour, par exemple, minimiser l'importance et la fréquence des retards du partenaire. Ce type de communication est toutefois très efficace dans d'autres domaines de la vie, mais beaucoup moins à l'intérieur des couples où les attentes et la charge émotive sont beaucoup plus importantes.

Deuxièmement, il existe une façon différente de communiquer selon le sexe auquel on appartient. Les différents styles de communication ne sont pas que culturels ; il existe, comme nous le verrons au chapitre suivant, des bases neurophysiologiques qui expliquent les différences entre les hommes et les femmes dans leur façon d'aborder la communication.

1. Il est faux de croire que les femmes parlent davantage que les hommes. Ce qui nous le fait croire, c'est qu'elles utilisent plus de mots. D'après la sociolinguiste Déborah Tannen[32], les hommes parlent autant que les femmes, mais ils préfèrent parler en public et préfèrent discuter en termes de faits objectifs, d'efficacité, d'information et de statut social. Les femmes, quant à elles, parlent de liens, d'intimité, de connexions affectives. Elles parlent aussi pour le plaisir de parler, pas seulement pour échanger de l'information et, surtout, pour entretenir la relation.

Dire que les hommes parlent de baseball pour éviter de parler de leurs émotions revient à dire que les femmes parlent d'émotions pour éviter d'avoir à parler de baseball.

Deborah Tannen

2. Le besoin de communication verbale, à couleur émotive, semble être un besoin beaucoup plus féminin que masculin. Un sondage effectué par l'Ordre des psychologues du Québec sur l'amour et la communication a démontré que 73 % des femmes interrogées croyaient que la communication dans le couple pouvait régler tous les problèmes contre seulement 27 %

---

[32] Tannen, Déborah, *Décidément, tu ne me comprends pas, Comment surmonter les malentendus entre hommes et femmes*, Éditions Robert Laffont, 1993.

des hommes. Ce besoin de communication verbale des femmes correspond chez l'homme à son besoin de communication non verbale, à couleur plus sensuelle. Beaucoup d'hommes croient que faire l'amour efface tous les malentendus.

3. Les femmes préfèrent échanger alors que les hommes adorent argumenter, ce qui amène les femmes à croire que les hommes cherchent toujours à avoir raison ou à avoir le dernier mot. Cela leur donne aussi l'impression qu'ils cherchent à les contrôler. Comme les femmes expriment plutôt leurs états d'âme et particulièrement leurs émotions «négatives» pour s'en libérer, les hommes ont souvent l'impression que leur femme les critique. Soit ils deviennent défensifs, soit ils offrent à leur partenaire des solutions pour faire disparaître ses émotions alors que celles-ci ne désirent qu'être écoutées et, si possible, comprises.

4. Nos recherches démontrent que près de 80 % des demandes de communication conjugale sont faites par les femmes. Mais comme le dit si bien Jacques Salomé : *« Parle-moi... j'ai des choses à te dire »*[33]. La femme communique pour être entendue et reconnue, l'homme utilise la parole pour transmettre ou obtenir de l'information, ou pour s'amuser.

Pour vous convaincre des styles sexués de communication, imaginez les trois situations suivantes :

Situation 1 :

Un grand lac bleu, une chaloupe, deux hommes en train de pêcher. Comment croyez-vous que leur journée de pêche va se dérouler ? Imaginez leur dialogue.

---

[33] Salomé, Jacques, *Parle-moi... j'ai des choses à te dire,* Éditions de l'Homme, 1982.

Situation 2:

Maintenant remplacez les deux pêcheurs par deux femmes et réécrivez le déroulement de leur journée de pêche et leur dialogue.

Situation 3:

Eh oui, remplacez maintenant l'une des deux femmes par l'un des deux hommes. Vous imaginez facilement que le scénario sera tout autre. Leur dialogue pourrait se résumer au suivant: «Chéri, justement, j'aimerais profiter du fait que je t'ai tout à moi (pensant en même temps: et que tu ne peux pas te sauver) pour te dire que…, te demander comment…». Et l'homme de répondre: «Chut, chérie! Tu vas faire peur aux poissons. Écoute la nature.»

Il est donc très compréhensible qu'il y ait tant de malentendus (et de mal entendus) entre les hommes et les femmes. Les femmes reprochent aux hommes de ne pas communiquer, de ne pas exprimer leurs émotions, de toujours essayer d'avoir raison, de ne pas parler des choses vraiment importantes, de ne pas comprendre ce qu'elles cherchent à leur dire, de faire exprès pour ne pas comprendre et qu'il faut toujours répéter les mêmes choses. Les hommes reprochent aux femmes de critiquer tout le temps, de parler à leur place, de compliquer les choses simples, de parler dans le dos des autres, de les interrompre tout le temps, d'être trop émotives, d'être des commères et de prendre des chemins détournés pour dire ce qu'elles ont à dire.

Troisièmement, la toute-puissance de la communication est aussi une illusion parce que le plus important n'est pas nécessairement ce que l'on dit. Les psychologues ont démontré depuis longtemps que la communication se divisait en communication verbale et non verbale qu'ils pondèrent de la manière suivante : 55 % pour la dimension non-verbale et 45 % pour la dimension verbale. De plus, ils répartissent la communication verbale en signification des mots, soit 7 %, et le ton sur lequel sont prononcés ces mots, soit 38 %. Non seulement les mots n'ont pas la même signification pour tout le monde, mais le ton avec lequel on les prononce et les attitudes corporelles peuvent contredire le message verbal. Dire « Je t'aime » sur un ton enthousiaste alors que je suis penché vers mon partenaire a beaucoup plus d'impact que le même « Je t'aime » dit sur un ton agacé et en regardant la télévision. L'homme disant « Je t'aime » à sa partenaire dit-il vraiment ce qu'elle entend ? Son « Je t'aime » est-il teinté d'affection ou de désir sexuel ? Comment peut-il comprendre la réaction de sa partenaire qui lui rétorque : « Est-ce moi que tu aimes ou seulement mon corps ? » parce qu'il a commencé à la caresser après qu'elle lui ait dit « Moi aussi, je t'aime » ? Comment peut-il comprendre que sa femme fait une distinction entre elle-même et son corps, alors que pour lui, cette différence n'existe pas et qu'aimer représente d'abord et avant tout une sensation et non une émotion ou un sentiment ?

Une quatrième erreur est de croire que « Plus on parle, plus on se connaît et mieux on se connaît, plus solide sera notre union », d'où la nécessité de tout se dire pour être véritablement honnête et transparent. D'après les statistiques sur le divorce et la difficulté de vivre à deux, ce serait plutôt l'inverse qui serait vrai. Il se peut fort bien qu'à force de communiquer, on puisse apprendre beaucoup sur l'autre et… ne pas aimer ce que l'on apprend de l'autre et ainsi ternir le respect et la confiance nécessaires à l'amour. Apprendre que l'autre a, par le passé, eu des comportements répréhensibles ou qui vont à l'encontre de nos valeurs morales peut, loin de solidifier l'union, la détruire. Il n'y a pas de doute qu'on doive communiquer si l'on veut approfondir notre connaissance réciproque et notre intimité. Mais le paradoxe est que plus on approfondit nos pensées et nos émotions en communiquant, plus on augmente les probabilités d'incompréhension, d'interprétation et de déception : « Jamais je n'aurais cru que tu puisses penser une chose pareille ; je ne te reconnais plus. Et si je ne te reconnais plus, si tu n'es plus celui que je pensais, comment puis-je continuer à t'aimer ? »

Ne pas tout se dire est un signe de maturité.

Jacques-Antoine Malarewicz.

Une cinquième erreur souvent commise concernant la communication est la croyance qu'il faille « tout se dire ». Quand on s'aime vraiment, on n'a pas de secrets l'un pour l'autre, on partage tout. Pourtant, c'est le mystère qui nous a attiré vers l'autre. C'est le désir de connaître l'autre qui est à la source de la séduction et de l'intimité. À partir du moment où l'on connaît tout de l'autre naît le danger de perdre le désir de l'autre. D'après Willy Pasini[34], les couples ont avantage à conserver un certain mystère entre eux. Ce n'est pas la nudité qui est excitante, c'est l'idée de la nudité, c'est la nudité cachée, à peine montrée. Aller au fond des choses et tout se dire peut tuer ce petit quelque chose d'inconnu ou de mystérieux qui nous attire chez l'autre. Un beau paradoxe.

Par exemple, est-il vraiment nécessaire que je dise à ma partenaire qu'aujourd'hui j'ai vu une « très belle femme » au bureau et que je me suis surpris à la fixer et à fantasmer sur ce qu'aurait pu être ma vie avec elle, ou du moins une nuit ? Est-il vraiment nécessaire de dire à mon partenaire qu'hier soir, pendant que nous faisions l'amour, j'ai revu en fantasme un ancien amoureux ? Est-il vraiment nécessaire que je communique à l'autre tous les emmerdements que j'ai eus au cours de la journée et l'écœurement total que j'éprouve en ce moment ?

[34] Pasini, Willy, *La force du désir*, Éditions Odile Jacob, 1999.

Est-il vraiment nécessaire que je raconte tout mon passé à mon partenaire ? Les couples heureux savent garder pour eux une certaine réserve sur leurs actions et leurs pensées. Cette réserve, ou un certain mystère, est une donnée essentielle de la séduction.

Une sixième erreur est de préjuger que mon partenaire a toujours le goût de m'entendre et que ce que j'ai à dire va nécessairement l'intéresser. Il arrive fréquemment, dans un couple, que l'autre ne soit pas du tout disposé à écouter, ni qu'il trouve intéressant le contenu de la communication. Les personnes aux prises avec cette illusion sont alors portées à accuser l'amour de l'autre d'être en cause : « Si tu m'aimais vraiment, tu aimerais m'écouter et trouverais toujours intéressant ce que je veux te dire. »

Non, il n'est vraiment pas facile pour deux personnes différentes de se comprendre. Si la communication possédait une toute-puissance de compréhension et de communion, les spécialistes de la communication ne divorceraient jamais, les psychologues comprendraient toujours leurs clients parfaitement, les diplomates et les négociateurs professionnels ne se disputeraient jamais… Si des professionnels chevronnés en communication n'arrivent pas toujours à s'entendre, si des couples de psychothérapeutes au long cours finissent eux aussi par divorcer malgré leur expertise en écoute active et en communication, comment

À force d'être poussé à communiquer, le couple est guetté par la surdose émotive.

Richard Martineau

voulez-vous que des gens sans formation poussée en communication et en négociation puissent réussir là où les meilleurs échouent ?

Est-ce à dire qu'il faille cesser de communiquer dans un couple et s'aimer en silence ? Non, la réalité est que nous ne pouvons pas ne pas communiquer. Même le silence ou la bouderie sont une forme de communication, de même que l'absence physique. Nous sommes des êtres de communication et l'on peut même ajouter que « tout est communication ».

Les couples heureux communiquent et le font harmonieusement. Pourquoi réussissent-ils alors que la majorité des couples dit avoir des problèmes de communication ? Tout simplement parce qu'ils ont su se débarrasser de leurs illusions concernant la communication et qu'ils communiquent différemment des couples malheureux :

1. Ils ne croient pas en la toute-puissance de la communication ;

2. Ils ne mettent pas en doute la bonne foi de leur partenaire ;

3. Ils respectent la susceptibilité et les sensibilités de leur partenaire ;

4. Ils acceptent d'être incompris par l'autre ;

5. Ils ne cherchent pas à savoir qui a raison et qui a tort ;

6. Ils ne « forcent » pas la communication ;

7. Ils attendent le moment propice ou se donnent des rendez-vous pour échanger ;

8. Ils savent qu'il existe des différences dans les façons masculine et féminine de communiquer et ils respectent ces différences ;

9. Ils communiquent très souvent en silence, par des regards et des gestes, sans mot dire (sans maudire, dirait Jacques Salomé) ;

10. Ils communiquent leurs besoins plutôt que leurs émotions ou leurs frustrations ;

11. Lorsqu'ils expriment leurs émotions, ils le font de façon positive ;

12. Ils n'utilisent jamais la critique, même celle dite constructive ;

13. Ils savent que pour contrebalancer les effets d'une critique qui leur a échappée, il leur faut dire dix compliments à leur partenaire ;

14. Ils sélectionnent ce qu'ils veulent communiquer à leur partenaire ;

15. Ils savent qu'ils vont récolter ce qu'ils sèment.

En fait, l'illusion n'est pas la communication en soi, mais la croyance en la toute-puissance de la communication. Toutes les explications ci-dessus mentionnées sont suffisantes pour démontrer que la toute-puissance de la communication est une illusion. Mais il existe une autre raison encore plus évidente à la base des problèmes de communication : la croyance que les problèmes conjugaux vont se résoudre par la communication. C'est une illusion de croire qu'il suffit de se parler pour tout arranger. Or, mauvaise nouvelle : *les conflits de couple sont, pour la plupart, insolubles.*

4.5 La résolution des conflits

L'illusion de la résolution des conflits de couple a été propagée par les thérapeutes conjugaux eux-mêmes. De plus, ceux-ci ont insisté pour dire qu'il fallait résoudre les conflits au fur et à mesure qu'ils se présentaient, qu'il ne fallait surtout pas laisser pourrir les conflits. Les outils privilégiés par ces thérapeutes pour résoudre les conflits conjugaux sont l'écoute active et l'empathie, soit la capacité de se mettre à la place de son partenaire pour essayer de comprendre son point de vue et le reformuler. La majorité des thérapies de couple ont donc, jusqu'à tout récemment, basé les principes de leur méthodologie sur la communication et la résolution des conflits.

Or, plusieurs études comparatives des principales thérapies conjugales ainsi que celles effectuées par l'équipe de John M. Gottman dans son « Love Lab »[35] de Seattle sur l'importance de la communication dans la résolution de conflits conjugaux ont démontré que les thérapies basées sur la formulation non accusatrice de sentiments, la reconnaissance de la légitimité des sentiments de l'autre, la reformulation des dires du partenaire, l'acceptation inconditionnelle[36]

---

[35] Ce « love lab » ou laboratoire de l'amour reconstituait un appartement muni de microphones et de vitres unidirectionnelles permettant aux chercheurs d'entendre et de voir agir les couples qu'ils avaient invités à y vivre comme s'ils vivaient chez eux. En plus, ils étaient connectés à des appareils permettant d'enregistrer leur électroencéphalogramme et leur électrocardiogramme et on leur prenait régulièrement des prises de sang pour évaluer les hormones sécrétées lors de différentes mises en situation. Ces recherches se sont révélées très instructives.

[36] Technique développée par Carl Rogers dans les années 50 en thérapie individuelle.

de l'expression des sentiments de l'autre... ne fonctionnent tout simplement pas. Ces thérapies basées sur la résolution de conflit par l'écoute active et la communication n'aurait qu'un taux de réussite immédiat de 35 %, lequel taux baisse à 18 % après un suivi d'un an. D'après Gottman, l'écoute active peut peut-être permettre de diminuer la fréquence et l'intensité des conflits, mais elle ne peut à elle seule sauver un couple. La forte charge émotive impliquée dans les conflits conjugaux contrecarre les effets positifs de l'écoute active : « La méthode de l'écoute active exige des couples une gymnastique affective d'un niveau olympique, alors que leur relation est à peine capable de se traîner jusqu'au divan d'un psy. »[37]

Preuve supplémentaire que ces thérapies sont plus ou moins efficaces, les couples heureux à long terme vivent avec des conflits insolubles et ont parfois des disputes. La différence est qu'ils ne remettent pas leur relation et leur amour en question à chaque nouvelle querelle et qu'aucune de leurs querelles ne se termine par des hurlements, des insultes ou des coups. Les couples heureux ne cherchent pas à résoudre leurs conflits par la communication parce qu'ils ont appris que la majorité des conflits de couple est insoluble.

Tous les couples sont aux prises avec six sources de conflits insolubles. Ces sources sont : l'éducation des enfants, la gestion financière du budget familial, les relations avec les belles-familles, la répartition des tâches ménagères, l'équilibre entre la vie privée et la vie professionnelle et, finalement, la sexualité. Ces sources de conflits sont au cœur des confrontations conjugales. Ces confrontations se transforment en affrontements et en blocages permanents chez les couples malheureux. Nous verrons plus loin comment les couples heureux évitent que ces conflits insolubles ne deviennent des blocages permanents creusant un fossé de plus en plus grand entre les partenaires. Pour le moment, décrivons la dynamique classique de ces conflits.

---

[37] Gottman, John M. et Nan Silver, *Les couples heureux ont leurs secrets*, Editions Pocket, p. 27.

L'éducation des enfants. Pour former une famille unie, il est néces-saire que les deux partenaires partagent des principes éducatifs communs (alimentation, école, horaire, habillement, jeux, etc.). Toutefois, la réalité est que la permissivité et la discipline ne sont généralement pas réparties de façon équitable. L'un des parents est généralement plus permissif, l'autre plus disciplinaire. On cons-tate même que plus l'un des parents est permissif, plus l'autre se voudra disciplinaire pour compenser ce qu'il qualifie de laxisme de son partenaire. « Arrête de le dorloter si tu veux qu'il grandisse ! » « Et toi, arrête d'être aussi autoritaire, ce n'est qu'un enfant ! » Jacques Salomé, dans son œuvre colossale, illustre cette recherche d'équilibre en disant que plus la femme sera maman, plus l'homme sera père et plus l'homme sera papa, plus la femme sera mère. Les partenaires des couples malheureux se disputent à savoir ce qui, de la discipline ou de la permissivité, est le plus bénéfique pour l'enfant. Les partenaires des couples heureux savent que l'enfant a besoin à la fois d'encadrement et de liberté.

Le budget familial. Tout couple doit gérer de multiples dépenses afin de voir au bien-être des membres de la famille, tout en accumu-lant un patrimoine familial. Il n'y a aucun problème lorsque les deux partenaires partagent la même attitude face à l'argent. La réalité est toutefois que le sentiment de sécurité financière n'est pas, là aussi, équitablement réparti entre les deux partenaires. L'un mettra l'accent sur « vivre ici et maintenant » alors que l'autre voudra « assurer l'avenir ». Plus l'un sera dépensier, plus l'autre voudra économiser. Plus l'un sera cigale, plus l'autre sera fourmi. Comment réaliser conjointement et harmonieusement un budget si l'un veut profiter maintenant de ses ressources financières, étant assuré que l'argent ne manquera jamais, alors que l'autre est prêt à faire quelques sacri-fices maintenant pour s'assurer d'en profiter plus tard. « Qui te dit que tu vivras assez vieux pour profiter de tes économies à ta retraite ? » « Qu'arrivera-t-il si jamais tu perds ton emploi et que nous n'ayons pas de coussin financier ? » Il sera évidemment impossible de gérer un budget commun si les deux partenaires ne partagent pas le même sentiment de sécurité face à l'argent. Il est facile, dans ces circonstances de comprendre pourquoi l'argent constitue, avec l'éducation des enfants, les deux principales sources de querelles conjugales. Tellement que, lors des divorces, la garde des enfants, le partage du patrimoine et la pension alimentaire continuent de diviser les deux partenaires longtemps après leur séparation.

Les belles-familles. L'influence des belles-familles sur l'harmonie, ou plutôt la dysharmonie conjugale, n'est plus à démontrer. Nombre de psychologues considèrent les belles-familles comme l'ennemi extérieur n°1 du couple. Surtout si le jeune couple vit dans l'entourage immédiat de l'une ou l'autre des belles-familles. La situation classique caricaturale, maintes fois illustrée dans des séries télévisées, est celle de belle-maman qui arrive à l'improviste chez sa belle-fille et veut lui enseigner comment s'occuper de « son » fils et de « ses » petits-enfants. L'un des deux partenaires est généralement plus désireux d'entretenir des relations avec sa famille et sa belle-famille que l'autre, plus désireux de couper les cordons ombilicaux, de mettre l'accent sur sa nouvelle famille et de vivre de façon plus autarcique. Rares aussi sont les couples qui partagent également leurs visites et leurs invitations aux deux belles-familles, ce qui peut créer facilement du ressentiment de la part du partenaire dont la famille est négligée ou de la belle-famille elle-même. Sans parler qu'il existe des belles-familles plus « agréables » que d'autres, surtout si les deux partenaires ne proviennent pas du même milieu socioéconomique et culturel. On peut aussi classer dans cette source de conflits insolubles potentiels les relations avec les amis personnels antérieurs au couple.

Les tâches ménagères. Il y a dans tout couple, une multitude de tâches ingrates à faire, et ce de façon routinière, tant à l'intérieur qu'à l'extérieur de la maison. L'analyse des études faites sur la répartition de ces tâches démontre une généralité presque comique : les femmes sous-estiment systématiquement l'apport de leur partenaire dans ces tâches et les hommes surestiment ce qu'ils font dans et autour de la maison. Il s'agit de lire n'importe quelle étude féministe à ce sujet pour s'en convaincre, surtout lorsque la définition de ces tâches ménagères néglige les tâches dites « masculines » extérieures. Avec une telle perception, il n'est pas étonnant que les tâches ménagères quotidiennes deviennent une source quotidienne de disputes. Chez les couples malheureux, l'on constate que chacun calcule la part de l'autre et estime que l'autre n'en fait pas suffisamment. Les couples malheureux cherchent à établir la formule donnant-donnant, ce que ne font pas les couples heureux qui apprennent à vivre avec une répartition inégale et variable de ces tâches. Les couples heureux évaluent le bilan total plutôt que de s'arrêter à chaque composante de ce bilan. Les couples heureux ne perdent jamais de vue l'essentiel de leur relation : leur amour.

La vie professionnelle versus la vie privée. Il n'y a pas si longtemps, la femme était la « reine du foyer », alors que le monde extérieur était le royaume de l'homme. Les femmes se sont battues et ont obtenu, avec raison, le droit à une vie professionnelle extérieure et l'homme doit maintenant partager ces deux royaumes avec sa partenaire. Ce qui n'est pas sans provoquer de nombreuses frictions, tant au travail qu'à la maison, et encore plus depuis que, grâce à la technologie informatique, de plus en plus d'hommes et de femmes travaillent à la maison. Comment alors équilibrer la vie professionnelle et la vie privée si les deux partenaires travaillent à des horaires différents et si les deux sont aussi préoccupés par la réussite de leur carrière ? Comment conserver une vie conjugale et familiale intime lorsque l'un des deux partenaires priorise sa vie professionnelle à sa vie privée, comme on le constate tout particulièrement chez la majorité des hommes et les femmes « de carrière ». Comment concilier travail et famille ? Voilà l'un des nouveaux défis des couples modernes où les deux veulent se réaliser professionnellement.

La sexualité. L'épanouissement sexuel constitue de nos jours l'une des raisons de la formation d'un couple, non seulement en tant que fonction reproductive, mais aussi en tant que fonction érotique. Rares toutefois sont les couples qui, une fois la lune de miel passée et un ou deux enfants arrivés, entretiennent une qualité et une quantité de rapports sexuels satisfaisant les deux partenaires. Je reçois régulièrement des couples en consultation sexologique qui n'ont pas eu de rapport depuis des semaines, sinon des mois, ou dont la fréquence des relations sexuelles est très faible et irrégulière. Comment gérer la vie sexuelle d'un couple d'une manière épanouissante si, comme on le constate de façon classique, l'homme veut faire l'amour trois fois par semaine alors que sa partenaire est amplement satisfaite d'un rapport hebdomadaire ? Logiquement, on pourrait suggérer à ce couple de faire l'amour deux fois par semaine, chacun y mettant un peu du sien. Mais cet exemple démontre jusqu'à quel point les compromis ne fonctionnent pas dans un couple, particulièrement dans le domaine sexuel. Obliger une femme à avoir deux fois plus de rapports sexuels que désiré est le plus sûr moyen de tuer sa libido. De l'autre côté, croyez-vous que l'homme qui ne satisfait que les deux tiers de son désir sexuel cessera de harceler sa partenaire pour un troisième rapport hebdomadaire ? C'est un véritable cercle vicieux. Pourtant, la majorité des couples aux prises avec un tel déséquilibre faisait l'amour jusqu'à cinq fois par semaine lors de la période de séduction. Cherchez l'erreur, non le coupable.

Ces six domaines de la vie conjugale sont des sources de conflits insolubles puisque la solution idéale serait que les deux partenaires aient une libido identique, travaillent le même nombre d'heures, partagent équitablement les tâches ménagères, entretiennent la même attitude envers les belles-familles, possèdent la même sécurité ou insécurité financière et soient d'accord sur tous les principes éducatifs concernant leurs enfants. Cet équilibre est illusoire.

Les sources de conflits sont donc nombreuses et constituent autant d'obstacles au bonheur conjugal à long terme. Pourtant certains y parviennent et nous verrons de quelle façon au chapitre 7. Quant aux autres, soit ils se résignent et s'endurent pendant des décennies, soit ils divorcent, reconstruisent un nouveau couple et se retrouvent aux prises, en plus des six sources de conflits insolubles décrites ci-dessus, avec de nouvelles sources de conflits tout aussi insolubles : les enfants et les « ex » de l'autre partenaire. Ce qui explique que les couples et familles reconstitués augmentent de 10 % leur probabilité d'un deuxième divorce.

Plus un couple cherche à résoudre par la communication, au fur et à mesure ou non, des conflits insolubles, plus ce couple risque de s'enfoncer dans des blocages permanents, chacun des membres du couple essayant de convaincre l'autre que son point de vue est le meilleur. Par exemple, un partenaire peut essayer de convaincre son conjoint qu'il vaut mieux élever les enfants de façon stricte, économiser pour l'avenir, arrêter de faire appel aux parents et amis, tout partager équitablement, ne jamais travailler plus de quarante heures par semaine et faire l'amour au moins trois fois par semaine. Ce qui évidemment suscitera la résistance de l'autre partenaire s'il ne partage pas le même avis. Ou encore, l'autre partenaire se soumettra au plus entêté, mais lui fera payer sa soumission en lui démontrant jusqu'à quel point tout va mal, qu'il est malheureux et que c'est l'autre le responsable et qu'il doit changer. Cette dynamique porte le nom de « la tyrannie de la victime ». Dans les couples malheureux, très souvent les deux partenaires « jouent » à la victime et tyrannisent leur partenaire par la culpabilité ou d'autres formes de chantage.

La croyance à la base de l'illusion de la communication et de la résolution de conflit est que l'objectif de la communication est d'arriver à une entente, à un consensus et que, sans cette entente réciproque, aucun couple ne peut vivre en harmonie. Beaucoup d'hommes et de femmes s'illusionnent en croyant que l'absence de conflits est signe de bonheur conjugal. Donc, s'il y a conflit, c'est parce qu'il n'y a pas de véritable communication ou d'amour réel. Or, le fait de savoir que mon partenaire ne partage pas ma façon de voir et de gérer la vie de couple est plutôt signe d'une bonne communication, même si le désaccord persiste. L'absence de consensus n'est pas le signe d'une mauvaise communication, au contraire. Les couples heureux à long terme apprennent à gérer des conflits et des désaccords lorsqu'ils ne réussissent pas à les solutionner, ce qui n'arrivent pas aux couples malheureux qui croient que le bonheur doit toujours être confortable et qui s'acharnent à résoudre des conflits insolubles. Les couples heureux acceptent de vivre avec des désaccords permanents.

4.6 L'illusion de l'égalité homme–femme.

L'illusion de l'égalité homme-femme est une autre croyance véhiculée dans la population par des scientifiques pourtant bien intentionnés. Nombreux sont les psychologues et sociologues pour qui faire disparaître les injustices sociales passe nécessairement par la disparition des différences sexuelles. Les féministes, femmes et hommes confondus, ont abondamment utilisé l'une des fausses conclusions du behaviorisme[38] à l'effet que « si vous lui donnez la stimulation nécessaire, vous pouvez faire d'un être humain tout ce que vous voulez ». Selon ces théoriciens, les différences entre les garçons et les filles, les hommes et les femmes, seraient exclusivement d'origine culturelle. Cette croyance a fortement influencé la pédagogie qui s'est alors mise à éduquer les enfants sans

---

[38] Du terme anglais *behavior* signifiant comportement. Le behaviorisme est une conception selon laquelle toute la psychologie se résume au comportement. Ce courant américain s'est opposé à l'introspection psychanalytique européenne.

tenir compte de leur sexe naturel. Les écoles sont devenues mixtes et ont essayé de former des androgynes et des gynandres. Tous les hommes devaient maintenant développer la partie féminine de leur être et toutes les femmes, leur partie masculine, afin d'atteindre l'équilibre et l'autonomie. J'ai déjà enseigné que la femme qui avait le plus besoin de se libérer était la femme qui existe en chaque homme. J'ai bien changé depuis ce temps : la femme doit développer son identité sexuelle et sa féminité et l'homme, son identité sexuelle et sa masculinité ; l'un et l'autre doivent cesser de vouloir être semblable à l'autre, ce qui n'est qu'un désir fusionnel illusoire. Il est toutefois évident que les deux doivent développer leur humanité.

Cette idéologie de l'égalité utilise deux stratégies. La première consiste à minimiser les différences entre les hommes et les femmes afin des les rendre semblables, donc facilement interchangeables. L'un et l'autre sexe, hormis quelques fonctions au plan de la reproduction, peuvent indifféremment remplir les fonctions de l'un ou l'autre sexe. Tout n'est qu'une question de culture et d'éducation. L'autre stratégie consiste à rabaisser ou «diaboliser» un sexe pour démontrer la supériorité de l'autre sexe considéré comme inférieur. Pendant longtemps, on a accusé la femme de la perte du paradis terrestre et d'être la représentante de toutes les tentations ; depuis une cinquantaine d'années, les rôles sont renversés et l'homme est devenu le responsable de tout ce qui va mal dans le monde. Il s'agirait maintenant de donner le pouvoir aux femmes pour que tout se mette à aller mieux. Il n'y a pas tellement longtemps on accusait les femmes de faire des commérages, aujourd'hui on accuse les hommes de ne pas communiquer. Les gens heureux savent que l'histoire évolue comme un pendule, d'un extrême à l'autre ; les malheureux veulent arrêter le pendule.

Les conséquences de ces deux stratégies sur le couple sont nombreuses et, parfois, catastrophiques. Il n'en a pas toujours été ainsi dans certaines sociétés patriarcales où les femmes étaient, et sont encore, confinées dans certains espaces et certaines fonctions, mais actuellement nul ne peut mettre en doute que les valeurs conjugales « politically correct » des sociétés modernes sont des valeurs féminines. L'homme doit maintenant s'engager dans le couple selon le modèle féminin et malheur à lui s'il ne s'y engage pas ; il doit apprendre à exprimer ses émotions tout comme la femme le fait, soit en paroles, sinon attention aux conséquences sur sa santé ; il doit apprendre à « materner » ses enfants, seule façon d'en prendre soin. Les enfants peuvent être élevés indifféremment par un seul parent, celui-ci pouvant remplir les fonctions de l'autre sexe. Tout comportement agressif ou compétitif doit être exclu des jeux des enfants et des cours d'école, seules comptent la coopération et la collaboration. Je connais même des cours d'école où il est interdit de courir.

La recherche de cette égalité–similarité illusoire correspond en fait au désir fusionnel du passionné et ne peut que provoquer la soumission ou une réaction de défense. Ce que l'on constate au plan du couple (plan microscopique) se retrouve au plan social (plan macroscopique). Les couples fusionnels sont les plus conflictuels, comme nous l'avons constaté. Les groupes féministes doivent maintenant faire face aux groupes masculinistes, chacun utilisant la tyrannie de la victime et justifiant ainsi ses attaques contre l'autre sexe. Je trouve significatif que le mouvement féministe parle de « ressac »[39] masculiniste, démontrant par là que les extrémismes se nourrissent l'un l'autre. Chaque faction cherche à démontrer qu'elle a raison et l'autre tort, tout comme les membres des couples malheureux.

Que l'on me comprenne bien : j'ai été, je suis et je serai toujours pour l'égalité sociale, politique, salariale, éducationnelle et professionnelle des hommes et des femmes. Mais cette égalité ne peut justifier les tentatives de rendre l'homme semblable à la femme, ou vice-versa. Égalité ne signifie pas similarité. Sans aller jusqu'à dire

---

[39] Ressac : retour violent des vagues sur elles-mêmes lorsqu'elles rencontrent un obstacle.

que les hommes et les femmes viennent de planètes différentes, je crois que nous pouvons être égaux et différents, aussi minimes puissent être ces différences.

Minimiser ou diaboliser les différences de nature entre les hommes et les femmes est très dangereux, et pour le couple et pour la société en général. Croire que tous et toutes fonctionnent selon un même modèle est dangereux pour tout individu qui peut prendre pour une incapacité personnelle le fait de ne pas comprendre le langage de son partenaire ou qui peut être amené à accuser son partenaire de mauvaise foi puisqu'il l'imagine semblable à lui. L'existence de différences entre les sexes ne peut être utilisée pour asservir un sexe à l'autre, comme le croient certains idéologues. Reconnaître ces différences et les comprendre peut, au contraire, nous permettre d'en tenir compte, de nous y adapter et même de nous enrichir du style de l'autre. De toute façon, où serait l'intérêt de vivre avec quelqu'un de semblable à soi. Nul besoin d'un autre si chacun devient androgyne ou gynandre. Cette recherche d'égalité–similarité constitue un nivellement par la base et l'humanité a tout à perdre en perdant la richesse des différences, que ce soit au plan sexuel, culturel ou racial.

4.7 La «bienheureuse» infidélité. La fidélité sexuelle est un acquis récent de l'humanité et date de l'époque romantique. Il est de bon ton aujourd'hui de remettre en question cette exclusivité sexuelle. En fait, depuis la révolution sexuelle des années soixante, la tendance a été, chez certains philosophes et autres penseurs, de minimiser les effets négatifs d'une «simple» infidélité, pour reprendre leur propre expression. Leur slogan semble être «le plaisir pour le plaisir». Pourquoi remettre une relation en question pour si peu ? C'est une façon tout à fait schizoïde de croire que l'on peut s'engager dans des rapports sexuels intimes sans implications émotives et relationnelles. La manifestation la plus extrême de cette pensée

fut la création des « surrogates »[40] par certains sexologues califor-
niens. Il existe de nombreux mythes concernant l'infidélité, même
chez des intervenants conjugaux bien intentionnés.

1. *Ce qu'on ne sait pas ne peut faire de mal.* Ce mythe conduit
   nombre d'hommes et de femmes à taire leur infidélité, sous
   prétexte de ne pas faire mal à l'autre. Le problème est que la
   personne infidèle le sait, elle, qu'elle a été infidèle et ce fait
   existera toujours entre les deux partenaires. C'est pourquoi les
   infidèles en arrivent à révéler leur « secret » afin de se libérer
   de ce poids qu'ils sont seuls à supporter, avec toutes les
   conséquences qui s'ensuivent. Le problème, c'est que très
   souvent l'autre apprend l'infidélité plusieurs années plus tard
   et constate que sa relation était basée sur un mensonge.

2. *L'infidélité est thérapeutique.* Certaines personnes croient que
   l'infidélité peut compenser la monotonie sexuelle installée dans
   un couple et qu'elle peut même raviver la passion entre les
   partenaires. C'est du moins la thèse des échangistes qui propo-
   sent l'infidélité au su et au vu de l'autre. Il s'agit d'être
   sexologue pour savoir les ravages causés au couple par
   l'infidélité. C'est très loin d'être thérapeutique : on ne peut
   régler un problème en ajoutant un autre problème par-dessus.

3. *L'infidélité est la principale cause du divorce.* Quoique l'infidélité soit souvent l'occasion ou le prétexte du divorce, elle est
   plutôt la conséquence d'un déséquilibre ou d'une insatisfaction
   conjugale que la cause. Hommes et femmes deviennent la
   plupart du temps infidèles pour compenser les frustrations
   sexuelles et émotives vécues à l'intérieur du couple.

---

[40] *Surrogate :* terme anglais signifiant partenaire sexuel substitut. Les surrogates sont employés par des
sexothérapeutes pour enseigner aux hommes et aux femmes aux prises avec des dysfonctions sexuelles
les différentes techniques amoureuses et sexuelles. Ces surrogates sont parfois les thérapeutes eux-mêmes
ou des massothérapeutes professionnels. Ces pratiques ont encore cours en Amérique et en Europe et
possiblement ailleurs.

4. *Tout le monde le fait, fais-le donc.* Connaissez-vous l'histoire des moutons de Panurge, personnage d'un roman de Rabelais, qui s'étaient tous suicidés en se jetant d'une haute falaise ? Ce n'est pas parce qu'un comportement est « in » qu'il est nécessairement sain.

5. *L'infidélité est sexuelle.* Certains croient que s'il n'y a pas eu pénétration, il n'y a pas eu véritable infidélité. Allons donc ! Saviez-vous qu'un homme qui délaisse sa partenaire pour consacrer tout son temps à son travail ou la femme qui s'éloigne de son amant pour s'occuper de façon exclusive de son enfant sont tous deux infidèles ? L'infidélité ne se situe pas seulement en bas de la ceinture, elle peut aussi être affective et relationnelle.

6. *L'homme est infidèle pour le sexe, la femme par amour.* Cette croyance conduit notre société à pardonner plus facilement l'infidélité des hommes, la disant moins grave que l'infidélité du cœur. Sauf que mon expertise sexologique me conduit à penser qu'au-delà du sexe l'homme recherche surtout à combler un vide affectif. Et aujourd'hui, de plus en plus de femmes sont infidèles uniquement pour le plaisir.

7. *Les femmes sont monogames par nature, les hommes par accident...* dixit St-Thomas d'Aquin, il y a une éternité. Nos 50 à 60 % de femmes modernes infidèles nous prouvent actuellement le contraire. Si vous en doutez, lisez *L'histoire naturelle de l'amour* de l'anthropologue historienne Hélène Fisher.[41]

8. *Le sexe est meilleur avec l'amant ou l'amante.* Parfois, mais très souvent, le sexe n'est ni meilleur, ni pire. Il est même surprenant de constater jusqu'à quel point l'autre ressemble au partenaire ou est même moins attrayant que lui.

---

[41] Publié chez Robert Laffont en 1994, 458 p.

9. *L'infidélité est sans danger.* La première et plus importante conséquence d'une infidélité est la perte de confiance. La perte de respect (du partenaire, des enfants, des amis…) en constitue une autre. Or, que vaut une relation sans confiance et respect réciproques ? Dans les cas les plus dramatiques, des gens ont tué ou se sont suicidés suite à la découverte d'une infidélité[42]. Sans parler des maladies transmissibles sexuellement : avoir un rapport sexuel avec une personne, c'est aussi avoir un rapport sexuel avec toutes les personnes qui ont eu des rapports intimes avec elle.

Mon point de vue est qu'on n'est pas infidèle lorsque l'on est véritablement heureux, à moins d'être masochiste. De plus, comme on le constate chez les couples heureux, la fidélité envers soi et ses engagements ainsi qu'envers l'autre et les engagements pris avec cet autre constituent une des bases du bonheur conjugal. La réalité est que plus de 95 % des gens interrogés considèrent que la fidélité est importante pour la survie d'un couple. Mais malgré cette croyance, plus d'un homme et d'une femme sur deux vit au moins une aventure extraconjugale au cours de sa vie, si l'on tient compte des couples non mariés. Ce qui fait que près de 80 % des couples sont un jour ou l'autre aux prises avec l'infidélité de l'un et/ou de l'autre. Or, 65 %[43] des couples divorcent après la découverte de l'infidélité et plus de la moitié des autres n'arrivent jamais à pardonner cette trahison. À peine 15 % survivent à l'infidélité, particulièrement ceux qui ont consulté pour comprendre les raisons de cette infidélité. De quelle « bienheureuse » infidélité parle-t-on ? Pourquoi prendre le risque de détruire ce qui a

Le pire danger qu'il y a à tromper autrui, c'est qu'on finit toujours par se tromper soi-même.

Eleonora Duse

---

[42]   Ces meurtres et suicides sont appelés « crimes passionnels ». Certains pays acceptent l'infidélité comme preuve atténuante dans les cas de meurtre entre conjoints.

[43]   Ces statistiques sont tirées de Weil, Bonnie E. et Ruth Winter, *L'adultère est un péché qu'on pardonne*, Éditions de l'Homme, 1994.

pris tant de temps et d'énergie à construire si ce n'est que parce que l'on ne trouve plus dans le couple ce qu'on y recherche légitimement ?

Plus que la peur des conséquences néfastes de l'infidélité sur l'équilibre du couple, la véritable réflexion est surtout éthique et doit faire appel à la dignité humaine : À quoi sert la vibration sexuelle des corps si elle ne s'accompagne pas d'une vibration du cœur et de l'esprit ? La fidélité devient alors une question de décision. Cette décision sera-t-elle prise par le cerveau primitif, guidé par la recherche du plaisir et la fuite de la douleur, par le cerveau émotif à la recherche d'intensité ou par le néocortex, siège de la conscience et du sens éthique ? À ma connaissance, seul l'être humain possède un sens éthique et les partenaires des couples heureux semblent l'utiliser davantage que ceux des couples malheureux.

4.8 Autres mythes et illusions entourant le couple

La liste des illusions et fausses croyances est sans fin ; certaines sont plus nocives que d'autres. En voici quelques autres.

L'amour rime avec toujours. Tous les amoureux veulent que leur amour soit éternel. C'est pourquoi nous disons « Oui, je le veux » si facilement lorsqu'on nous demande de nous jurer amour et fidélité « pour le meilleur et pour le pire ». Lorsque nous baignons dans le fantasme fusionnel de la passion, nous ne pouvons admettre que cette passion puisse un jour prendre fin. Impossible d'imaginer alors que deux amants intimes puissent se transformer en ennemis intimes. Et pourtant, avec l'espérance de vie qui ne finit plus de s'allonger, il est de plus en plus difficile de respecter notre promesse initiale. Au temps des cavernes, l'espérance de vie était de 20 ans, soit à peine le temps de nous reproduire. Au Moyen-Âge, l'espérance de vie moyenne se situait autour de 35 ans. Il y avait certes déjà des hommes et des femmes centenaires, mais la présence de guerres et d'épidémies de toutes sortes faisait en sorte que, même si mariés tôt au début de l'adolescence, la durée moyenne d'un couple dépassait rarement 20 ans. En 1900, les hommes pouvaient espérer vivre 49 ans et les femmes, 51 ans. Il est aujourd'hui beaucoup plus difficile de faire rimer l'amour avec toujours tout simplement parce que notre espérance de vie moyenne dépasse maintenant 80 années et qu'elle ne cesse de s'allonger. Sera-t-il possible pour nos enfants de faire rimer amour et toujours lorsqu'ils vivront, surtout en bonne santé, jusqu'à 120 et 150 ans ? Peut-être. Mais il est plus réaliste d'imaginer que nos enfants vivront quelques histoires d'amour. J'ose espérer qu'elles seront toutes belles.

Le syndrome Mars et Vénus. Le psychologue états-unien John Gray et d'autres auteurs à sa suite ont tenté d'expliquer les difficultés conjugales par le fait que les hommes et les femmes étaient trop différents pour vivre ensemble. C'est une lapalissade de dire que l'homme possède des facultés qui lui sont uniques et une façon bien à lui d'envisager la vie et le couple et la femme également. La femme peut remplir des fonctions (grossesse, enfantement et allaitement, séduction, préoccupations relationnelles, réceptivité, capacité de relation symbiotique) que l'homme ne peut remplir, ni même comprendre. L'homme possède des capacités (force physique, créativité matérielle, esprit de compétition, «intrusivité»[44], instinct de chasseur, besoin d'indépendance) que la femme ne peut égaler, ni même comprendre. On ne peut demander à l'homme de remplir les fonctions féminines et vice-versa, tout comme on ne peut demander à la nuit de remplir les fonctions du jour et vice-versa. Seule une autre femme peut comprendre véritablement une femme, tout comme seul un homme peut savoir en quoi consiste la mascu-linité, car seul le semblable peut reconnaître le semblable.

---

[44] Néologisme, traduction libre de *intrusivity.*

Il n'y a pas de doute que les différences au plan de l'identité, des rôles et des fonctions sexuelles peuvent être sources de conflits à l'intérieur d'un couple. Mais on ne peut limiter à ces seules différences la responsabilité de ces conflits. La preuve : les couples heureux sont aussi formés de Martiens et de Vénusiennes pour qui ces différences sont des sources de richesse et d'épanouissement respectif plutôt que des raisons de se faire la guerre.

Le match parfait. J'ai déjà parlé abondamment de l'illusion de l'âme sœur. Je voudrais ajouter ici que tous, en tant qu'êtres humains, nous avons certains handicaps, y compris les psychologues et thérapeutes conjugaux. Pour former un couple heureux à long terme, il n'est point nécessaire d'être parfaitement sain, physiquement et mentalement. L'important est de trouver quelqu'un qui a des défauts qu'on peut tolérer. Apprendre à gérer la phobie ou les manies de son partenaire peut certes exiger beaucoup de patience et de courage et être un obstacle supplémentaire, mais les couples heureux y parviennent. Les « névroses » ne sont pas nécessairement fatales au mariage. L'important est que l'on puisse « fonctionner » ensemble, peu importe nos défauts.

Le partage équitable. Certains théoriciens croient que les couples heureux partagent tout équitablement. Qu'à chaque geste positif de l'un doit correspondre un geste positif de l'autre. Que toutes les tâches ménagères et autres responsabilités conjugales doivent être également réparties. Les recherches sur les couples heureux démontrent pourtant que ceux-ci ne sont pas nécessairement « équitables ». Les membres des couples heureux ne comptabilisent pas ce que chacun fait. Chacun fait ce qui doit être fait parce qu'ils sont heureux et veulent continuer de l'être. Ce sont plutôt les couples malheureux qui imposent la formule « donnant-donnant » et qui expriment leur ressentiment et leur colère lorsqu'ils sentent que cet équilibre est rompu.

Être toujours ensemble. Cette illusion est un corollaire de « 1 + 1 = 1 ». Ces hommes et ces femmes croient que parce qu'ils s'aiment et se sont épousés, ils doivent maintenant tout partager. Si l'un fait du ski, l'autre doit apprendre à aimer le ski. Lorsqu'ils font une balade en vélo, les deux doivent pédaler à la même vitesse. Ils doivent avoir les mêmes amis, les mêmes loisirs, les mêmes sorties… Il n'y a généralement aucun problème si les deux partenaires vont au même rythme ou se respectent mutuellement dans leur rythme. Mais, pour reprendre l'exemple du ski en montagne, croyez-vous que ces deux partenaires devraient continuer à skier ensemble dans les pistes à difficultés intermédiaires si l'un préfère la douceur des pistes familiales et l'autre l'excitation des pistes plus difficiles ? Des activités conjugales partagées de façon obligatoires nuisent souvent au bonheur conjugal.

• • • • •

Pour arriver à être heureux en couple, non seulement il faut beaucoup d'amour et de bonne foi, mais il faut également se débarrasser de toutes nos croyances et illusions qui viennent déformer la réalité du couple et de l'amour. Sinon, la réalité du couple se chargera de confronter les deux partenaires. Malheureusement, cette confrontation mène, plus souvent qu'autrement, à l'affrontement et à la schismogenèse complémentaire.

5

La schismogenèse complémentaire ou la cartographie d'une dispute de couple

5.1 Définition

J'ai reçu, pendant que j'écrivais ce livre, un courrier électronique de Patrick Guillot, professeur et auteur lyonnais. Cet homme, fortement sensibilisé à la condition masculine, a écrit de nombreux articles pour le Réseau hommes Rhône-Alpes et un livre sur la cause des hommes[45] pour la paix des sexes. Il m'annonçait la sortie du *Journal des Psychologues*[46] qui consacrait un dossier spécial de trente-trois pages à la violence, dossier intitulé *Entendre les violences familiales* et préparé par des psychanalystes assistés de psychologues et d'une avocate. Monsieur Guillot attirait mon attention sur la première phrase du texte de présentation du dossier : «Les violences conjugales sont exercées à 99 % par un homme à l'encontre d'une femme ». Il me signalait en plus que :

1. Toutes les photos du dossier ne présentaient que des femmes violentées ;

---

[45] Guillot, Patrick, *La cause des hommes, Pour la paix des sexes,* Editions Option Santé, 2004

[46] *Journal des Psychologues,* n° 231, octobre 2005, www.jdpsychologues.fr

2. Le dossier donnait une large place à l'enquête ENVEFF, recherche fortement contestée par le monde scientifique français et décriée par Élizabeth Badinter[47] ;

3. Le dossier ne faisait mention d'aucun point de vue contraire ou pouvant contrebalancer la prémisse de l'homme uniquement violent et de la femme uniquement victime[48], ce qui est contraire à toute approche scientifique ;

4. Toutes les associations référencées ne s'adressaient qu'aux femmes battues ; il n'était aucunement fait référence aux associations offrant leurs services aux hommes battus, aux femmes violentes et aux hommes violents, pourtant tout aussi réels.

Il terminait sa missive en signalant que ce magazine n'était pas un magazine féminin (ou féministe), mais bien un magazine qui se veut « professionnel » et qui veut répondre aux attentes de sa clientèle. D'où le poids de cet énoncé fait par ces intervenants.

Mais, direz-vous, pourquoi parler de cela dans un livre sur les couples heureux ? Où veux-je en venir ? À illustrer que ce qui se passe au plan social est souvent la réplique d'une dynamique observable au plan conjugal : la recherche d'un coupable et la défense d'une victime. Cette dynamique est la conséquence de la faiblesse de notre esprit humain à tout voir de façon binaire et de l'influence de l'éducation religieuse à tout diviser en dieu ou diable.

Quand un couple arrive en thérapie conjugale, la tension est généralement manifeste et la communication plutôt déficiente, même douloureuse. Tous les thérapeutes vous confirmeront que l'un des défis de toute thérapie est de dépasser le système de défense ou de résistance

---

[47] Vous pouvez prendre connaissance de sa position dans l'article www.lexpress.presse.fr/info/societe/dossier/violenceconju/dossier.asp?ida=433633

[48] Les recherches démontrant la réalité de la violence féminine sont pourtant nombreuses et très bien documentées.

du client. En fait, le client ne veut pas vraiment changer, il veut avoir moins mal, être compris et recevoir de la compassion. Il en est de même pour les couples. Quand les partenaires d'un couple arrivent en thérapie, ils ne veulent pas réellement renoncer à leur dynamique relationnelle destructrice ; ils veulent plutôt que le thérapeute agisse en juge : «Dites-lui, monsieur le psy, que j'ai raison, qu'il a tort et qu'il doit changer pour que notre couple puisse survivre et que je puisse enfin être heureux(se). Dites-lui que c'est lui le coupable et moi la victime». La prémisse du dossier sur les violences familiales confirme cette tendance, tout à fait humaine, de se déresponsabiliser et de culpabiliser le conjoint : dans ce cas-ci, les hommes sont les coupables et les femmes des victimes sans aucune responsabilité dans la genèse des violences familiales. Qu'un tel préjugé et une telle attitude sous-jacente soient propagés par des professionnels de la relation d'aide qui veulent, en toute bonne foi, attirer l'attention sur un triste phénomène (la violence familiale) en rend les effets d'autant plus pervers. Qui voudra s'opposer à cette croyance de l'homme violent et de la femme victime, si des psychanalystes, des psychologues et des avocats la confirment?

Pourtant, la réalité est tout autre[49] : sauf exception, la violence conjugale est la résultante d'une shismogenèse complémentaire. Le mot à retenir dans cette expression est complémentaire. C'est-à-dire que la très grande majorité des conflits conjugaux est la conséquence d'une interrelation dont les deux partenaires sont coréalisateurs et, réciproquement, victimes lorsque cette interrelation tourne mal. La violence physique n'échappe pas à cette dynamique schismo-génétique que l'on retrouve dans tout couple : c'est la lutte pour le pouvoir consécutive à la lune de miel et dont j'ai parlé au troisième chapitre, mais en plus dramatique. En fait, tous les amants intimes deviennent aussi des ennemis intimes. Les membres des couples heureux, grâce à leur intelligence émotionnelle, réussissent à

---

[49] Il existe évidemment des couples où seul l'un des deux partenaires émet de la violence. La victime, homme ou femme, devrait alors chercher de l'aide auprès d'organismes d'entraide pour personnes violentées.

circonscrire cette inimitié. Malheureusement, 7 à 8 % des couples en viennent aux coups, souvent à répétition. Tous les autres se situent entre ces deux extrêmes. Tellement que certains psychologues en arrivent à utiliser la façon dont un couple se fait la guerre comme l'un des plus sûrs indices de leur réussite ou leur échec. Un autre indice est la façon dont ils vivent en temps de paix.

J'ai pris connaissance de ce concept de schismogenèse complémentaire lors de ma lecture du livre de Grégory Bateson, *La nature et la pensée*[50]. Bateson appelle ainsi la réaction en chaîne par laquelle la réponse de l'un à une action ou une parole de l'autre provoque des réactions de plus en plus divergentes. Comme dans l'exemple classique où l'un des deux partenaires arrive en retard, sans avoir prévenu :

L'un : « Tu es encore en retard ! »

L'autre : « J'ai eu une urgence de dernière minute au bureau. »

L'un : « Tu aurais pu me téléphoner au moins pour m'en avertir. »

L'autre : (exaspéré) : « Je viens de te dire que j'ai eu une urgence ; je ne pouvais donc pas t'appeler. En plus, au retour, il y avait un trafic épouvantable. »

L'un : (en soupirant) : « Ce n'est pas la première fois que tu me fais ce coup-là. T'es toujours en retard. »

L'autre : « Allons donc ! Ce n'est pas vrai, ça arrive très rarement. »

L'un : « Au contraire, ça arrive de plus en plus souvent.

L'autre : (en montant le ton) : « Est-ce de ma faute si le patron me donne un dossier urgent à la dernière minute ? Je te rappelle que nous avons besoin de mon salaire pour vivre. »

L'un : (avec un air dégoûté) : « C'est ça, ton patron est plus important que moi. »

L'autre : (incrédule) : « Qu'est-ce que tu dis là ? T'exagères encore comme d'habitude. »

---

[50] Bateson, Gregory, *La nature et la pensée*, Éditions Le Seuil, 1984.

L'un : (suppliant, sur le bord des larmes ou de l'explosion) : « Comment veux-tu que je te fasse confiance ? Tu me prends pour qui ? Quelqu'un qui n'a rien d'autre à faire que de t'attendre ? »

L'autre : (cherchant à sortir de la pièce) : « Bon, c'est reparti ! »

L'un : « C'est de ta faute aussi. N'essaie pas de te dérober. Quand vas-tu enfin tenir compte de moi ? »

Chez les couples violents, cette dispute pourrait se terminer par un « bang » assourdissant (au moment de la fermeture de la porte), suivi d'un « crack » fracassant (au moment où le pot de fleurs s'aplatit sur la porte). Mais peu importe, la soirée est gâchée.

On peut ici facilement constater que plus l'échange avance, plus l'un et l'autre deviennent défensifs et attaquants. Plus l'un critique, plus l'autre se justifie, créant ainsi une situa-

> *Il n'y a pas plus impolis entre eux que les membres d'un couple.*
>
> Pierre Langis

tion où ni l'un, ni l'autre ne se sent respecté et, encore moins, entendu et compris. Pourtant, il aurait fallu que l'un dise « J'avais assez hâte que tu arrives, mon amour » ou que l'autre s'excuse de son retard et entende la frustration du premier pour que la conversation, et la soirée, se déroulent tout autrement. C'est de façon complémentaire que les partenaires d'un couple créent soit la paix, soit la guerre. Intervenir en faveur de l'un ou de l'autre est tout, sauf thérapeutique. Dire que l'un a tort et l'autre raison dans cet exemple ne ferait que jeter de l'huile sur le feu et provoquer une intensification de la tension. C'est pourtant ce que font plusieurs intervenants en disant que « Les violences conjugales sont exercées à 99 % par un homme à l'encontre d'une femme ». Cela ne constitue pas la meilleure stratégie pour diminuer la violence domestique et cette façon d'aborder la violence domestique discrédite la démarche. La réalité est que ces deux partenaires n'ont pas développé les habiletés relationnelles nécessaires pour exprimer leurs besoins et leurs attentes légitimes plutôt que leurs frustrations et émotions négatives. C'est la souffrance qui est à la base des comportements violents.

5.2 Les bases neurophysiologiques de la schismogenèse complémentaire

Malgré un certain discours cherchant à faire disparaître les différences sexuelles entre les hommes et les femmes, ces différences peuvent nous aider à mieux comprendre et mieux gérer les interactions entre sexes. Encore faudrait-il accepter de les voir et cesser de croire qu'elles sont créées de toutes pièces pour asservir un sexe à l'autre. De nombreuses différences permettent de comprendre les réactions différentes des hommes et des femmes à une même situation. Les hommes et les femmes, qu'on le veuille ou non, ne possèdent pas les mêmes sensibilités et les mêmes ressources.

Pour mieux comprendre le comportement des hommes et des femmes, revenons à la base et observons nos amis, les animaux, particulièrement les chimpanzés avec qui nous partageons 99,4 % de notre génome. Pour les mâles, la compétition, les batailles rangées, les manifestations de force et de statut sont à la base des structures sociales hiérarchiques permettant ainsi d'éviter les effusions de sang, d'établir l'ordre, la sécurité et la paix, sous le contrôle d'un mâle alpha dominant. Chaque mâle, à travers ces luttes, trouve ainsi son rang et s'y maintient, jusqu'au moment où il se sent assez fort pour contester le mâle dominant. La hiérarchie, paradoxalement, vise la cohésion dans un climat perpétuel de rivalité. Plus la hiérarchie s'organise, plus les combats diminuent et plus augmente la solidarité du groupe. L'objectif ultime est d'assurer la survie du groupe et la reproduction de ses membres. Cette lutte pour le pouvoir permet aussi d'assurer la reproduction des plus forts, dynamique fondamentale de la nature.

Les femelles aussi doivent obéir à cette obligation de reproduction, mais elles procèdent autrement que les mâles, car pendant tout le temps de la gestation, de la mise bas et des soins aux petits, elles se retrouvent dans un état de vulnérabilité physique. À la différence des mâles, elles n'ont pas besoin de hiérarchie pour régulariser leurs relations et assurer leur reproduction. Par contre, elles ont besoin d'alliances pour assurer à leur descendance suffisamment de nourriture, de soins et de protection. L'objectif des alliances des femelles n'est pas la recherche du pouvoir comme chez les mâles, mais la recherche de la sécurité. D'où la nécessité pour les femelles de développer de nombreuses habiletés relationnelles. Pour Natalie Angier, « Les alliances entre femelles préservent la liberté des femelles »[51].

Nos frères et sœurs chimpanzés nous apprennent énormément sur nous, les humains. Les amitiés mâles sont surtout utilitaires ; c'est pourquoi elles changent facilement au gré des aléas de la vie. Les amitiés féminines sont « à la vie, à la mort » parce que pour elles, l'union fait la force. Le cerveau de la femme a ainsi été façonné à travers l'histoire de l'humanité pour rechercher les interactions, ce qui nécessite d'être empathique et de posséder de grandes capacités verbales, tant positives que négatives : les femmes savent, mieux que les hommes, utiliser les mots, soit pour calmer, soit pour critiquer.

Le cerveau mâle possède 13 % de neurones en plus dans le cortex que le cerveau de la femme. Le cerveau femelle, quant à lui, possède 13 % plus de neuropoils dans ce même cortex que le cerveau de l'homme. Les neuropoils sont des cellules spécialisées permettant aux cellules cérébrales de communiquer entre elles. Par contre, certaines parties de l'hypothalamus, particulièrement celles qui sont reliées à l'action, sont de deux à cinq fois plus volumineuses chez l'homme que chez la femme. Déjà, à l'aide de ces informations, nous pourrions comprendre que la femme verbalise ses émotions,

---

[51] Angier, N., *Woman. An Intimate Geography,* Houghron Mifflin, 1999, p. 304.

alors que l'homme a plutôt tendance à agir les siennes. D'autant plus lorsque l'on sait que le centre de la parole chez l'homme est circonscrit à l'hémisphère cérébral gauche, dit cerveau rationnel, alors que le centre de la parole chez la femme possède des ramifications avec l'autre hémisphère, surnommé le cerveau émotif. En effet, lorsque le centre de la parole de la femme s'active, d'autres parties de son cerveau s'activent aussi, ce qui n'est pas le cas dans le cerveau masculin.

Le corps calleux de la femme est 40 % plus développé que celui de l'homme ; le corps calleux est une bande médullaire blanche située à la base des deux hémisphères. Cette structure cérébrale permet aux deux hémisphères de mieux communiquer et mieux coopérer, et ce de façon plus significative chez la femme étant donné son surplus de neuropoils. Cela lui donne une plus grande habileté pour trouver les mots nécessaires et un certain avantage dans l'expression de ses émotions et de ses idées. Par contre, la majorité des hommes possède un meilleur sens de l'orientation et une meilleure perception spatio-temporelle. L'homme est donc « préfabriqué » pour l'action, la femme pour la relation, deux fonctions complémentaires, mais qui, à l'intérieur d'un couple fusionnel, deviendront opposées, chacun minimisant la spécificité de l'autre et cherchant à imposer sa priorité à l'autre.

Les hormones influencent aussi notre manière d'agir et de réagir. En situation de stress, le corps de la femme sécrète de l'ocytocine. L'ocytocine est aussi sécrétée lors de l'acte sexuel et après l'orgasme, principal moment où l'homme produit lui aussi de l'ocytocine. C'est pour cela qu'on la surnomme l'hormone de l'amour et que l'on pense qu'elle est impliquée dans la pratique de la monogamie. Le corps de la femme en sécrète de grandes quantités lors de ses grossesses, favorisant sa symbiose avec son fœtus. Le rôle de cette hormone a été découvert en comparant des campagnols des champs, monogames, et des campagnols de montagne, polygames. L'injection d'ocytocine chez les campagnols polygames les rendait… monogames.

En situation de stress, le corps de l'homme sécrète surtout de la testostérone et de la vasopressine, lesquelles hormones viennent inhiber la sécrétion d'ocytocine et contrecarrer ses effets pacificateurs. On le sait, la testostérone est reliée à l'agressivité et à l'accès de fuit[52], ce qui explique la plus grande propension de l'homme à être continuellement sur ses gardes et sur la défensive, comme chaque femme peut facilement le vérifier. Quant à la vasopressine, c'est une hormone produite par l'hypothalamus et emmagasinée dans l'hypophyse. Sa sécrétion provoque une vasoconstriction ressentie par l'homme comme un état de mal-être physique. L'homme cherche alors à retrouver la paix de son esprit en contrôlant la source de son stress ou en s'éloignant de celle-ci.

Pendant la plus grande partie de l'histoire de l'humanité, l'homme fut chasseur–guerrier afin de manger pour survivre et éviter d'être mangé. La femme fut mère et nourricière, en relation constante avec ses enfants. Comme notre code génétique n'a pas changé d'un iota depuis le temps des cavernes, nous continuons de réagir «spontanément» comme à cette époque, même si nos conditions de vie ont grandement évolué. Comment se surprendre que les femmes aient davantage développé le langage et des habiletés relationnelles et qu'elles continuent de les utiliser aujourd'hui? Comment se surprendre que les hommes, armés de gourdins pour aller à la chasse et se retrouvant fréquemment face à face avec des prédateurs beaucoup mieux armés qu'eux, aient développé une attitude défensive devant le danger? Et comme notre cerveau humain ne fait pas la différence entre un danger réel (un tigre) et un danger virtuel[53] (la tigresse qui existe en toute femme), on peut commencer à comprendre la réaction

---

[52] Accès de fuite: réaction atavique de l'homme à fuir un danger qu'il ne peut vaincre.

[53] Les phobies constituent le plus bel exemple de peurs virtuelles.

atavique de l'homme devant une situation stressante. On retrouve la même réaction atavique chez la femme qui, ayant choisi un homme pour sa puissance, développe la peur que cette puissance se retourne contre elle lors de querelles conjugales, ce qui est malheureusement trop souvent le cas.

Ceux qui ne peuvent se rappeler le passé sont appelés à le répéter.

Santayana

Devant un danger quelconque, les réactions spontanées des hommes et des femmes sont donc très différentes. Chez la femme, la réaction est verbale : elle cherche des alliances, elle appelle ses allié(e)s à l'aide, son principal allié étant souvent son partenaire. Chez l'homme, la réaction se situe au plan de l'action physique : faire disparaître la source de stress, la combattre, sinon fuir la source du malaise[54]. Si c'est sa partenaire qui en est la source, il préfèrera acheter la paix par le silence. Cette différence de réaction entre l'homme et la femme devant le danger est l'une des plus documentées et des plus universelles : le stress stimule le désir de la femme de se rapprocher des autres alors qu'il pousse l'homme à s'isoler. On peut facilement constater cette différence dans le fait que les femmes consultent beaucoup plus que les hommes, tant en santé physique que mentale.

Alors que les hommes galvanisés par des poussées d'hormones de stress réagissent par la réponse « fuir ou combattre » face à une situation de danger réel ou virtuel, les femmes manifestent dans les mêmes conditions des réactions protectrices et aimantes (certains hommes diraient envahissantes) en raison de leur sécrétion d'ocytocine. Le désir de la femme de se rapprocher d'autrui augmente chez la femme stressée, alors que l'homme stressé devient de plus en plus irritable et défensif. Cette différence homme–femme est fondamentale et explique la schismogenèse complémentaire ou escalade.

---

[54] Pour en savoir davantage : Heim, Pat et Susan Murphy, *La femme est un loup pour la femme. Comprendre et résoudre les conflits entre femmes au travail.*, Éd. Payot, 2004, 371 p

Dans leur « love lab » (laboratoire de l'amour), Gottman[55] et ses collaborateurs demandaient à un couple de discuter d'un problème insoluble (ce qui ne manque pas dans la vie d'un couple). Ce qu'ils ont découvert est tout à fait fantastique. Ils ont constaté une augmentation du niveau de stress tant chez l'homme que chez la femme, mais plus rapidement chez lui que chez elle. Les manifestations en sont : accélération du rythme cardiaque, augmentation de la tension artérielle, contractions musculaires, élévation du ton de la voix, sécrétion d'adrénaline, etc. L'homme cherche alors à fuir la situation stressante de différentes manières, ne serait-ce qu'en fermant les yeux, pendant que la tendance de la femme la pousse à chercher du soutien de la part de son partenaire, car pour elle, c'est la rupture de la relation qui provoque l'apparition de ces mêmes symptômes. C'est pourquoi elle insiste pour parler du problème. S'enclenche alors un cercle vicieux. Plus l'homme se referme et s'éloigne pour retrouver la paix de son esprit et de son corps (afin de faire baisser le niveau de stress et son taux de vasopressine), plus la femme se sent trahie, blessée, rejetée. Plus elle cherchera à maintenir la relation et voudra résoudre le conflit par le maintien de la relation et la parole, plus le niveau de stress augmentera chez l'homme. Plus l'homme cherchera à fuir la situation stressante, plus cela augmentera le niveau de stress chez la femme qui cherchera alors à retenir l'homme qui, coincé, n'aura d'autre possibilité que de combattre. L'escalade peut alors s'envenimer et exploser dans la violence verbale et/ou, malheureusement, physique.

Inconsciemment, naturellement, malgré leur amour et leur bonne foi réciproques, l'homme et la femme participent de façon complémentaire à la genèse des conflits que l'on constate tant au plan des couples que dans la guerre des sexes qu'entretiennent les féministes et masculinistes radicaux, les hommes visant l'indépendance de leurs actions, les femmes recherchant la sécurité des relations stables.

---

[55] Gottman, John et Nan Silver, *Les couples heureux ont leurs secrets, Les 7 lois de la réussite.*, Ed. JC Lattès, 1999, 281 p.

Ces femmes qui aiment trop, ces hommes qui ne s'engagent pas... pourquoi est-ce ainsi ? Comment expliquer que les hommes fuient les femmes qui désirent tant parler, communiquer, fusionner ? Tout simplement parce que les hommes réagissent fortement aux interactions provoquant le stress. Elle veut interagir avec lui, lui veut faire des choses avec elle. Lorsque la communication devient émotive, l'homme cherche à mettre fin à la discussion et à s'éloigner. À l'inverse, la femme cherche à se rapprocher de son partenaire et à communiquer avec lui pour confirmer l'existence de la relation. La femme ressent le besoin d'exprimer ce qui ne va pas, croyant ainsi améliorer la relation et la compréhension, alors que l'homme reçoit cette communication comme l'expression d'un problème qu'on lui demande de résoudre ou, pire, comme un reproche et une attaque personnelle. Et le cercle vicieux se met en marche : elle l'accuse de ne pas vouloir communiquer, ce qui le pousse à fuir et, plus il fuit, plus elle est frustrée et le critique.

Pourtant, on ne peut pas ne pas communiquer. La fuite, le silence, les gestes et les actions sont aussi des façons de communiquer. Le silence est une façon de dire que l'on réfléchit à la question, ou que l'on refuse de communiquer. Sauf qu'actuellement, les codes féminins de la communication (verbale) sont valorisés au détriment des codes masculins de la communication (non verbale). La femme se présente comme la détentrice de la communication et, même, de l'amour. Et pour elle, aimer veut dire parler, échanger, communiquer, être en relation. Pour l'homme, aimer c'est s'occuper de son bien-être matériel et physique et du bien-être de ceux qu'il aime. Pour la femme, c'est un dû, non une preuve d'amour. Une étude états-unienne a démontré que les femmes se sentent particulièrement aimées lorsque leur mari leur exprime de la tendresse par des paroles, alors que les hommes, eux, éprouvent le

> *La pire chose qui puisse arriver à une femme qu'un homme qu'elle ne peut contrôler, c'est un homme qu'elle peut contrôler.*
>
> Margo Kaufman

même sentiment lorsque leur femme fait quelque chose de concret pour eux. Deux solitudes, quoi !

Il est nécessaire de garder en tête ce paradigme de la schismogenèse complémentaire pour comprendre comment les couples heureux et malheureux réagissent aux divers moments difficiles inévitables de la vie à deux, que nous allons maintenant étudier.

6

Les crises du couple

Tous les couples vivent des moments difficiles. Pour les couples les plus fusionnels, ces moments difficiles rendent la relation impossible et le divorce ou la résignation devient inévitable. Tous les couples ne vivent pas nécessairement toutes ces difficultés. Certains couples ne sont jamais aux prises avec l'infidélité, par exemple. Chez d'autres couples, on dirait que les difficultés émergent au même moment : l'infidélité d'un partenaire, le départ des enfants, la mort d'un parent et une perte d'emploi. Des couples vivent de très longs moments d'accalmie. Certaines crises sont inévitables et peu de couples y survivent, sauf ceux qui sont formés par deux personnes bien différenciées et autonomes et dont la relation est basée sur l'interdépendance et non la codépendance. Plusieurs crises arrivent dans l'ordre présenté ci-dessous, d'autres à n'importe quel moment de la vie conjugale.

> *Dans tous les cas, mariez-vous. Si vous tombez sur une bonne épouse, vous serez heureux ; et si vous tombez sur une mauvaise, vous deviendrez philosophe, ce qui est excellent pour l'homme.*
>
> Socrate

6.1 Le test de la réalité ou la « désidéalisation[56] »

« Et puis un jour l'inconcevable arrive. Vous êtes en train de prendre votre petit-déjeuner, et tu as un peu la gueule de bois ; tu regardes ton bien-aimé, ton admirable bien-aimé, et le bien-aimé en question ouvre sa jolie bouche en bouton de rose, découvre ses jolies dents pour dire une connerie. Ton corps se glace sur-le-champ, ta température tombe d'un coup, le bien-aimé n'avait jamais dit une bêtise jusque-là ! Tu te tournes vers lui, certaine d'avoir mal entendu. Tu lui demandes de répéter. Et il le fait. Il dit : « Il pleut »…[57] »

Ce texte illustre le premier moment difficile de tout couple, heureux ou malheureux par la suite. Pendant la phase de séduction, nous avions bien perçu quelques petits défauts chez l'autre, mais notre passion surmonte facilement ces détails et, de toute façon, nous croyons que notre amour ne pourra qu'améliorer et transformer notre partenaire. Mais le couple ne peut vivre uniquement de fantasmes, d'amour et d'eau fraîche. Vient un jour où le prince charmant et la princesse charmante se révèlent sous leur vrai jour : en tout prince existe un crapaud ; toute princesse possède des griffes et des crocs. Vient un jour où l'un des deux partenaires, généralement le dominant, diminue ses conduites de séduction et s'installe confortablement dans une routine. Vient un jour où l'un des deux partenaires, généralement le dépendant, exige davantage de la relation en termes d'investissement, de présence et d'intensité. Vient un jour où les conversations se tarissent et où la fréquence des rapports sexuels diminue. Vient un jour où l'on découvre *la personne réelle que nous avons choisie.*

Pendant la phase de séduction, le partenaire potentiel est idéalisé. Pendant la phase de séduction, nous nous présentons sous notre plus beau jour afin de conquérir ce partenaire idéalisé. Nous nous

---

[56] Néologisme.

[57] French, Marylin, *Toilettes pour femme,* Éd. Robert. Laffont, 1978

conformons et répondons aux attentes de l'autre pour nous assurer son amour. Nous prenons le temps de nous préparer avant de rencontrer l'autre, nous mettons nos plus beaux habits, nous faisons attention au moindre détail, nous nous efforçons de bien parler. Nous sommes des plus attentifs. Et nous faisons tout ce qui est en notre pouvoir pour ne pas frustrer notre partenaire. Jusqu'au moment où, assuré d'avoir pris le contrôle émotionnel de l'autre, convaincu que le couple est maintenant chose faite une fois pour toutes, nous relaxons et commençons à nous présenter sous notre vraie réalité d'homme ou de femme. Nous commençons alors à dire et même à exiger ce que nous attendons de notre relation de couple. Nous l'avions déjà dit, ou esquissé, mais l'autre n'a pas réellement entendu l'expression de nos attentes et aspirations. S'il est vrai que l'amour est aveugle, il rend aussi sourd.

« Je me rappellerai toujours la première fois que j'ai vu Laura sans maquillage. C'était trois mois après notre retour de voyage de noces. J'ai vraiment eu l'impression d'être en présence d'une nouvelle femme » me dit Paul lors d'une première séance de thérapie. Les paroles de la chanson *Tu t'laisses aller* de Charles Aznavour me revinrent en tête. Un jour ou l'autre, parce que nous nous habituons à vivre l'un à côté de l'autre, nous nous laissons aller à être nous-même, à faire moins d'efforts pour plaire à l'autre, tout en souhaitant que l'autre nous accepte tel que nous sommes. Un jour ou l'autre, nous finissons par trouver notre partenaire moins charmant qu'au début, moins intelligent, moins sexy, moins cultivé, moins sociable… Les petits défauts minimisés du début, les petites différences que nous avions occultées prennent de plus en plus d'importance avec le temps qui passe.

C'est alors que l'on se rend compte que l'autre ne partage pas tout à fait nos points de vue sur les loisirs, l'argent, le choix de la maison, la répartition des tâches ménagères, le nombre et l'éducation des enfants, les amis, la fréquence des rapports sexuels, le type et l'endroit de nos vacances, le choix des films… en fait, la façon d'aimer et de s'investir dans le couple. Nous nous apercevons qu'il met l'accent sur sa carrière, alors que nous voudrions qu'il s'occupe davantage de la famille. Nous nous rendons compte qu'elle veut bien faire l'amour, mais à sa manière. Vous êtes méticuleuse ; il laisse tout traîner. Vous adorez les argumentations serrées ; elle met de l'émotion partout. Vous aimez les grands rassemblements de famille ; il préfère aller à la chasse ou à la pêche avec ses amis. Vous aimez lire votre journal le matin ; elle a toujours quelque chose à vous raconter. Vous aimez les séries télévisées ; il préfère les émissions sportives. Il projette une retraite dans le sud ; vous préféreriez être près de vos petits-enfants. Et ainsi de suite.

Il faut beaucoup de courage pour aimer. Surtout lorsque l'autre a beaucoup de défauts.

Anonyme

L'acceptation de l'autre tel qu'il est réellement constitue un premier point critique dans l'évolution de tout couple. Les personnes en recherche de passion mettent généralement fin au couple à ce stade. Certains se résignent, surtout s'il y a des enfants. Les membres des couples heureux à long terme savent que le véritable amour est celui qui survit aux fantasmes et à la passion du début : malgré certaines déceptions, ils acceptent leur partenaire tel qu'ils le découvrent dans sa réalité. Ils acceptent les imperfections de leur partenaire parce qu'ils savent qu'eux-mêmes ne sont pas parfaits. Ils continuent, malgré tout, d'admirer leur partenaire, base essentielle de l'amour. Quant aux membres des couples malheureux, ils vivent une véritable blessure narcissique et cherchent à rendre leur partenaire conforme à leurs attentes en demandant à l'autre de changer. S'en suit une longue lutte pour le pouvoir. « Si tu m'aimais vraiment, tu serais plus… » ; « Si tu étais de bonne foi, tu ferais plus… ».

Cette première crise est inévitable et prend généralement place entre la 3e et la 5e année après le début de la relation. Elle s'intensifie au fur et à mesure de la diminution de la passion originelle, laquelle passion ne peut évidemment durer, notre cerveau et notre corps ne pouvant vivre éternellement l'intensité passionnelle. Chez les couples heureux, un amour « tranquille », plus stable, remplace progressivement la passion. Chez les couples malheureux, elle fait place à une lutte pour le pouvoir qui peut évoluer en affrontement ou en refus d'accepter l'autre tel qu'on le découvre et se terminer en divorce. D'après les chiffres de l'Organisation mondiale de la santé, 50 % des couples qui divorcent le font dans les cinq premières années de leur union, soit une fois la découverte de l'autre réellement faite.

Cette première crise est importante et bénéfique si elle permet de rencontrer l'autre en tant qu'autre et d'affirmer nos besoins et attentes face au couple, sans perte d'admiration, de respect et de confiance réciproques. Malheureusement, la majorité des couples n'arrive pas à voir la complémentarité de leurs perceptions et s'engage dans des impasses : « Tu n'es plus la femme que j'ai connue ! » « Je pensais que tu t'améliorerais avec le temps ! »

> *Pourquoi une femme passe-t-elle dix ans de sa vie à chercher à changer son mari pour se plaindre ensuite et lui dire : « Tu n'es pas l'homme que j'ai épousé. »*
>
> Barbra Streisand

6.2 L'arrivée d'un enfant

La reproduction constitue le premier objectif de la sexualité, de l'amour et de la formation des couples. Il en est ainsi de toutes les espèces animales, sauf que la majorité d'entre elles ne forme pas de couple à vie, car la maturation des petits se fait de façon accélérée. À l'exception de 7 à 8 % des espèces qui forment des couples plus ou moins stables (seulement 2 à 3 % sont monogames à vie), la femelle s'occupe seule de l'éducation des petits pendant que le mâle « erre en solitaire jusqu'à la brève période où l'on a besoin de lui à des fins sexuelles[58] », du moins ceux qui n'ont pas été sacrifiés une

---

[58]   Bloom, Howard, *Le principe de Lucifer*, Éd. Le jardin des livres, 2001, p. 187.

fois leur rôle de reproducteur effectué[59]. Chez le couple humain, l'enfant constitue aussi le fruit de l'union sexuelle et amoureuse d'un mâle et d'une femelle, mais il est aussi à la base d'une véritable révolution dans la vie du couple, car d'un couple, les amants doivent maintenant former une famille : d'un duo doit émerger un trio.

On sait, depuis Hans Selye, que les moments heureux sont aussi des sources de stress importantes. Le mariage, confirmation et célébration de l'amour, en constitue un bel exemple. L'annonce d'une grossesse également. Comment la grossesse, l'accouchement et l'installation du nouveau venu seront vécus, dépend de la planification et de l'acceptation ou non de la grossesse par les deux partenaires. Déjà, l'inconfort des malaises du 2e mois et la transformation physique, émotive et psychologique de la femme pèsent lourdement sur l'intimité du couple. Sans parler du fait que l'arrivée d'un enfant semble aussi avoir des répercussions biochimiques (malheureusement encore mal étudiées[60]) sur le corps et le cerveau du nouveau papa. La paternité pousse l'homme à passer définitivement de l'adolescence à la maturité psychologique avec toutes les responsabilités que cela implique. Plusieurs n'y parviennent pas. Devenir mère, devenir père n'est pas une mince tâche, surtout que la majorité des femmes et des hommes sont laissés à eux-mêmes devant cette expérience extraordinaire de vie, mais combien bouleversante. Il y a bien sûr des cours prénatal et postnatal, mais la plupart sont axés sur la préparation physique et mentale à l'accouchement et les soins à donner au bébé ; très peu se préoccupent de la préparation aux transformations psychologiques et relationnelles que l'arrivée d'un enfant provoquera chez le couple d'amants qui devient maintenant

---

[59] Nous connaissons tous le sort du mâle de la mante religieuse si celui-ci a le malheur de passer dans le champ de vision de la femelle après l'acte, mais saviez-vous que de nombreux autres mâles, particulièrement chez les insectes, sont sacrifiés une fois leur mission biologique accomplie : le scorpion, la guêpe, l'abeille, la fourmi, la mouche, le guillon, l'araignée, la luciole et divers autres moustiques.

[60] Daboval, Dr Thierry, Université de Sherbrooke, Département de pédiatrie, a communiqué l'état des recherches actuelles sur le sujet lors de sa conférence *Comment le père influence le développement de l'enfant* au 2e Congrès International Parole d'hommes, Montréal, 2005. www.parolesdhommes.com. Inédit.

couple de parents. De nombreux amants se sont perdus de vue à l'arrivée du fruit de leur amour, même si longuement et ardemment désiré. Nos statistiques démontrent une augmentation significative des séparations dans l'année suivant l'arrivée d'un enfant (laquelle correspond souvent à la période trois à cinq ans ci-dessus mentionnée).

Les théories ne manquent pas pour expliquer les causes du véritable tremblement de terre conjugal provoqué par l'arrivée d'un enfant :

- Arrivée surprise, non planifiée, désirée par l'un, subie par l'autre ou non ;
- Peurs entourant la grossesse et l'accouchement ;
- Séquelles physiques et esthétique ;
- Répercussions, temporaires ou définitives, sur la sexualité ;
- Remise en question des projets professionnels de l'un et/ou l'autre conjoint ;
- Augmentation des tâches et responsabilités financières ;
- Questionnement sur les principes éducatifs.

Mais cette deuxième crise se structure, à mon avis, autour de quatre thèmes principaux.

Les rôles traditionnels de père et de mère. Seule une mère peut comprendre ce que vit la jeune fille qui devient mère : sentir germer une vie en son sein, nourrir une autre vie à même son corps, sentir grouiller cette vie au cœur de soi, se transformer physiquement et psychologiquement pour recevoir cette vie et, finalement, mettre au monde un autre être humain est une expérience qui ne peut donner à la femme qu'un sentiment de puissance. Ce sentiment épanouit la femme enceinte qui accepte ainsi de remplir sa mission biologique. La difficulté pour la jeune fille devenue mère sera toutefois de partager avec son partenaire ce qui a été à elle pendant neuf mois, d'accepter que « son » enfant devienne « leur » enfant.

Le jeune homme qui devient père s'investit de nouvelles responsabilités. Sa mission biologique ayant toujours été d'assurer la survie matérielle et physique, la sienne et celle de sa tribu, sa réaction première est souvent, comme j'ai pu le constater chez nombre de couples en thérapie, de travailler plus fort pour nourrir cette nouvelle bouche qui s'en vient. Loin de former la « sainte trinité » tant espérée par sa partenaire, il devient le protecteur, guerrier, pourvoyeur que les pères de ses pères ont toujours été, malgré le fait que les femmes soient de nos jours de plus en plus autonomes financièrement. La difficulté pour le jeune homme devenu père sera de comprendre que sa partenaire a plus besoin de support émotif que de pain.

Aucun homme n'a accès au vécu de la femme enceinte. Il ne peut qu'assister et accompagner sa partenaire dans cette expérience. Souvent, il se sent exclu (ou est exclu) de cette expérience, surtout si sa propre mère, sa belle-mère et toutes les copines de sa partenaire se réunissent entre elles pour discuter « bébé ». Il se doit pourtant de prendre sa place à côté de sa femme et de son enfant, le rôle du père étant de transformer la symbiose dyadique mère–enfant en triade père–mère–enfant s'il veut faire de son couple une véritable famille.

Figure 14. Du couple à la famille

Chez les couples malheureux, la mère, se croyant investie de toutes les connaissances nécessaires grâce à son « instinct » maternel, s'arroge souvent tout le pouvoir sur l'enfant et empêche le père d'intervenir à sa façon dans l'éducation des enfants. Chez les couples

138

malheureux, de nombreux hommes démissionnent, laissent la maternité et l'enfant aux femmes et compensent en s'investissant davantage dans leur travail, renonçant ainsi à toute confrontation avec leur partenaire. Les deux deviennent «infidèles, l'enfant devenant le centre de la vie de la femme et le travail, le centre de vie de l'homme. Ce comportement masculin crée parfois un sentiment d'abandon chez la femme qui comprend mal cette réaction atavique de l'homme qui, à son tour, comprend mal la réaction atavique de surprotection de sa partenaire pour son enfant. D'où la naissance d'un cercle vicieux. Les couples heureux forment, non sans difficulté, une famille.

La perte de l'amante. Le fait pour l'homme, dont la femme devient mère, de perdre l'exclusivité de son amante est l'un des traumas les moins analysés en psychologie masculine. Pourtant, cette expérience influence fortement le jeune homme et peut expliquer nombre de réactions masculines à l'arrivée d'un enfant. En général, l'homme fonctionne par objectifs ou par défis. Une fois atteint un objectif, il passe à un autre. C'est souvent avec cette optique que le jeune homme choisit la femme de sa vie : une fois trouvée, il espère qu'elle ne changera jamais et qu'elle le laissera en paix pour réaliser ses autres objectifs. Plus il sera fusionnel, plus il s'attachera à ce fantasme de la princesse toujours charmante et réceptive à la satisfaction de ses besoins. Et une fois acquise la femme de sa vie, il diminuera ses conduites de séduction et d'attention pour se consacrer à l'atteinte d'autres objectifs.

Il est évident qu'un des objectifs (avoués ou non) de la majorité des femmes est de trouver un mâle pour la féconder. Pour ce faire, elle concentrera toute son attention à le séduire sachant très bien comment attirer son attention et se faire aimer de lui. Tout au long de la lune de miel, il se sent admiré, adulé et important aux yeux de sa compagne. Il a trouvé le bonheur pour la vie… du moins, c'est ce qu'il croit. Jusqu'au jour où son amante, avec qui il a découvert des plaisirs extrêmes, lui annonce : «Chéri, je suis enceinte. Nous allons avoir un bébé». Il sera certainement très heureux si ce bébé fait partie de ses objectifs. Sinon, c'est la catastrophe. Mais, même dans le cas où bébé est fortement désiré, les deux partenaires ne savent pas exactement ce qui va leur arriver. Un 2e test de réalité leur pend au bout du nez.

Presque du jour au lendemain, l'amant devra céder sa place prioritaire et accepter de partager l'amour exclusif de sa partenaire qui découvre un autre sens à sa vie et qui canalisera, en toute légitimité, ses énergies à bien assumer son nouveau rôle de mère. *L'homme perd l'exclusivité de son amante pour le reste de sa vie.* Non seulement ce petit être est très exigeant et gruge énormément d'énergie et de temps à son amante, mais trop souvent il marque et transforme à vie le corps si désirable de sa partenaire. Sans parler des conséquences de la maternité sur la libido de la femme. C'est pourquoi l'homme voit parfois, selon les psychanalystes, son bébé comme un «intrus» et en devient parfois jaloux. C'est pourquoi le taux d'infidélité masculine augmente dans l'année suivant l'arrivée d'un enfant, l'homme retrouvant dans les bras d'une autre femme l'attention exclusive qu'il vient de perdre.

L'enfant, un dictateur. Dès l'arrivée d'un enfant, les parents se rendent rapidement compte que ce petit «bout d'chou» n'est en réalité qu'un dictateur, un petit roi à qui l'on doit obéir au moindre cri. Oui, il possède le nez fin de son père, les yeux ronds de sa mère, les oreilles de son grand-père, le sourire de sa grand-mère... Oui, il est si beau quand il dort et jamais, au grand jamais, on ne le retournerait d'où il vient... Mais, un nouveau-né, c'est aussi un être très dépendant qui nécessitera plusieurs années avant de pouvoir assumer la responsabilité de ses besoins. Non seulement ce nouveau-né n'est pas arrivé avec un mode d'emploi, mais il n'a ni horaire, ni compassion pour les besoins d'autrui ou l'état de fatigue de ses géniteurs. Et non, les deux parents ne s'attendaient pas à toutes ces corvées et ce chambardement dans leur vie jusqu'alors plutôt tranquille et remplie de loisirs et d'activités festives organisées à deux.

Pas surprenant que les parents éprouvent parfois une profonde ambivalence envers le fruit de leur amour qui devient souvent une source inépuisable de dispute quant à savoir à qui le tour de s'en occuper, qui sait mieux que l'autre comment s'en occuper, à qui le tour de se lever à 4h du matin, qui va l'habiller et comment, qui va le faire manger et comment, qui le gâte trop, qui est trop permissif, qui le conduira à la crèche ou à la maternelle, à qui le tour de le garder, c'est de la faute à qui s'il a tel ou tel défaut.… Passe encore si l'arrivée de l'enfant se terminait rapidement; mais non, un enfant, c'est un contrat à vie.

Un plus Un plus Un = Sept. Nous avons vu au premier chapitre que le couple moderne est composé de trois entités : toi, moi et nous, soit un plus un = trois, et qu'il n'est pas toujours facile d'harmoniser ces trois entités. Lorsqu'un enfant arrive, nous nous retrouvons avec sept entités tel qu'illustré à la Figure 15.

Si former un Nous exige d'investir une partie de Moi et de Toi, former une Famille exige d'investir une nouvelle partie de Moi et de Toi et une partie importance de Nous lorsque Lui (ou Elle) arrive. Le couple ne peut plus penser seulement pour deux ; il doit maintenant toujours tenir compte d'une troisième personne, laquelle agit parfois comme un véritable tyran. Si, auparavant, c'était le mariage qui créait un lien à vie entre deux personnes, aujourd'hui, à une époque où le divorce est de plus en plus fréquent, c'est la naissance d'un enfant qui crée un lien perpétuel entre deux personnes. Le Nous conjugal doit sortir de son égocentrisme pour se tourner vers l'enfant afin de remplir sa mission d'éducation et de perpétuation de l'espèce.

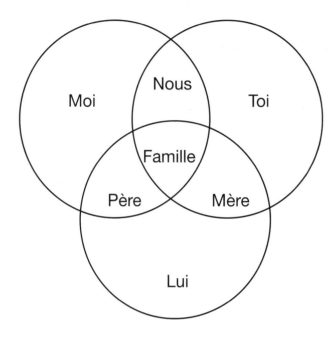

Figure 15. Moi + toi + lui = sept

S'entendre sur les mêmes principes éducatifs relève presque d'une mission impossible, surtout si l'un des deux partenaires est plus permissif et l'autre plus disciplinaire, comme cela arrive dans la majorité des familles. Il n'est pas non plus facile de laisser chaque parent intervenir à sa façon dans sa relation avec l'enfant. Heureusement, la parentalité s'exerce sous forme de vases communicants : le père sera d'autant plus autoritaire que la femme sera maman poule, mais cela donnera lieu à de nombreuses discussions sur la manière d'éduquer l'enfant. Les couples heureux évitent l'affrontement au sujet des enfants car ils savent que l'enfant a autant besoin d'encadrement que de permissivité. Ils se mettent d'accord sur des principes éducatifs minimaux (que la Famille transmettra) et chaque parent respecte la façon d'être de l'autre avec son ou ses enfants.

Nous avons tous l'habitude de considérer l'arrivée d'un enfant comme un événement heureux, et c'en est effectivement un, mais nous savons tous aussi le prix personnel et relationnel à payer pour faire de la place au fruit de notre amour. L'arrivée d'un enfant (et de chaque enfant par la suite) provoque une crise inévitable à laquelle peu de couples sont réellement préparés. Les membres d'un couple heureux savent que l'enfant a besoin d'une mère et d'un père. Les membres des couples malheureux pensent que chacun peut indifféremment remplir les rôles de l'un et l'autre ou que l'un sait mieux que l'autre ce dont l'enfant à besoin. Tout comme la vie de couple prépare à la vie de couple, c'est en étant parent que l'on devient parent.

6.3 L'emménagement et le déménagement

L'emménagement, le déménagement ou l'achat d'une première ou d'une nouvelle maison constituent un événement heureux pour un couple ou une famille, mais c'est aussi une situation de stress qui peut devenir un moment critique dans la vie d'un couple, jeune ou vieux. Déménager, c'est quitter un territoire familier pour s'installer dans un nouveau territoire ; c'est se déraciner pour s'enraciner ailleurs. C'est quitter sa famille, ses amis, un milieu de vie pour recréer un nouveau milieu de vie, développer de nouvelles relations sociales… Cette transition ne se fait pas sans conséquence. Sur l'échelle de stress[61], un déménagement cote 39 points, ce qui peut paraître peu, mais si le déménagement survient en même temps que l'arrivée d'un enfant, le divorce de ses parents, le début d'un nouvel emploi ou des difficultés d'ordre sexuel, celui-ci accentuera la tension vécue par le couple.

La majorité des couples rêve d'avoir un chez-soi qui leur ressemble, ce qui est tout à fait légitime. Mais nombreuses sont les questions sur lesquelles le couple devra arriver à une entente :

---

[61]   Vous pouvez télécharger cette échelle à www.acsm-ca.qc.ca/coffres-a-outils/2003/echelle-evaluation-stress.pdf

- Où ? Au centre-ville ou dans un quartier résidentiel, près des services ou à la campagne ?
- Quand ? Tout de suite ou après avoir amassé un pécule ?
- Combien ? Quel sera le montant de l'hypothèque et comment sera-t-elle répartie ?
- Pavillon ? Appartement ?
- Nombre de pièces ?
- Ameublement ? Moderne, classique, rococo ?
- Décoration et finition ?
- Qui dirigera le déménagement et les travaux à faire ?

Lorsque l'on sait qu'aujourd'hui les couples déménageront au moins quatre à cinq fois dans leur vie, on peut facilement imaginer les répercussions sur l'harmonie conjugale. Là aussi, des couples ont divorcé après un déménagement et, pourtant, c'était pour améliorer leurs conditions de vie.

6.4 Les changement de carrière et les pertes d'emploi

Très peu de personnes ne peuvent aspirer aujourd'hui à un poste stable avec une sécurité d'emploi garantie à vie, comme ont pu y avoir accès nos grands-parents. Le changement caractérise nos sociétés modernes et nous vivons assez vieux pour pouvoir (ou devoir) nous réorienter professionnellement. De plus en plus de professionnels travaillent aussi de façon autonome, à la pige ou à contrat, avec toute l'insécurité que cela génère sur le plan financier. Le fait que les deux partenaires doivent maintenant travailler augmente la probabilité que le couple soit un jour ou l'autre confronté à ce moment difficile. Sans parler que, grâce aux nouvelles technologies, le travail envahit de plus en plus le foyer. Il n'est pas toujours facile de fermer la porte du bureau afin de préserver la vie privée.

Plus l'un des deux partenaires associera sa valeur personnelle à son travail, plus il y investira temps et énergie, plus la perte d'un emploi risquera d'avoir des effets négatifs sur son estime personnelle et plus cela risquera de perturber l'équilibre du couple. Une réorientation de carrière peut nécessiter un retour aux études, imposant à l'autre partenaire la charge financière du couple. Un changement d'emploi ou une promotion de l'un des partenaires entraînent fréquemment un déménagement ainsi qu'un changement d'emploi pour l'autre partenaire si cette promotion se fait à des centaines de kilomètres. Chez les couples malheureux, aux prises avec un sentiment d'insécurité, les frictions peuvent facilement s'envenimer.

6.5 Les aventures extraconjugales

De tous les moments difficiles, la découverte de l'infidélité du partenaire est probablement le pire de tous, car elle remet en question l'une des principales bases de la relation conjugale : la confiance. Le drame de l'infidélité est qu'elle confirme aussi que notre partenaire est un être humain vulnérable, ce qui hypothèque l'une des dimensions essentielles de l'amour : l'admiration. C'est pourquoi l'infidélité constitue, pour la plupart des couples, un tremblement de terre majeur. Comment puis-je continuer d'aimer un être fautif, un être qui n'est plus à la hauteur de mes aspirations ? Comment puis-je aimer un être qui me trahit et que je n'admire plus ?

Il n'est donc pas surprenant que deux couples sur trois mettent fin à leur relation suite à cette découverte, incapables de recréer cette confiance et cette admiration fondamentales. Mais, je le rappelle, l'infidélité n'est pas la cause du divorce ; elle est plutôt la conséquence d'un déséquilibre conjugal. Si cette infidélité permet, en thérapie ou non, de rétablir l'équilibre, le couple pourra survivre, mais avec une profonde cicatrice. Sinon, il y aura une blessure conjugale permanente qui nourrira le déséquilibre originel, blessure que la personne trompée aura tendance à utiliser contre le partenaire infidèle lors de conflits ultérieurs.

Il existe, à mon avis, deux formes d'infidélités. La première concerne l'exclusivité sexuelle, soit le fait d'avoir des relations sexuelles avec une ou plusieurs personnes autres que le conjoint, ce que j'appelle **infidélité sexuelle.** J'appelle la deuxième **infidélité affective.** L'homme qui investit tout son temps au travail ou la mère qui se consacre exclusivement à ses enfants sont, pour moi, affectivement infidèles. La population a plutôt tendance à trouver plus grave la non exclusivité sexuelle. Mais peu importe, l'infidélité constitue un point tournant dans la vie d'un couple, une espèce de croisée des chemins qui oblige chacun des deux partenaires à faire un choix. Ce choix est vécu par l'infidèle de façon déchirante, d'autant plus si existe une relation suivie avec l'amant(e) : quitter mon partenaire pour aller vivre avec l'autre ou cesser ma relation extraconjugale pour me réinvestir dans mon couple. Cette ambivalence confronte généralement l'être de devoir, qui veut respecter ses engagements, et l'être de plaisir, qui vit une nouvelle passion basée sur la nouveauté. Ces deux êtres existent en chacun de nous ; lorsque l'être de plaisir ne trouve plus de satisfactions dans son couple, les risques d'infidélité s'élèvent. Quant à la personne trompée, celle-ci se demande si elle doit ou non quitter son partenaire suite à cette trahison.

Dans les deux cas, la question posée n'est pas la bonne. La vraie question n'est pas « quitter ou rester », mais bien : « Qu'est-ce que je peux faire pour rétablir l'équilibre dans mon couple, pour trouver dans mon couple les plaisirs que je trouve ailleurs, ce qui me redonnerait le goût d'y rester ? » L'infidélité est signe de déséquilibre ; il faut donc rechercher les sources de ce déséquilibre et les faire disparaître. C'est ce qu'ont réussi à faire les couples heureux qui ont survécu à l'infidélité. Oui, des couples heureux ont dû parfois faire face à l'infidélité de l'un ou l'autre. Les réactions à l'infidélité sont très variables : les membres des couples heureux ont accepté de se remettre en question à la suite d'un « moment d'égarement » du partenaire. Chez les couples malheureux, l'infidélité renforce la dynamique conflictuelle, la personne bafouée se croyant en droit d'exprimer sa colère et de faire payer à l'autre cet égarement.

On me demande souvent s'il faut «avouer» ou non une infidélité. Je n'ai pas de réponse à cette question. J'ai même reçu un couple dont les deux membres avaient été infidèles et qui refusaient de révéler ce secret à l'autre. À ma connaissance, chacun mit fin à leur relation adultère et le couple existe toujours. Je pense que chaque situation doit être minutieusement analysée et les conséquences de la révélation ou non évaluées calmement avant de prendre une décision. Mais ce dont je suis sûr, par contre, c'est que peu importe la décision, l'accent doit être mis sur les causes du déséquilibre et non sur le symptôme de celui-ci et sur les moyens à prendre pour rétablir l'équilibre. Sachez que, même chez des partenaires se disant très ouverts, l'annonce d'une infidélité est le plus souvent vécue comme une catastrophe, à plus forte raison si cette annonce (ou sa découverte) est faite des années plus tard. La personne trompée a alors l'impression d'avoir vécu toutes ces années sur un mensonge. L'infidélité, surtout cachée, est rarement bienheureuse, car elle provoque une profonde blessure narcissique.

La fidélité est-elle naturelle ? Il semblerait que non puisqu'on ne la retrouve pas chez la très grande majorité des espèces animales, sauf exception. Les couples de loups et les manchots empereurs font preuve d'une fidélité absolue et s'accouplent pour la vie. Si l'un meurt, l'autre reste seul pour la vie. Le castor pourrait facilement devenir le porte-étendard des tenants de la fidélité, car si l'un est stérile, le couple ne procréera jamais. Plusieurs espèces d'oiseaux sont fidèles, mais le temps d'une saison seulement. Des recherches ont démontré que chaque nouvelle saison d'amour permettait à ces oiseaux de trouver un partenaire encore plus compatible que ne l'était le précédent. Il semblerait que l'être humain est fidèle par besoin d'attachement, au même titre que le réflexe de préhension du nouveau-né *(grasping reflex),* plus que par décision délibérée. D'après Gérard Leleu[63], « le besoin de sécurité et d'accomplissement aboutissent au rêve d'un grand amour, l'amour qui peut conduire à la spiritualité et la spiritualité qui inspire la fidélité ». Pour la majorité des couples heureux, la fidélité (sexuelle et affective) librement choisie fait partie de la définition du bonheur conjugal.

6.6 La crise du milieu de la vie ou le démon du midi

Les aventures extraconjugales prennent souvent place une fois le couple bien installé dans une routine efficace, mais souvent ennuyante. Le milieu de la vie devrait être l'âge où l'on est censé être au faîte de son potentiel. L'âge aussi où il nous faut préparer nos lendemains et envisager notre retraite. L'âge où l'on prend de plus en plus conscience de la fin qui se rapproche inéluctablement et où l'on se demande si l'on a vraiment vécu pour soi ou selon les principes de nos parents et de notre société. La remise en question du milieu de la vie est à la fois personnelle, professionnelle, conjugale et sociale, ce qui la rend d'autant plus complexe. C'est l'âge où l'on régresse à l'adolescence ou bien l'on devient adulte, un adulte pleinement responsable de la deuxième partie de sa vie et de son couple. C'est l'âge d'un premier bilan et de la remise en question du sens de sa vie, du sens de son couple.

Quel homme d'âge mûr, quelle femme à la mi-temps de sa vie ne s'est pas déjà surpris(e) à fantasmer sur une jeune femme ou un jeune amant ?

« Sur la rue, dans les campus ou les magasins, je les croise avec délices. Elles ont toujours 18 ans ; ce groupe d'âge reste immuable. Pourtant, à chaque année j'ai l'impression qu'elles sont plus jeunes, plus attirantes et plus inaccessibles. Je brûle de toucher leur peau parfaite, de respirer leur haleine, de m'enivrer

---

[63] Leleu, Gérard, *La fidélité et le couple,* Collection J'ai lu, 2001.

de leur arôme. C'est peut-être ça, le « démon du midi » : vieillir et voir les jeunes rajeunir, les voir nous apparaître dans toute leur splendeur, celle qu'on a perdue. Dans quelques années, elles m'apparaîtront sans doute comme des bébés. Le « démon » sera passé et ma perspective sur le monde se sera encore complètement modifiée. »[64]

Chaque jour nous rapproche de l'inévitable. Enfant, nous regardons nos parents comme des géants ; à l'adolescence, nous les jetons en bas de leur piédestal et nous nous jurons de ne pas commettre les mêmes erreurs, de faire mieux qu'eux. Nous avons hâte d'avoir 20 ans et d'entrer sur le marché du travail, enfin autonomes. Puis, nous devenons amoureux, fondons une famille et prenons conscience que finalement nos parents avaient la plupart du temps raison lorsqu'il nous disait « dans notre temps... », au moment même où nos propres enfants nous font sentir « vieux » et nous disent que nous ne sommes plus dans le coup. Et nous prenons conscience qu'effectivement tout cela a passé très vite, trop vite. Comme nous aimerions que les choses restent immuables ! C'est à ce moment qu'hommes et femmes deviennent nostalgiques et que certains s'accrochent à leur jeunesse en recherchant des jeunes, surtout ceux qui, malheureux en couple, croient que la jeunesse fait foi de tout et que le bonheur se trouve ailleurs. Ailleurs et sans son partenaire actuel. Qui ne connaît autour de soi un homme parti avec son amante de quinze ans sa cadette ? Qui ne connaît autour de soi une femme qui s'est payé une aventure avec un jeune amant ?

Cette transition s'accompagne généralement de transformations physiologiques regroupées sous les termes ménopause et andropause. La routine a souvent étouffé la libido du couple. L'homme commence à ressentir les effets de la baisse de production de testostérone et

---

[64] François Brooks, http://www.philo5.com

se fait moins intrusif ; la femme croit que cela est dû à sa beauté qui se fane. Tous deux deviennent plus sensibles aux regards d'autres femmes, d'autres hommes, et y cherchent la preuve qu'ils sont encore vivants, encore désirables. Quelle femme pourra résister au jeune homme rempli de testostérone qui la rassurera sur sa beauté en lui exprimant son désir d'elle ? Quel homme saura dire non à la jeune femme qui le regarde avec fascination alors qu'il se sent rabaissé par les insatisfactions de sa partenaire ? Qui n'aura pas l'impression de revivre, de retrouver une seconde jeunesse dans ces conditions ?

Cette période constitue le deuxième moment critique pour les séparations, le premier ayant eu lieu autour de la cinquième année de vie commune, après l'arrivée d'un premier enfant. On remarque une augmentation significative des séparations et divorces autour de la fin de la quarantaine. Après quinze ou vingt ans de vie routinière, de responsabilités parentales et professionnelles, l'estime de soi prend souvent un coup... de vieux. D'être désiré par une jeune et belle fille permet à l'homme de retrouver sa virilité et de se réconcilier avec lui-même. D'être désirée par un jeune homme beau et fougueux rassure la femme dans sa féminité. Sont-ils vraiment amoureux ou tout simplement flattés dans leur narcissisme. Qu'importe ! Cela leur donne l'impression de recouvrer leur jeunesse et leur désir de vivre intensément, passionnément. Du moins pour un certain temps, car pour ceux et celles qui ont quitté, la nouvelle liaison devient rapidement décevante en raison de la distance des générations, donc des intérêts de vie et des style de vie.

Les membres des couples heureux arrivent aussi à la quarantaine, à la cinquantaine et vivent aussi cette période du « démon de midi ». Qu'ont-ils fait pour exorciser ce démon ? Ils en ont parlé... ensemble. Ils se sont dit ce qu'ils ressentaient ; ils se sont dit ces désirs « inavouables », mais tout à fait normaux, pour des corps jeunes. Ils ont partagé leurs fantasmes. Ils se sont rapprochés plutôt que de laisser le silence s'interposer. Ils ont compris que la quarantaine ne marquait pas le début de la fin, mais plutôt la fin du commencement et ils se sont fixés de nouveaux objectifs à réaliser dès le départ des enfants. Ils sont restés amants ou se sont retrouvés en tant qu'amants après avoir été si longtemps absorbé par leurs responsabilités parentales et professionnelles. Quelques rares couples, maintenant heureux, se sont séparés, ont rapidement confronté la réalité décevante du nouveau couple, s'en sont ouverts à leur ex et ont redécouvert, souvent avec surprise, leur communauté de pensée construite avec le temps passé ensemble. Ils ont compris les raisons de leurs escapades et sont revenus ensemble... pour le meilleur.

Quant à ceux et celles qui ont persévéré dans leur nouvelle vie, ils ne sont au total ni plus heureux ni plus malheureux que ceux qui ont su apprivoiser le démon du midi. Nos recherches nous démontrent en effet que, cinq ans plus tard, le groupe des divorcés n'est pas plus heureux que le groupe des non divorcés. Certains parmi les divorcés sont plus heureux, d'autres courent encore après leur âme sœur illusoire. Certains parmi les non divorcés sont plus heureux, les autres se demandent quand auront-ils enfin le courage de quitter une relation de plus en plus insatisfaisante. Et le

> *Être heureux, c'est accorder de la valeur à tout ce que l'on possède.*
>
> Milton Erickson

temps passe rendant de plus en plus difficile cette décision de profiter de ce que l'on a plutôt que de toujours rechercher ce que l'on n'a pas.

6.7 Départ des enfants ou le syndrome du nid vide

Un jour ou l'autre, les enfants s'en vont et les deux amants du début se retrouvent entre eux, même si les adolescents d'aujourd'hui ont tendance à vivre plus longtemps chez leurs parents[65]. De duo, ils étaient devenus trio et famille ; les revoilà à nouveau duo. Les deux amants

---

[65] D'où le nom de génération « *scotch* » ou syndrome de Tanguy (en référence au film d'Étienne Chatiliez).

se retrouveront-ils vraiment ou seront-ils devenus deux étrangers, ou pire deux colocataires, chacun s'investissant davantage dans ses projets personnels au détriment de ses projets de couple. De nombreux couples venus me consulter m'ont avoué qu'ils seraient depuis longtemps divorcés n'était-ce la présence d'un ou plusieurs enfants. C'est pourquoi au moment du départ du dernier enfant, on assiste à une légère augmentation du taux de divorces. Les enfants constituent l'un des objectifs du couple; ils sont le ciment de la famille. Lorsqu'ils partent, le couple se fragilise ou au contraire se solidifie parce qu'enfin ses membres trouvent temps et énergie pour s'occuper d'eux comme au temps de leurs amours précoces.

En fait, on observe trois types de réactions lors du départ des enfants:

Le repli sur soi. Cette réaction est caractéristique des couples malheureux, mais résignés. Ces couples, pour la plupart codépendants donc conflictuels, se retrouvent devant leur vide conjugal et leurs nombreux conflits accumulés. Nous connaissons tous de vieux couples où l'un s'empresse de dire blanc lorsque l'autre dit noir, où l'un se tait tandis que l'autre critique. Ces personnes perdent leur dynamisme, minimisent leurs activités sociales et s'accrochent à des activités routinières, mais non épanouissantes (télévision, ménage…). Très souvent, les femmes dépriment et les hommes meurent précocement, dès leur mise à la retraite.

Le désespoir. Caractéristique des couples divorcés, les désespérés refusent de vieillir et courent à la recherche de la fontaine de Jouvence: ils vont de salons d'esthétique aux discothèques en passant par la clinique du chirurgien. Ils cherchent à compenser les frustrations accumulées en surconsommant avec une volonté frénétique de profiter au maximum du temps qui reste. Enfin libres se disent-ils, inconscients de la prison dans laquelle ils sombrent.

L'ouverture. Le départ des enfants est vécu comme un soulagement pour les couples heureux, satisfaits de voir leurs enfants s'envoler. Face au syndrome du nid qui se vide, ils se redéfinissent, développent des relations d'adulte à adulte avec leurs enfants, se trouvent de nouveaux objectifs de vie et protègent leur intimité conjugale retrouvée du retour possible d'un de leurs enfants. Les couples heureux s'ouvrent généralement sur le monde, s'investissent bénévolement dans des causes qui les ont toujours intéressés et assument leur nouveau rôle d'aînés tant auprès de leurs propres parents, souvent en perte d'autonomie, qu'auprès de leurs petits-enfants, sans se laisser envahir. Ils sont la preuve qu'on peut vieillir et continuer d'être heureux.

Les couples qui se sont investis davantage dans leur travail ou leur rôle de parents et ont oublié qu'ils étaient aussi des hommes et des femmes ayant droit à une vie privée et à une vie de couple sont davantage déstabilisés lors du départ des enfants. Ils sont parfois obligés de refaire connaissance, de renégocier une nouvelle entente, de refaire un nouveau partage du territoire conjugal. La femme qui s'est rendue mère indispensable auprès de ses enfants, et maintenant ménopausée, pourra-t-elle retrouver son rôle de femme et même se réinvestir dans une nouvelle carrière ? L'homme qui s'est limité à son rôle de pourvoyeur va-t-il pouvoir s'adapter et renouer avec sa partenaire ? Les deux amants vont-ils se redonner la main et continuer leur chemin en tant que deux personnes à la fois différenciées et interdépendantes ? Le nid vide oblige une réorganisation du temps, de l'espace, des priorités et de la relation en elle-même.

6.8 La mise à la retraite

Nous aspirons tous à une retraite bien méritée pour pouvoir enfin profiter du temps qu'il nous reste pour réaliser des projets sans cesse remis à plus tard. Du fait de la forte augmentation de l'espérance de vie et d'une mise à la retraite plus tôt, celle-ci durera bientôt près d'un quart de siècle. Jouer au golf et/ou s'occuper de son jardin, activités agréables au début, peuvent à la longue devenir ennuyantes. D'où la nécessité d'entreprendre des activités nouvelles et enrichissantes et de préparer la retraite longtemps à l'avance. Pour survivre à cette transition, il faut de plus que les deux partenaires partagent la même conception de la retraite et le goût de réaliser des projets en commun. Si l'un veut jouer au golf tous les jours et l'autre passer ses journées à la maison, le couple risque d'éclater.

Plus les partenaires auront associé leur identité à leur profession et plus ils auront limité leur réseau amical à leurs collègues de travail, plus la mise à la retraite risque d'être vécue de façon traumatisante. Cette mise à la retraite sera aussi vécue péniblement si l'un des partenaires avait fait du foyer conjugal « son » territoire, depuis toujours ou depuis sa mise à la retraite, alors que l'autre conjoint continuait de travailler. Ne soyons pas dupe, un réel décalage se construit entre le partenaire actif professionnellement et celui qui est à la retraite. Le retraité développe un style de vie, un réseau d'amis, des activités qu'il devra remettre en question lorsque son partenaire prendra sa retraite. Les deux doivent s'y préparer, sinon gare à la crise.

La mise à la retraite, l'un après l'autre ou en même temps, oblige les membres du couple à se redéfinir tant au plan des espaces communs que des activités extérieures. Les deux partenaires se retrouvent face à face. Le paradoxe de la passion, décrit en détail au premier chapitre refait souvent surface : l'affirmation de son autonomie et de son indépendance dans des activités extérieures au couple, seul, et le désir d'être ensemble dans des activités sociales, culturelles ou autres.

Pour souligner la mise à la retraite, des couples heureux ont emménagé dans une résidence plus petite ou ont fait un voyage de quelques mois, une espèce de second voyage de noces. Cela dans le but de couper avec leur statut antérieur de professionnels et de parents et trouver un nouvel espace mieux adapté à leurs nouveaux besoins individuels et conjugaux.

6.9 La maladie et la mort

Excessivement rares doivent être les couples qui, au long de leur évolution, n'ont pas été mis en contact avec la maladie de leur partenaire ou la mort d'un être cher. Ces épreuves sont parfois traumatisantes et plusieurs couples n'y survivent pas, surtout lorsque ces événements arrivent de façon inopinée. Vivre avec un conjoint malade mobilise une énergie énorme. Être le conjoint malade est tout aussi énergivore. Lorsque la maladie est circonscrite dans le temps, le moment critique peut rapidement se résorber. Mais lorsque la maladie devient chronique (fibromyalgie, diabète, alzheimer, paralysie…), cela pose au couple tout un défi et peut facilement hypothéquer la relation. N'étant pas spécialiste de ces situations, permettez-moi de vous référer au site du psychologue Bruno Fortin[66] pour une liste de suggestions d'actions à poser en vue d'une intervention optimale.

Après la mort de Marc… j'avais le sentiment de vivre une expérience tellement effroyable, qu'elle resterait indicible parce que personne ne pourrait jamais la comprendre.

(Une mère, 10 ans après la mort de son fils)

La mort la plus injuste qui soit est la mort d'un enfant, peu importe son âge et la raison de son décès. Qu'un parent âgé décède, c'est prévu et normal, même parfois soulageant pour la personne elle-même et pour son entourage. Mais la mort, par surcroît accidentelle, d'un enfant est quelque chose d'inacceptable, d'intolérable. Cette mort suscite énormément de chagrin et en faire le deuil est long, très long. Mais sous la tristesse existent aussi la colère, beaucoup de colère contre cette injustice

---

[66] http://www.psychologue.levillage.org/M.html

et, plus encore, de la culpabilité. Les couples qui partagent cette épreuve ne peuvent plus vivre comme avant. Difficile d'être heureux après la mort d'un enfant.[67]

* * * * *

Dans tous les moments difficiles décrits ci-dessus, le divorce ou la résignation ne sont jamais des solutions en soi, quoique parfois le divorce puisse être la seule solution. Être heureux est une question d'attitude mentale et non de statut civil. Le bonheur consiste en la capacité de faire face à des moments difficiles, d'en comprendre les vraies causes et de faire les changements nécessaires. Je ne sais plus qui a défini la santé comme la capacité d'être malade et de guérir alors que la maladie consiste en l'incapacité de s'en remettre, mais je trouve cette perception particulièrement vraie pour l'évolution heureuse des couples aux prises avec les difficultés inévitables de la vie à deux. Voyons maintenant les stratégies utilisées par les couples heureux pour gérer les épreuves et survivre non seulement à ces crises, mais aussi aux conflits insolubles dont j'ai parlé plutôt.

---

[67] Consultez le site www.alamemoirede.com/Funeraire/chroniques/Deuil/pertenfant1.html pour une présentation plus détaillée des répercussions de la mort d'un enfant sur la vie des parents ou les deux références suivantes : Bacqué, Marie-Frédérique, *Le deuil à vivre,* éd. Poches, Odile Jacob, 2000 et Beauthéac, Nadine, *Le deuil. Comment y faire face ? Comment le surmonter ?,* éd. du Seuil, 2002. Vous y trouverez des références d'associations pour aider les parents suite à la mort de leur enfant.

7

Surmonter les crises et les conflits

Les membres des couples heureux vivent les mêmes moments difficiles et possèdent les mêmes sources de conflits que les membres des couples malheureux. Ils vivent des désaccords sur des questions de fond, mais se disputent aussi pour le contrôle de la commande télévisuelle, du choix musical pour accompagner le repas, de la place à occuper dans le lit, du choix des activités du week-end… Les occasions de disputes ne manquent pas. Comment se fait-il que certains réussissent là où tant de couples échouent ? Que font les couples heureux que ne font pas les couples malheureux ? Que font les couples malheureux que ne font pas les couples heureux. Déjà tout au long des six chapitres précédents, j'ai attiré votre attention sur certaines stratégies, croyances, attitudes et comportements qui font de certains couples des couples heureux à long terme. Regardons maintenant plus en détail comment les couples heureux réussissent à éviter que leurs crises et conflits ne deviennent des blocages permanents qui empoisonnent l'existence des couples malheureux et hypothèquent gravement leur relation d'amour.

Les couples heureux sont formés de personnes tout à fait ordinaires. Les hommes et les femmes de ces couples ne sont pas plus intelligents que la moyenne ; ils ne sont pas millionnaires ; ils ne sont pas nécessairement plus instruits que les autres. Ce ne sont pas des virtuoses de la communication, ni des spécialistes en médiation ou en négociation. Ils ne sont pas exempts de défauts ou de problèmes personnels. Ils ont eu une enfance et une adolescence normales, avec leur lot de traumatismes. Ils n'ont pas non plus suivi de cours spécialisés en psychologie féminine, masculine ou conjugale. Quoique ces connaissances puissent aider à être heureux, ce ne sont pas des garanties de bonheur conjugal, comme nous le prouve le divorce des thérapeutes conjugaux. Les membres des couples heureux ne sont pas parfaits, ont parfois des caractères dits «forts», ont souvent des intérêts très divergents. Ils se disputent comme tous les autres couples, mais ne laissent pas ces disputes altérer la stabilité et l'harmonie de leur couple. Le plus surprenant est que les couples heureux ne savent pas répondre à la question «Quel est le secret de votre bonheur?». Ils sont heureux sans savoir pourquoi ils le sont.

Les membres des couples heureux ne sont pas fondamentalement différents des membres des couples malheureux, sauf qu'ils semblent dotés d'une capacité d'apprentissage qui leur permet de sélectionner les actions et réactions efficaces, de mieux s'adapter à la réalité et d'abandonner rapidement les comportements générateurs de conflits conjugaux. Je reviendrai sur cet aspect au chapitre dix sur les bases de l'harmonie conjugale pour démontrer que les membres des couples heureux ont une intelligence émotionnelle, un sens des responsabilités et des habiletés relationnelles supérieurs à la moyenne.

Le malheur détruit.
Le bonheur construit.

Anonyme

7.1 Les «jeux» préférés des couples malheureux

Les membres des couples malheureux sont passés maîtres dans l'art de certains jeux dont le principal est «Qui a raison, qui a tort?». Cette compétition destructrice se manifeste à propos de tout et de rien, de comment éduquer les enfants et dépenser l'argent à comment bien placer la vaisselle dans le lave-vaisselle. Donner raison à l'autre est perçu comme une soumission à l'autre d'où la nécessité de contester les désirs et volontés de l'autre. Cette dynamique découle du besoin fusionnel de chacun des deux partenaires d'être validé par l'autre : « Si l'autre me donne raison, j'ai donc raison et je suis le meilleur, le plus intelligent, le plus aimable… ». Ces couples compétitifs sont aux prises avec leur désir paradoxal de faire correspondre l'autre à leur fantasme et la peur de perdre leur identité en donnant raison à l'autre. C'est une guerre sans fin où les deux partenaires sont perdants. Les membres des couples heureux, au-delà de leurs différends, ont décidé d'être heureux plutôt que de continuellement chercher à avoir raison.

Une variante de ce premier jeu est « C'est toi qui as commencé », donc c'est l'autre qui est fautif. Ce jeu survient généralement lorsque la discussion s'est envenimée suite à la recherche de qui a raison. C'est une tentative de culpabiliser l'autre et de se déresponsabiliser. Tout comme dans le 3ᵉ jeu préféré des couples malheureux « Si tu m'aimais vraiment, tu me comprendrais » ou « Si tu m'aimais vraiment, tu m'accepterais comme je suis », faisant là aussi porter sur l'autre la responsabilité de l'harmonie conjugale. On accuse l'autre de manquer d'amour, ce qui n'a absolument rien à voir ; on peut aimer quelqu'un sans être d'accord avec sa façon de penser ou d'agir. On peut aimer l'autre et ne pas accepter certains comportements. Les membres des couples heureux ont cessé de remettre l'amour et la bonne foi en question à propos de tout et de rien et ils ont appris à faire la différence entre la personne et son agir. Poser un geste impulsif ne fait pas de la personne un être impulsif. Dire une parole blessante ne fait pas de l'individu un personnage odieux. Les couples malheureux associent les comportements à la personne et en plus ils prennent tous les commentaires de façon personnelle : « Si tu n'aimes pas mon geste, si tu ne m'écoutes pas… c'est parce que je ne suis pas aimable. » Ils se sentent personnellement attaqués lorsqu'on leur fait un reproche à propos d'un comportement ou lorsqu'on leur exprime un désaccord.

7.2 Les cavaliers de l'Apocalypse

C'est John Gottman et Nan Silver[67] qui, à mon avis, ont le mieux décrit la dynamique des couples malheureux à long terme ou qui finissent par divorcer. Ils ont appelé cavaliers de l'Apocalypse les quatre comportements suivants caractéristiques des couples malheureux : la critique, le mépris, l'attitude défensive et la dérobade. La présence de ces cavaliers augure très mal l'évolution du couple car ses membres se nourrissent l'un l'autre dans une escalade sans fin qui transforme rapidement les deux amoureux passionnés du début en deux ennemis intimes. C'est la façon dont un couple se dispute et non la raison ou la fréquence des disputes qui permet, selon l'équipe de Gottman, de prédire leur évolution. La description suivante des quatre cavaliers est un résumé adapté de leurs découvertes.

La critique. Les disputes qui démarrent brutalement par des critiques personnelles, des sarcasmes, de l'ironie risquent fort de se terminer brutalement. Une critique exprimée brutalement ne peut que créer une tension immédiate entre les deux protagonistes. Encore faut-il faire une différence entre critique, laquelle s'adresse à la personne, et reproche, lequel vise plutôt le comportement. De reprocher à son partenaire d'être en retard est compréhensible et justifié, mais de lui dire qu'il ne respecte jamais sa parole parce qu'il arrive en retard ne peut que susciter une critique tout aussi acerbe : « Tu exagères encore ! », et constituer une invitation pour les trois autres cavaliers. De traiter sa femme de frigide au lieu de lui reprocher

---

[67] Gottman, John et Nan Silver, *Les couples heureux ont leurs secrets. Les sept lois de la réussite*, Éd. JC Lattès, , 2000, Chapitre 2 : Comment je prédis le divorce.

d'être passive fait là aussi toute une différence. Les couples heureux se font des reproches, rarement des critiques, même dites constructives, car aucune critique ne peut être constructive, comme aucune discrimination ne peut être positive. La critique est une attaque à l'intégrité de la personne, surtout si elle revient constamment.

Certains recherchent les défauts comme si c'était des trésors enfouis.

Francis O'Walsh

Le mépris. Le mépris accompagne fréquemment la critique. Le mépris peut être verbal : « Tu n'as qu'une cervelle d'oiseau » ou « Tu crois vraiment que tu en es capable », ceci dit sur un ton corrosif. Mais le mépris est aussi non verbal et souligne la critique : yeux levés au ciel, ricanement, moues dédaigneuses. Le mépris exprime le dégoût et cherche à humilier l'autre en le traitant d'irresponsable, en soulignant ses tares (même imaginaires), en adoptant une attitude moralisatrice : « Je sais *moi* ce qui est bien et ce qu'il faut faire ». Le mépris est généralement le résultat de ruminations négatives au sujet de reproches ou de disputes antérieures. Il démontre de l'exaspération, laquelle prépare souvent le terrain au chantage : « Si tu ne changes pas, tu n'auras qu'à t'en prendre à toi-même si notre couple va mal… ». Le mépris engendre le mépris. Les couples heureux tombent très rarement dans ce cercle vicieux, et si oui, ils s'en excusent.

L'attitude défensive. Face à une critique méprisante et agressante, il est très humain de se défendre. Mais la réaction défensive ne résout rien, elle ne fait qu'ajouter de l'huile sur le feu, elle alimente l'escalade. L'attitude défensive consiste à dire que c'est celui qui critique qui est dans le tort parce qu'il critique. « Pourquoi compliques-tu toujours tout ? ». Chacun cherche à marquer des points, à gagner. Malheureusement, c'est le couple qui est perdant, ainsi que les deux partenaires.

La dérobade. Ce cavalier de malheur arrive généralement chez les couples mariés depuis un certain temps et à la suite de longues périodes de disputes. Nous connaissons tous des couples où l'un des deux partenaires, généralement l'homme pour des raisons que nous avons vues au chapitre cinq, s'est emmuré dans le silence. Plutôt que de confronter sa femme, il fuit le combat et se retranche dans une attitude de «Cause toujours, mon lapin, ça entre par une oreille et ça sort par l'autre». Ce qui a évidemment l'heur d'exaspérer sa partenaire qui a l'impression de parler pour rien ou dans le vide, ce qui lui donne une raison supplémentaire de critiquer. Beaucoup de couples rendus à ce stade ne se regardent même plus dans les yeux lorsqu'ils sont ensemble ou se parlent.

Ces quatre cavaliers de l'Apocalypse sont en fait des mécanismes de défense tout à fait humains, mais qui n'ont pas place dans un couple qui, normalement, est constitué de deux personnes qui s'aiment et qui doivent s'entraider à se réaliser et s'épanouir. Il est très paradoxal d'en arriver à se défendre de la personne qu'on aime et qui est sensée nous aimer. Ces disputes surviennent, comme nous l'avons vu, dès que la lune de miel se termine et que débute la lutte pour le pouvoir. Ces disputes surviennent dans les couples tout simplement parce que hommes et femmes ont des sensibilités différentes et parce qu'en tant qu'individus nous avons aussi des personnalités, des priorités, des valeurs et des tempéraments différents.

> *Moins vous communiquez vos reproches, vos pensées négatives et vos critiques à votre partenaire, meilleure sera votre intimité et plus solide votre couple.*
>
> Laura Doyle

Chez les couples malheureux, ces différences alimentent des différends et ouvrent la porte aux quatre cavaliers qui finissent par prendre tellement de place que la seule sortie possible devient le désinvestissement émotif du couple. Devant la peur de la critique et du mépris, on apprend à marcher sur des œufs et à ne plus être soi-même, à ne plus être spontané. On s'écrase, on se résigne. Chacun s'évertue à présenter son point, personne n'écoute et personne n'en tient compte.

7.3 Hommes et femmes face aux conflits

Les hommes et les femmes ont des sensibilités différentes et des façons différentes de réagir aux conflits et ce depuis l'aube des temps. Afin de survivre, l'humanité a, pendant des millénaires, confiné les femmes aux soins des enfants et les hommes, à la chasse, seuls ou en bande. Pour bien s'occuper des enfants, les femmes doivent vivre dans une atmosphère relaxante. L'on sait aujourd'hui que les femmes angoissées produisent moins de lait et que leur stress se communique directement à leur fœtus et rapidement à leurs bébés. Les femmes ont donc appris à se calmer plus rapidement afin d'être plus disponibles pour leurs enfants et leur assurer une certaine sécurité et stabilité. C'est pourquoi les femmes sont plus labiles que les hommes, c'est-à-dire qu'elle possède une capacité de passer rapidement d'un état (de stress) à un autre état (de calme), d'une émotion (la tristesse) à une autre émotion (la joie). C'est pourquoi on dit de la femme qu'elle est changeante. Cette labilité émotionnelle est, pour elle, un atout évolutif.

Les hommes, au contraire, ont plutôt appris à être continuellement sur le qui-vive. Habitués à chasser, et particulièrement à l'âge des cavernes ou des savanes où la loi fondamentale était « manger ou être mangé », les hommes qui étaient davantage sur leurs gardes, sur la défensive, ont mieux survécu que les insouciants car ils produisaient davantage d'adrénaline et de testostérone. La vigilance est un atout pour un chasseur. Cette attitude défensive devient donc pour les hommes un atout évolutif. C'est ce qui explique que les hommes réagissent plus fortement et plus rapidement que les femmes (ce sont surtout eux qui montent le ton lors d'une discussion intense). Ils ont aussi plus de difficulté à se détendre par la suite. « C'est un fait biologique : les hommes sont plus facilement désemparés face aux conflits conjugaux que les femmes[68] » et s'en remettent plus difficilement.

Lors de conflits conjugaux, les hommes ont tendance à accuser leur partenaire de compliquer les choses alors que ce sont eux qui, au contraire, sont portés à dramatiser et à ressasser des idées noires. Pendant ce temps, les femmes entretiennent, grâce à l'ocytocine, des pensées apaisantes qui induisent des attitudes plus conciliantes. Il y a évidemment des exceptions à cette tendance atavique et sexuée, en particulier chez les hommes amorphes et les femmes hystériques.

Le problème n'est pas le problème. C'est la perception du problème qui est le véritable problème.
Anonyme

La dynamique classique est donc la suivante. C'est la femme qui, dans 85 % des cas, veut aborder un sujet conflictuel afin de le faire disparaître et raffermir ainsi son alliance avec son partenaire. L'homme, que le stress perturbe davantage et qui veut protéger la paix de son esprit, cherchera plutôt à éviter la discussion. (Rappelez-vous que le cerveau de l'homme est moins bien équipé pour la communication.) Si la femme insiste, il deviendra rapidement défensif et cherchera à minimiser le problème soulevé par sa partenaire et tentera même de la faire taire.

Cette dynamique se retrouve aussi chez les couples heureux. Les quatre cavaliers de l'Apocalypse sont toujours prêts à s'inviter, y compris chez les couples les plus fonctionnels. Mais ce n'est pas parce qu'un couple heureux se dispute parfois qu'il se laissera envahir par les cavaliers. Les couples heureux apprennent à se disputer sans s'agresser et sans se manquer de respect, tout en cherchant à se comprendre mutuellement, ce qui n'est pas, somme toute, chose facile lorsqu'on sait que la majorité des problèmes conjugaux, je le répète, sont insolubles.

---

[68] Gottman, John M., *Les couples heureux ont leurs secrets*, p. 51.

Les différences entre les hommes et les femmes sont minimes, mais toujours présentes. En général, on ne se dispute pas sur nos accords. Les mésententes proviennent de nos perceptions différentes. Or, les hommes et les femmes n'ont pas tout à fait la même hérédité, hérédité inscrite dans le chromosome X ou Y à travers l'histoire de l'humanité, soit de trois à six millions d'années d'après les historiens. L'homme toujours à la chasse, sur ses gardes, concentré sur sa survie physique et celle des siens, déployant son ingéniosité à traquer ses proies, en silence, se coupant de ses sensations pour résister au froid, à la chaleur et à l'inconfort, ravalant ses peurs d'être dévoré par les autres prédateurs, devant se repérer pour ne pas se perdre, stimulant avec les autres hommes son esprit de combativité, scrutant l'horizon, développant ainsi sa force physique et ses réflexes… Tout ça, ça conditionne un homme et ça s'inscrit dans sa nature.

La femme souvent enceinte, vivant dans la caverne avec les autres femmes et enfants, devant apprendre à cohabiter dans un espace restreint, anticipant tout danger potentiel, surveillant le feu, nourrissant ses enfants à même ses réserves corporelles, attendant les chasseurs pour refaire ses forces, paniquant au moindre bruit suspect, cueillant tout ce qui est comestible, goûtant à tout, se réconfortant l'une l'autre, attendant impatiemment le retour de l'homme, développant ainsi sa force émotive et ses sens… Tout ça, ça conditionne une femme et ça s'inscrit dans sa nature.

Nos conditions de vie ont certes grandement évolué depuis vingt mille ans, moment où nous sommes passés du nomadisme à la sédentarité, et surtout depuis cent ans, moment où nous sommes passés, du moins dans les pays développés, de sociétés agricoles et industrielles à des sociétés post-technologiques basées sur l'échange d'information. Mais, pour la plupart d'entre-nous, nous réagissons encore par des atavismes datant du paléolithique. On ne change pas si facilement l'hérédité humaine (son code génétique et son code ADN). Nos différences sexuelles prennent aussi leur source dans la sexualisation du cerveau, laquelle s'effectue avant même la naissance des petits humains. Le cerveau des garçons est imprégné de testostérone, celui des filles d'œstrogène. Cette sexualisation hormonale est confirmée à l'adolescence lors de la poussée pubertaire. Il serait exagéré de dire que tous nos comportements masculins ou féminins adultes sont prédéterminés, que la nature est le destin, mais on peut certes croire qu'ils sont canalisés dans une certaine direction, que nous venons au monde avec certaines tendances masculines ou féminines.

Il n'y a aucun doute, non plus, que ces différences puissent être conditionnées culturellement. Des expériences ont démontré que le bébé habillé de rose est «plus belle» et celui habillé en bleu, «plus costaud», indépendamment du sexe du bébé ainsi habillé. Certaines de ces influences sont locales, d'autres universelles. Par exemple, le maternage est universellement encouragé chez la fille, et l'agressivité, chez le garçon. Finalement, peu importent les avis, il est impossible de séparer les influences de la nature de celles de la culture. Les différences sexuelles sont probablement le résultat d'une influence combinée de nature et de culture. Pour être heureux en couple, nous devons en tenir compte[69].

7.4 L'art de bien se disputer

J'ai reçu à quelques reprises, au cours de ma carrière de thérapeute conjugal, des hommes, des femmes et des couples qui m'ont confirmé ne s'être jamais disputés, même après deux ou trois décennies de mariage. «Mais pourquoi venaient-il vous voir s'ils n'avaient pas de

---

[69] Pour en savoir davantage sur les mille et une petites différences entre les hommes et les femmes, lire mon livre *Moi aussi... Moi... plus,* publié aux éditions Option Santé en 2002.

conflits ?» me direz-vous ? Parce que, bien que vivant toujours ensemble et dormant dans le même lit, ils n'avaient plus fait l'amour depuis des années et qu'ils n'éprouvaient plus aucun désir l'un pour l'autre, tout en restant fidèles l'un à l'autre. D'un autre côté, je connais quelques personnes aux comportements hystériformes qui me disent que faire l'amour n'est jamais aussi bon qu'après une bonne dispute. «C'est tellement bon de se réconcilier après avoir eu peur de perdre l'autre.» J'appelle colombe le premier couple et faucon, le second. Deux extrêmes.

Les couples heureux sont à la fois l'un et l'autre, sans être ni l'un ni l'autre. Ils vivent de longues périodes d'accalmie, mais l'excitation est toujours présente car ils l'entretiennent à l'aide de la juste distance dont j'ai parlé au premier chapitre. De nombreuses recherches nous ont prouvé que les gens vivant très et trop longtemps ensemble n'éprouvaient pas ou plus d'attirance sexuelle. Tout désir, sexuel ou autre, doit être frustré pour être entretenu. Ils ont aussi des moments difficiles, mais ne se déchirent jamais. Ils savent quelles limites ne jamais dépasser. Ils n'ont donc pas, pour la plupart, besoin de se réconcilier ou de recommencer à zéro.

Je suis convaincu que vous avez déjà été surpris d'apprendre qu'un couple de votre entourage s'était séparé. «Ils avaient l'air de si bien s'entendre, jamais un mot plus haut que l'autre. Jamais je n'aurais crû que ça allait si mal.» Par contre, vous connaissez aussi probablement des couples qui discutent fort et qui s'embrassent. Un couple qui se dispute n'est pas forcément près du divorce. Tout dépend de la façon de se disputer. Voici quelques règles simples pour se disputer harmonieusement.

1. Commencez la discussion en douceur et prenez le temps de respirer tout au long de la discussion, particulièrement au moment où vous sentez que «la moutarde vous monte au nez».

2. Si vous percevez que l'autre «s'énerve» et monte le ton, proposez de reporter la discussion à plus tard, tout en disant que vous voulez en reparler au plus tôt.

3. Présentez la discussion comme une façon de mieux être ensemble. «J'aime tellement ça discuter avec toi, même quand nous ne sommes pas d'accord et que nous argumentons.»

4. Ne perdez jamais de vue le principe de la «balle au mur» : c'est la même balle qui revient et elle revient avec la même force à laquelle vous l'avez expédiée sur le mur. Si vous critiquez, vous risquez d'être critiqué. Si vous complimentez... À vous de choisir.

5. Communiquez vos besoins, désirs et attentes, non vos émotions, encore moins vos frustrations.

6. Faites appel aux connaissances ou compétences de l'autre : «Que sais-tu au sujet de... ?», «Que penses-tu de... ?»

7. Touchez votre partenaire au cours de la discussion, avec bienveillance et tendresse. Et regardez-le dans les yeux.

8. Évitez les sujets que vous savez sources de mésententes permanentes. Rappelez-vous que nombre de problèmes conjugaux sont sans solution et qu'il vaut mieux apprendre à vivre avec. Si vous devez absolument les aborder, faites-le en termes positifs.

9. Gardez la tête froide et le ton amical. Évitez les expressions à l'emporte-pièce : «J'en ai marre». Ne soyez pas sarcastique.

10. Ne dites jamais «Toujours» ou «Jamais».

11. N'abordez qu'un seul sujet à la fois, surtout si c'est un sujet délicat. N'en profitez surtout pas pour vider votre sac.

12. Baissez le ton, parlez sur le ton de la confidence, même si votre partenaire a tendance à monter le ton. On s'entend mieux à 35 décibels qu'à 90.

13. Ne cherchez pas à remettre les pendules à l'heure ou à crever l'abcès. Vous risquez tous deux d'être arrosés.

14. Si vous tenez absolument à crever l'abcès, donnez-vous le droit de vider chacun votre sac pendant dix minutes, pas plus. Terminez en disant : « Je t'aime quand même ».

15. Laissez votre partenaire s'exprimer jusqu'à la fin une fois que vous avez terminé de vous exprimer.

16. Posez des questions démontrant ainsi votre intérêt pour le vécu de votre partenaire.

17. Ne donnez votre avis que si votre partenaire vous le demande. Donner un conseil non sollicité est une façon perverse d'inférioriser l'autre. *Moi Je Sais, Toi Non*

18. À défaut d'être d'accord avec votre interlocuteur ou de comprendre, au moins exprimez de la compassion : « C'est vrai que cela doit être difficile à vivre ».

19. Gardez toujours en tête qu'il existe des différences fondamentales et naturelles dans la façon d'être et de réagir des hommes et des femmes. Ces différences peuvent, ou non, être accentuées par l'éducation et la culture.

20. Et surtout, prenez la responsabilité de vos dires, de vos pensées et de vos gestes. N'accusez jamais l'autre d'être le responsable de ce que vous ressentez. L'autre est responsable de lui-même et nullement de vos actions et de vos réactions à ses dires ou comportements.

Il serait toutefois utopique de croire, même en utilisant ces règles, qu'il n'y aura jamais de conflits intenses, y compris chez les couples heureux. Le couple ne peut pas ne pas créer des crises ; certains couples n'y survivent pas car chaque crise élargit le fossé qui sépare les partenaires et diminue l'engagement affectif réciproque. Les couples qui y survivent utilisent, en plus des règles ci-dessus, des stratégies encore plus efficaces et décrites ci-après.

7.5 Les vérités de base des couples heureux

Apprendre à se disputer en douceur et à dédramatiser les conflits et les crises permet certes de réduire la tension et le stress lors de « chicanes de ménage », mais c'est insuffisant pour entretenir ou raviver l'amour lorsque celui-ci bat de l'aile. Le premier et le plus important « secret » des couples heureux est que leur amour n'est pas basé sur la passion (une émotion puissante, envahissante et variable), mais bien sur une profonde, très **profonde amitié**, – c'est-à-dire un sentiment d'affection et de sympathie basé sur une connaissance intime réciproque, un respect mutuel, une confiance à toute épreuve et le plaisir de partager du temps et des activités avec l'autre. Les membres des couples heureux savent ce que l'autre aime et n'aime pas ; ils savent là où ils sont en accord et là où existent des désaccords. Ils ne veulent pas se disputer, car ils veulent préserver leur amitié. Les thérapies les plus efficaces sont celles qui permettent aux couples d'approfondir la relation amicale inhérente à leur relation amoureuse.

Les couples heureux possèdent ce que l'équipe de Gottman appelle un **compte d'épargne émotif** dont le bilan est toujours positif contrairement aux couples malheureux qui voudraient « tout effacer et recommencer à zéro », ce qui est impossible. Ce compte d'épargne émotif se construit par l'expression quotidienne de messages positifs et de paroles « Sésame, Ouvre-toi », soit tous les petits mots d'amour que l'on peut se dire lors de la période « lune de miel » et que les couples heureux continuent de se dire pendant des décennies. Chaque petite attention, plutôt qu'un geste d'éclat, chaque « Je t'aime », « Mon amour » ou encore « Mon petit poussin » ou « Mon petit canard » nourrit le compte d'épargne affectif. À chaque fois que l'un demande à l'autre ce qu'il voudrait manger pour le dîner, à chaque fois que l'un apporte un verre de jus d'orange à l'autre alors qu'il est encore au lit, à chaque fois que l'un va, bras grand ouverts, vers l'autre à son arrivée, à chaque fois que l'un est gentil avec les membres de sa belle-famille, tout cela fait s'accumuler des crédits dans le compte d'épargne émotif conjugal. De telle sorte qu'une dispute occasionnelle ne fait que gruger les intérêts de ce compte sans jamais le vider.

C'est aussi parce qu'ils ont accumulé beaucoup de sentiments positifs que chacun passera sous silence ce qui serait perçu par les couples malheureux comme une critique, une réaction défensive ou une attaque personnelle. L'irritation du partenaire ou son énervement, des paroles prononcées sur un ton plus élevé, un geste brusque ou même des paroles désobligeantes (style «Laisse-moi tranquille, tu ne vois pas que je suis occupé!») n'éveilleront pas l'un des cavaliers de l'Apocalypse décrits ci-dessus parce qu'au total le bilan amoureux reste positif. L'amitié profonde et le compte d'épargne émotif agissent de façon préventive. Les couples heureux sont riches d'amitié. Les membres des couples heureux se comportent l'un envers l'autre comme si l'autre était un invité tout à fait spécial dans leur vie. Et que fait-on avec un ami? On en prend soin. Les couples heureux sont constitués de deux amis qui prennent soin l'un de l'autre et qui font l'amour ensemble.

Une troisième vérité fondamentale que l'on observe chez les couples heureux est qu'ils font échec à la schismogenèse complémentaire lors de disputes. Les couples heureux font contrepoids à l'escalade que l'on retrouve chez les couples malheureux en utilisant des techniques de **désamorçage.** Au lieu de mettre de l'huile sur le feu, ils l'éteignent en s'excusant, en faisant des blagues ou en donnant raison à l'autre. Si je reprends l'exemple du retard du chapitre cinq sur la schismogenèse complémentaire, au lieu que l'un accuse l'autre d'être encore en retard, il aurait pu dire à l'arrivée de l'autre: «Mon amour, j'avais tellement hâte que tu arrives!», tout en lui faisant un câlin du tonnerre. Au lieu de chercher à se justifier, l'autre aurait pu réagir à la colère du premier en disant: «Si je comprends bien, mon amour, tu t'ennuyais vraiment de moi? Je m'excuse pour mon retard; moi aussi, j'avais hâte d'arriver» et de lui faire un câlin.

Évidemment, si votre partenaire fait échec à vos tentatives de désamorçage, cela signifie probablement que son compte d'épargne émotif est au passif. Si, au moment où vous levez le drapeau blanc, votre partenaire vous tire dessus à bout portant, vous êtes sur le bord du précipice. Je peux facilement prédire le succès ou l'insuccès d'une thérapie conjugale à une simple question que je pose généralement au moment où, devant moi, le couple amorce une dispute. Je demande à l'un ou à l'autre : «Qu'est-ce qui vous a attiré chez votre partenaire et qui a fait que vous avez voulu en faire l'homme (ou la femme) de votre vie ?» J'obtiens deux types de réponse. Je vois la personne à qui j'ai posé la question se détendre, son visage s'épanouir, parfois esquisser un sourire et dire, après un court moment de réflexion : «Je l'ai aimé parce que…». Cette réaction présage une suite heureuse. Le deuxième type de réaction fuse dès ma question terminée : «Justement, je me demande ce qui a bien pu m'attirer chez lui (ou elle)», «Je me demande pourquoi je n'ai pas choisi l'autre» ou encore «Dix minutes avant de partir pour la mairie, j'avais le goût de dire non». Je réfère habituellement en médiation les couples aux prises avec le deuxième type de réactions, ne pouvant aider des personnes qui cherchent continuellement la bête noire chez l'autre.

Qu'il y ait des «guerres» à l'intérieur des couples, rien de plus normal ; ce qui importe, c'est de réussir à faire la paix. Et comme nous savons maintenant, grâce aux recherches de l'équipe de Gottman déjà citées, que la plupart des conflits conjugaux sont insolubles, il devient absurde de chercher des solutions, un consensus ou des compromis à des problèmes insolubles. C'est ce que les couples heureux ont rapidement compris et c'est pourquoi ils se sont mis d'accord pour vivre avec des désaccords… à vie. C'est pourquoi il est impossible d'aider les couples qui ne veulent pas se débarrasser des cavaliers de l'Apocalypse et qui persévèrent dans leur schismogenèse complémentaire, y compris devant leur thérapeute. Aucun thérapeute ne peut faire pour ses clients ce qu'eux-mêmes ne veulent pas faire pour eux.

7.6 Pour éviter les blocages

Que faire pour éviter que les crises et les conflits inévitables de la vie à deux ne deviennent des blocages permanents ? Comment apprendre à vivre avec des désaccords à vie et empêcher ceux-ci de détruire ce qui va bien dans un couple ? Tout simplement en distinguant les problèmes solubles des problèmes insolubles et en mettant l'accent sur le projet de vie du couple. Les problèmes tournent généralement autour des six thèmes suivants, dont j'ai déjà parlé. Les suggestions qui suivent ont été expérimentées au « Love Lab » de John Gottman[70], professeur à l'Université de Washington. Ces stratégies se sont avérées très efficaces pour éviter que les conflits ne deviennent des blocages quotidiens.

Établir une entente matérielle et financière. Sujet généralement évité durant la phase de séduction, l'argent devient rapidement l'une des sources de conflit conjugal les plus intenses. Pourquoi ? Parce que l'argent représente notre sentiment fondamental de sécurité. Certains auteurs disent même que nous gérons nos émotions et notre vie comme nous gérons notre argent. Ce n'est pas peu dire. Les conflits seront d'autant plus intenses et fréquents qu'existera une grande distance entre le sentiment de sécurité de l'un et l'insécurité de l'autre. L'un voudra profiter immédiatement de son argent, alors que l'autre voudra assurer son avenir en faisant des économies. Comment éviter que cela dégénère ? En faisant un budget. Pour certains, faire un budget signifie mettre tout en commun ; pour d'autres, c'est chacun pour soi. Ces deux attitudes sont généralement sources de conflits à chaque dépense imprévue ou à chaque dépense impulsive de l'un des deux conjoints. Tous les conseillers financiers matrimoniaux vous suggèreront plutôt la stratégie suivante : un compte bancaire commun, dont la gestion est confiée à l'un ou l'autre mais nécessitant les deux signatures, et deux comptes personnels et confidentiels.

---

[70] Pour une description plus détaillée : Gottman, John M. et Nan Silver, *Les couples heureux ont leurs secrets*, JC Lattès, 2000.

Pour simplifier les calculs, imaginons un couple avec un revenu total de 100 000 dollars ou euros. L'un des conjoints a un salaire de 60 000 alors que l'autre gagne 40 000. Après évaluation, le couple arrive à la conclusion que le budget conjugal ou familial nécessite un investissement de 50 000 dollars ou euros. Les dépenses intégrées dans le budget commun restent à la discrétion de chaque couple, mais peuvent aller de l'hypothèque pour la maison aux dépenses pour les enfants en passant par le voyage conjugal ou familial annuel. Peu importe, l'important est de s'entendre sur ce que le budget commun couvrira. Les dépenses et le montant peuvent être réévalués annuellement. Une fois ce budget établi, l'idéal est de le combler au prorata des revenus de chacun, soit dans ce cas-ci 60 % par l'un (soit 30 000) et 40 % par l'autre (soit 20 000). La gestion du budget est alors confiée à celui des partenaires qui le veut bien ou qui a des connaissances particulières en gestion financière ou à celui dont le sentiment d'insécurité est le plus élevé, vous assurant ainsi une meilleure probabilité de surplus en fin d'année. Vous pouvez aussi alterner le trésorier à chaque année. Ce que chacun fait avec l'argent qui lui reste (le dépenser, faire des économies ou offrir des cadeaux à son partenaire) ne regarde pas l'autre conjoint. Un seul conjoint est donc responsable du budget commun et fait un rapport de la situation pécuniaire du couple aux trimestres ou aux semestres. Ainsi, le couple évite les discussions émotionnellement chargées au sujet de l'argent, sauf au maximun quatre fois par année et non à toutes les semaines. Le tout est illustré à la Figure 16.

La première de toutes les richesses, c'est la vie.

John Ruskin

En plus du budget, le couple partage également le même territoire, appartement ou maison. Ce territoire est commun à tous les habitants du territoire, adultes comme enfants. La majorité des psychologues conjugaux vous encouragera à établir une politique d'ensemble pour l'utilisation des pièces communes (cuisine, salon, salles de bains,

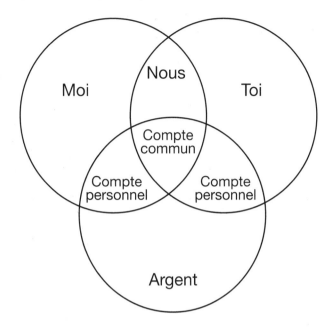

Figure 16. La gestion financière

WC, couloirs), mais vous conseillera aussi d'avoir des espaces individuels réservés au seul usage de son propriétaire. Pour les enfants,
c'est leur chambre à coucher ; pour l'homme et la femme, si possible,
un bureau ou un atelier dépendant des activités de chacun. Évidemment, il faut avoir suffisamment d'espace. Les appartements réduits
des grandes villes comme Paris ou Montréal peuvent difficilement
s'y prêter. Ce qu'il faut savoir ici et essayer de mettre en pratique,
c'est que plus l'espace est petit et le nombre de personnes élevé, plus
les risques de tension sont grands. L'être humain, comme tout animal,
possède un « instinct » territorial : chacun a besoin d'un espace vital
personnel où se retrouver et s'apaiser.

S'entendre sur les principes éducatifs. La mère n'entre pas en
contact avec ses enfants de la même façon que le père et heureusement. L'enfant reçoit ainsi une double stimulation et apprend à vivre
dans le monde des hommes et dans le monde des femmes, au-delà

du monde des adultes. L'enfant spontané sent rapidement ces différences et sait vers qui, de papa ou de maman, aller selon son besoin (être consolé ou jouer, par exemple). Les parents doivent toutefois s'entendre sur des principes éducatifs communs afin d'éviter que l'enfant soit aux prises avec des façons de faire trop différentes ou même contradictoires. En général, l'un des parents est plus permissif que l'autre qui est plus disciplinaire. Les parents doivent se rappeler que l'enfant a autant besoin de permission que de discipline s'ils veulent qu'il s'adapte à la réalité sociale adulte. L'enfant doit apprendre qu'il est au centre de son univers, c'est pourquoi il a besoin que l'on fasse attention à lui et à ses besoins et sentiments, mais il doit aussi apprendre qu'il n'est pas le centre de l'univers et qu'il doit donc faire attention aux besoins et sentiments des autres. Pour paraphraser Jacques Salomé, papa et maman donnent de l'attention à l'enfant alors que le père et la mère demandent à l'enfant de faire attention à autrui.

On peut appliquer à l'éducation des enfants la même stratégie que celle que j'ai proposée pour la gestion du budget tel qu'on peut le constater à la Figure 17.

Le couple établit les règles familiales que tous doivent respecter, comme la question d'hygiène, le comportement alimentaire, les heures de coucher, l'utilisation des espaces communs, les travaux scolaires, la gestion de l'agressivité, le langage, le partage de la prise en charge des enfants, etc. Puis, chacun des deux partenaires laisse à l'autre la possibilité d'entrer en relation avec « son » enfant à sa guise, mais prend sur lui la responsabilité de sa façon de faire. Par exemple, si papa décide de jouer avec les enfants à 19h30 sachant très bien qu'ils doivent se coucher à 20h, il sera responsable de faire baisser le niveau d'excitation de ceux-ci pour le coucher. Pas question de refiler à sa partenaire cette responsabilité. Les parents doivent toutefois être très vigilants, car les enfants perçoivent facilement les

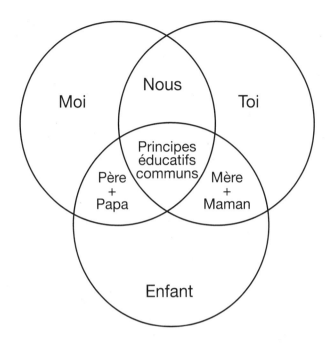

Figure 17. Le couple et la famille

mésententes des parents ou la plus grande permissivité de l'un par rapport à l'autre et savent comment « manipuler » leurs parents et exploiter leurs différences. Ils savent obtenir un oui de l'un après avoir reçu un non de l'autre. C'est pourquoi les parents doivent s'entendre, respecter les principes éducatifs qu'ils ont établis et trouver des façons de savoir si l'autre a dit oui ou non. Les enfants-rois savent très bien comment diviser pour régner[71] et deviennent alors des adolescents très difficiles s'ils n'ont pas reçu l'encadrement nécessaire et si les parents n'ont pas été solidaires dès le départ. C'est alors le couple qui risque d'en souffrir et d'éclater.

La question n'est pas de savoir quelle planète nous allons laisser à nos enfants, mais bien quels enfants nous allons laisser à la planète.

Anonyme

---

[71] Lire à ce sujet *Par le bout du nez* du psychologue Gilbert Richer, publié en 2005 aux éditions Option Santé pour le Québec, la Suisse et la Belgique et aux éditions ViaMédias pour la France..

Se protéger des belles-familles. Lorsque l'on forme un couple, il serait illusoire de croire que l'on s'associe à une seule personne. Non, c'est tout un monde que l'on « épouse ». Lorsque l'on fait l'amour avec une personne, il y a au moins six personnes dans le lit : les deux amants et les deux parents de chaque amant. Chaque personne est le résultat d'une éducation familiale et les parents en général aiment bien savoir avec qui s'engage sa progéniture. Ce qui est tout à fait normal si certaines limites sont respectées. La liberté de chaque cellule familiale se termine là où commence la liberté de l'autre cellule familiale. Nous sortons d'une famille pour créer une nouvelle famille et cette nouvelle famille a le droit d'exister en dehors de toute influence indue de la première famille. Il y a des situations, par contre, où des liens subsistent avec l'une ou l'autre des belles-familles : demeurer dans la même maison ou dans une maison appartenant à l'une des belles-familles ; prendre en charge un parent dans sa propre maison ; demeurer très près de l'une ou des deux familles (comme cela se passe dans de nombreux villages). Il y a aussi parfois des belles-familles plus agréables que d'autres qui font que l'on peut négliger l'une par rapport à l'autre. Il arrive souvent, également, que la ou les belles-familles deviennent le premier ennemi du couple.

La situation classique est celle de la belle-mère. Eh, oui, encore elle ! Le thème des « belles-mères envahissantes » est un thème galvaudé dans les vaudevilles et les séries télévisées. La belle-mère veut montrer à sa bru comment s'occuper de « son petit garçon à elle ». Elle lui dit ce qu'il aime, ce qu'il n'aime pas, ce qu'il mange ou ne mange pas.... Ce que la bru considère à raison comme un envahissement de son territoire. Ce qui est en jeu ici, c'est l'amour du mari fils. Quant à lui, il se trouve aux prises avec les deux femmes les plus importantes de sa vie et son plus cher désir est qu'elles s'entendent. Ce qui est loin de toujours être possible. Il dira donc à sa femme de faire attention à sa mère et la même chose à sa mère, essayant de ménager le chou et la chèvre. Les deux se sentiront critiquées et non comprises. Cette stratégie est inefficace et l'homme se retrouve coincé entre l'arbre et l'écorce : impossible de jouer au médiateur ou au thérapeute. Une seule stratégie est possible : prendre parti pour sa femme contre sa mère et couper définitivement le cordon ombilical. Pourquoi ? Parce que sa mère sera toujours sa mère, ce qui n'est pas le cas de sa femme si celle-ci ne sent pas que son partenaire lui est solidaire. Le mari doit défendre bec et ongles le « nous » qu'il est en train de construire avec sa partenaire. Le fils doit donc donner la première place à sa partenaire et demander à sa mère de respecter les règlements conjugaux ou familiaux établis conjointement lorsque celle-ci vient à la maison, de préférence sur invitation, et de suivre les directives de sa femme. « Je ne te demande pas, maman, d'aimer ma femme, mais de la respecter parce que c'est la femme que j'ai choisie et que j'aime et c'est avec elle maintenant que je construis ma vie. » Il est fort possible que sa mère soit frustrée et se sente rejetée, mais généralement cela ne dure qu'un temps. Elle se calmera si elle veut avoir accès à ses petits-enfants, selon les règles éducatives établis par le couple et non par la belle-mère ou le beau-père.

Le conflit belle-mère bru est le plus fréquent, mais il existe aussi des conflits beau-père gendre ou des conflits avec les beaux-frères et les belles-sœurs. Dans tous les cas de figure, la stratégie doit toujours être la même, car les membres du couple qui ne développent pas un sentiment de solidarité contre les « ennemis » naturels du couple hypothèquent sérieusement leur avenir conjugal et augmentent leurs sources de frictions. Les amis d'enfance de l'un et de l'autre font aussi partie de ces ennemis potentiels.

Faire du territoire commun un havre de paix. La vie est une perpétuelle source de stress et chacun d'entre nous devons apprendre à gérer nos sources de stress et trouver des moyens pour nous détendre. Travailler est aussi une source de stress et souvent le stress professionnel envahit la sphère privée du couple, surtout si les deux partenaires travaillent, s'ils apportent du travail à la maison ou font des heures supplémentaires ou, pire encore, si le lieu de travail est à la maison, comme cela arrive de plus en plus souvent dans nos sociétés hautement informatisées. Si, en plus, le travail effectué n'est pas valorisant ou si l'atmosphère de travail est pressurisée, il n'est pas surprenant qu'éclatent des disputes lorsque les partenaires arrivent à la maison où, là aussi, les attendent différentes tâches ménagères et des enfants turbulents. Lorsque les hommes travaillaient à l'extérieur et les femmes s'occupaient de l'entretien de la maison et de l'éducation des enfants, on disait de la maison et du couple qu'ils constituaient le « repos du guerrier ». Mais maintenant, il y a de plus en plus de « guerrières » qui reviennent du travail et qui voudraient, à juste titre, y trouver elles aussi un havre de paix.

Auparavant, tous se reposaient le « jour du Seigneur » ; aujourd'hui, certains centres commerciaux sont ouverts le dimanche et les horaires de travail sont chambardés. J'ai reçu des couples où l'un partait travailler lorsque l'autre rentrait du travail, ne leur laissant souvent que la nuit pour être ensemble. Pour éviter que le stress professionnel n'éteigne le plaisir des amants de se retrouver à la maison, il est nécessaire que ceux-ci prévoient des périodes de détentes et même de défoulement. Dire à un partenaire attentif et supportant tout le stress et les frustrations vécus au bureau permet de faire une coupure et d'« arriver » à être ici et maintenant. Prendre un bon bain chaud, s'étendre vingt minutes sur le lit ou faire une méditation dans son espace privé ou encore faire des exercices d'étirement et de mise en forme sont aussi d'excellents moyens de s'échapper du stress de la journée (ou de la nuit) de travail pour être davantage disponible à son partenaire et sa famille. Et pourquoi ne pas joindre l'utile à l'agréable en prenant le temps de s'offrir un apéro avant de commencer à préparer le repas. On a remarqué que les couples heureux prenaient le temps d'une discussion déstressante leur permettant de faire la transition entre leur journée de travail et les tâches de la maison. Certains préfèrent le silence, d'autres mettent de la musique tout en préparant le repas, quelques-uns dansent même en passant l'aspirateur. Le tout est de préserver le territoire commun de tous les stress extérieurs et de faire du territoire commun un lieu de détente conjugal et familial.

Se donner des rendez-vous galants. La sexualité constitue à mon avis un baromètre conjugal : lorsque tout va bien, la sexualité se porte généralement bien aussi. Vice-versa, une vie sexuelle active augmente le taux de satisfaction conjugale. Malheureusement, la sexualité devient trop souvent un véritable champ de bataille où chacun cherche à imposer son rythme et son style à l'autre. Madame veut plus de tendresse, monsieur plus de sexe. Il veut savoir ce qu'elle aimerait, elle critique plutôt ce qu'il fait. Il veut faire l'amour le soir, elle le matin. Trop souvent, les deux ont reçu une éducation pudique et ni l'un ni l'autre n'osent aborder ouvertement et franche-ment le thème de la sexualité. Il est parfois dramatique d'entendre, même en sexothérapie, les détours faits par des clients pour parler de sexualité. Hommes et femmes ont souvent peine à dire directement ce qu'ils veulent, comme si les mots pouvaient faire mal, ou utilisent alors des expressions « vulgaires », ne donnant pas le goût de satis-faire la demande. La sexualité est pourtant un domaine où devrait justement se vivre une profonde intimité. Mais c'est aussi un domaine très chargé affectivement et plutôt difficile à aborder ouvertement.

Pourtant, la meilleure façon d'obtenir ce que je désire, c'est de le demander. Notre partenaire peut certes refuser, mais il est certain qu'il ne pourra accéder à une demande qui ne lui est pas faite. Ce n'est pas parce qu'il est amoureux qu'il deviendra devin pour autant. Oser exprimer ses préférences en matière de sexualité est le plus sûr moyen de les voir se réaliser. Critiquer la façon de faire de mon partenaire est le plus sûr moyen de ne jamais obtenir ce que je désire. Dire «Tu ne me caresses jamais» ne donnera pas le même résultat que de dire « J'aime tant lorsque tu me caresses les seins de cette façon et longtemps ». Une vie sexuelle épanouie, comme beaucoup d'autres choses, se construit plus rapidement lorsque l'on met l'accent sur ce qui va bien et lorsque l'on valorise ce que l'on aime chez l'autre : « J'adore quand tu me caresses le pénis juste avec le bout de tes ongles. Si tu savais les sensations que *tu* me donnes. » L'homme qui se plaint de la faible fréquence de ses rapports sexuels augmente la probabilité que la fréquence diminue. Mais observer ce qui excite sa partenaire, entendre ses demandes et en tenir compte aura l'effet inverse. Les couples heureux et confiants l'un dans l'autre ont généralement une vie sexuelle épanouie et positive tel que nous le démontre le docteur Solano dans le chapitre neuf.

Je suggère souvent aux couples qui consultent pour mésententes ou difficultés sexuelles de se donner des rendez-vous galants à la fois pour se retrouver en tant qu'amoureux et qu'amants pour prendre le temps de relaxer et s'aimer. C'est fou ce qu'un week-end dans une auberge peut faire pour l'harmonie et le bonheur d'un couple. À mettre en pratique aussi souvent que le budget le permet. Ces week-ends amoureux coûtent finalement moins cher que les frais d'un thérapeute ou d'un avocat.

Travailler en équipe. Former un couple, c'est comme fonder une entreprise avec deux associés possédant le même nombre d'actions. Et comme dans toute entreprise bicéphale, il doit y avoir un partage équitable des profits et avantages, mais aussi des pertes et des responsabilités. L'investissement et le partage des tâches doivent être équitables. Ainsi en va-t-il des tâches dites ménagères. Le conflit classique à ce sujet est que la femme sous-estime[72] ce que l'homme investit

---

[72] Il s'agit pour s'en convaincre de lire les études féministes faites sur le partage des tâches ménagères qui concluent à un investissement quotidien en faveur des femmes de trois à cinq heures alors que les études non idéologiques arrivent à une différence d'une heure seulement en faveur des femmes. De plus, ces études non partisanes englobent toutes les tâches que la formation d'un couple implique et non seulement les tâches traditionnellement décrites comme ménagères, i.e. dévolues aux femmes. La réalité est néanmoins que les femmes en font plus. L'homme investit généralement la différence dans sa profession.

en temps et énergie alors que l'homme surestime ce que lui investit. Et quand l'homme prend l'initiative de certains travaux ménagers, ils ne sont généralement pas faits à la satisfaction de sa partenaire qui critiquera sa manière de faire, ce qui le découragera d'en prendre d'autres. À quelques exceptions près, la majorité des «reines du foyer» tient à avoir un royaume bien entretenu alors que les hommes en général (mais il y a là aussi des exceptions) tolèrent plus facilement un certain «désordre», surtout ceux dont la maman faisait tout sans que papa lève le petit doigt sous prétexte que ce sont là des «jobs de femmes». Or, aucune tâche ménagère n'est sexuée, comme le découvre l'homme divorcé qui doit maintenant tout faire, alors qu'avant son divorce, il avait une coéquipière qui en faisait la moitié et un peu plus. Avoir partagé ces tâches lui aurait peut-être épargné un divorce.

Pour surmonter cette situation souvent insoluble, trois stratégies. Tout d'abord, éviter de calculer ce que l'un fait et l'autre ne fait pas. La formule donnant-donnant, nous le savons, ne fonctionne pas et est plutôt une caractéristique des couples malheureux. Deuxièmement, mesdames, suivez le conseil de la publicitaire Laura Doyle[73] et valorisez toute initiative ménagère prise par votre partenaire, même si vous croyez qu'il n'a fait que son devoir et qu'il n'a pas à être remercié pour avoir pris ses responsabilités. C'est la meilleure garantie que vous ayez qu'il prenne de plus en plus d'initiatives et qu'il remplisse les tâches de mieux en mieux, surtout si vous lui laisser la possibilité de le faire quand il le veut et de la façon dont il le veut. L'homme est un être humain qui a besoin, plus que vous, d'être valorisé pour ce qu'il fait. Troisièmement, messieurs, si vous saviez la valeur érotique que vous obtenez lorsque vous accomplissez des travaux ménagers, c'est vous qui en feriez une heure de plus par jour. Il est surprenant de constater à quel point la libido féminine

---

[73] Doyle, Laura, *The Surrendered Wife. A Practical Guide to Finding Intimacy, Passion and Peace With a Man*, Fireside Ed., Simon and Schuster inc., 1999.

s'accroît lorsque dans un couple existe un réel partage équitable des tâches à accomplir. Votre partenaire a alors l'impression que vous faites attention à elle, et de l'attention et de la dévotion, elle en a plus besoin que vous. En fait, son besoin d'attention correspond à votre besoin de valorisation. Lui donner ce qu'elle veut augmente vos probabilités d'obtenir ce que vous voulez.

Il existe une différence fondamentale entre les sexualités féminine et masculine. Les hommes utilisent souvent la sexualité non seulement pour démontrer leur désir et leur amour, mais aussi comme technique de détente et même comme somnifère. Faire l'amour leur permet de faire le vide mental et de se décharger de leur stress professionnel, par exemple. Par contre, pour être réceptive sexuellement, les femmes ont en général besoin d'être détendues et vides de toute récrimination ou préoccupation mentale. Arriver plus tôt à la maison, Messieurs, pour faire le ménage, préparer le repas et vous occuper des enfants est une excellente stratégie pour accumuler des points érotiques.

On peut utiliser la même stratégie pour le partage des tâches ménagères quotidiennes (voir la Figure 18).

Dans un premier temps, chacun prend sur lui la responsabilité de tâches ménagères intérieures ou extérieures qui lui plaisent ou, du moins, qui lui déplaisent moins qu'à son partenaire (les réparations automobiles ou l'entretien paysager, par exemple). Autre exemple, chez moi, ma partenaire fait la lessive et je m'occupe du repassage que je fais tout en écoutant la télévision. Les tâches peuvent aussi être départagées selon la force musculaire (déplacer les meubles) ou les expertises personnelles (la comptabilité). Quant aux tâches communes, deux possibilités : les faire ensemble tout en dialoguant (préparer les repas) ou les faire à tour de rôle, l'homme en prenant la responsabilité les jours pairs et la femme, les jours impairs (conduire les enfants à l'école). Chose certaine, les couples heureux ont renoncé à ce que le partage des tâches soit équitable : ils font ce qu'il y a à faire, sans calculer. Ils confient aussi certaines tâches à leurs enfants dès qu'ils sont en âge de prendre des responsabilités, les préparant ainsi à assumer leur part quand ils seront en couple.

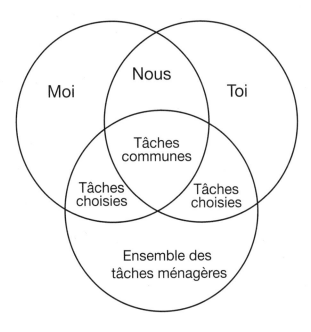

Figure 18. Répartition des tâches ménagères

8

Le couple,
un projet de vie

Lors du complexe d'Œdipe, entre 4 et 6 ans, le petit garçon rêve déjà d'épouser sa mère, la petite fille d'épouser son père. L'idée du couple germe très tôt dans l'esprit de l'être humain. Après une certaine période de latence entre 6 et 10 ou 12 ans, survient la poussée hormonale qui éveillera définitivement les adolescents à l'existence de l'autre sexe (ou du même sexe si orientation homosexuelle). Trouver un partenaire amoureux et sexuel devient alors l'une des principales activités de l'adolescence, en plus de la recherche de l'identité personnelle, identité nécessaire à l'atteinte de l'intimité. Le couple est déjà un projet de vie bien avant l'âge de pouvoir l'activer. Mais pourquoi former un couple? Quels sont les objectifs du couple? Quels besoins le couple satisfait-il?

8.1 Une projet biologique

«Le sexe est-il au service de l'amour ou l'amour au service du sexe?» Telle est l'une des questions philosophiques que je proposais à mes étudiants, âgés de 18 à 20 ans, lors du cours de «Psychologie du comportement sexuel» que j'ai longtemps animé au Collège d'enseignement général et professionnel de Sainte-Foy. Je leur demandais aussi pourquoi le sexe existe-t-il. Et l'amour? Et le couple? Mon objectif était de leur démontrer que, quelque part et finalement, nous n'étions que «des moyens de transport pour assurer la survie de nos gènes[75] ». Eh oui, que nous le voulions ou non, le but premier de la sexualité est la survie de l'espèce. Aucune reproduction possible sans sexualité, peu importe la forme[76] qu'elle puisse prendre chez les différentes espèces vivantes.

Quant à la passion et à l'amour, ce sont une émotion et un sentiment créés par la nature pour amener deux personnes de sexes complémentaires à s'unir pour se reproduire et, idéalement, susciter un attachement suffisamment fort pour unir le couple assez longtemps afin d'assurer les meilleures conditions d'élevage des petits humains qui, de toutes les espèces vivantes, sont ceux qui nécessitent la période d'éducation la plus longue. C'est peut-être la raison pour laquelle le compositeur Jean-Pierre Ferland chante « Quand on aime, on a toujours 20 ans »[77]. La passion est affaire de sexe alors que l'amour est affaire de sentiment et de raison. La passion attire l'homme vers la femme dans un mouvement pulsionnel et fusionnel et l'amour crée l'attachement qui stabilise le couple, une fois la passion atténuée, afin d'assurer un milieu éducatif stable.

Dieu dit :

« Il n'est pas bon que l'homme vive seul. C'est pourquoi il créa la femme. (Ou vice-versa)

Et leur dit : « Allez et multipliez-vous ».

Et le couple, lui ? Il est là pour certifier aux pères qu'ils sont bien les géniteurs de leurs enfants et qu'ils travaillent pour leur descendance et non pas celle d'autres hommes. En tant que tel, le couple monogame est une invention très récente dans l'histoire de l'humanité. Au paléolithique, les humains vivaient en tribus et les enfants appartenaient à l'ensemble de la tribu. Le couple ne durait, comme

---

[75]   Cette thèse de l'être humain comme moyen de transport pour les gènes a été développée par certains généticiens dont le Pr. Bryan Sykes dans son livre *La malédiction d'Adam, un futur sans hommes,* publié chez Albin Michel en 2004.

[76]   Certaines espèces se reproduisent par parthénogenèse, d'autres de façon bisexuelle. Certains animaux sont hermaphrodites et se reproduisent eux-mêmes. D'autres possèdent trois, quatre ou même cinq identités sexuelles différentes, comme chez les abeilles et les fourmis par exemple. La sexualité est multiforme et loin d'être limitée à la bisexualité mâle et femelle.

[77]   Extrait d'une chanson de Jean-Pierre Ferland intitulée *Sing Sing.*

pour la majorité des espèces animales, que le temps de l'accouplement, lequel s'effectuait, selon Helen Fisher[78], au détour des buissons et très souvent au vu et au su de tous.

Les premières traces de mariage remontent à l'Empire romain. Le couple devenait un état de fait après une cohabitation d'un an et était généralement le fruit d'un « rapt de l'élue ». Par la suite, les Romains instituèrent trois types de mariages : 1. Le père transmet son autorité à un autre homme qui devient le tuteur de sa femme ; 2. Le mariage est le résultat d'une transaction commerciale entre un père et son gendre ; et 3. Le mariage aristocratique dans lequel l'épouse avait son mot à dire et conservait ses biens et ses droits. Seuls les Romains avaient alors le droit d'épousailles, l'Église ayant peu de pouvoirs, du moins jusqu'au Moyen-Âge. Le mariage ne devint un sacrement qu'au XIIe siècle et se faisait alors par consentement mutuel des époux. C'est à cette époque que se développa l'amour courtois et chevaleresque. Le mariage ecclésiastique tel que nous le connaissons dans nos sociétés occidentales n'existe que depuis 1564. Quant au mariage civil, il date de la Révolution française et fut lentement étendu à l'ensemble des sociétés occidentales. Longtemps soumis à des règles très précises, le divorce ne s'est démocratisé que très récemment et, dans la plupart des cas, est maintenant initié par les femmes. Dans certains pays, au contraire, seul l'homme peut répudier sa partenaire. On divorce aujourd'hui beaucoup plus pour des raisons subjectives et émotives qu'auparavant alors que le divorce n'était autorisé que dans les cas de refus de pourvoir, cruauté mentale et physique, infidélité ou non consommation sexuelle.

8.2 Un projet psychosociologique

La formation des couples est beaucoup plus fortement influencée par des raisons d'ordre biologique que nous osons l'admettre. Mais

---

[78] Fisher, Helen, *L'histoire naturelle de l'amour. Instinct sexuel et comportement amoureux à travers les âges,* Robert Laffont. 1994.

il serait très réducteur de limiter la formation des couples à la simple reproduction de l'espèce. Ce serait aussi faire abstraction de la spécificité humaine. Si la reproduction est vitale au plan de l'espèce, elle ne l'est pas du tout au plan individuel. C'est pourquoi le couple, creuset de la sexualité et de l'amour, remplit des fonctions autres que biologiques. Ces fonctions sont multiples et multiformes. Le rêve entretenu par un jeune homme et une jeune fille qui deviennent amoureux englobe beaucoup plus que la famille, même si celle-ci reste un élément important et fondamental. Avec le prolongement de leur espérance de vie, les hommes et les femmes consacrent de moins en moins de temps et d'énergie à la reproduction et l'éducation de leurs enfants. De nombreuses personnes divorcent une fois les enfants devenus grands et autonomes et reforment de nouveaux couples. Les veufs et les veuves convolent aussi en secondes noces. Ce n'est généralement pas pour fonder une deuxième famille, quoique cela soit de plus en plus fréquent chez les plus jeunes divorcés. Pourquoi notre besoin d'être en couple survit-il une fois notre mission biologique effectuée ? Quels autres besoins que la reproduction le couple satisfait-il ?

Un besoin d'appartenance. L'être humain, sauf quelques rares ermites, est fondamentalement un être social qui a besoin d'établir des liens avec ses semblables. La famille constitue le premier groupe auquel appartient un individu, mais pour devenir lui-même, l'individu doit se détacher de sa famille originelle et former une nouvelle famille. Le couple permet cette transition entre ces deux familles et la formation d'un nouveau groupe pour satisfaire ce besoin d'appartenir à un réseau relationnel. Le couple, confluent de deux familles, est aussi le creuset d'une nouvelle famille, laquelle s'inscrit dans une société. Si l'individu constitue l'unité du couple, le couple constitue l'unité familiale et sociale de base. C'est pourquoi la journée de noces est si importante pour tant de gens, car celle-ci permet d'acquérir le statut de couple et d'être reconnu par l'entourage, par la société. La société qui reconnaît alors au couple et aux individus qui le forment des droits légaux et économiques, mais impose aussi des obligations aux deux membres du couple. Ce besoin d'appartenance à une famille et à une société rend parfois difficile le divorce comme j'ai pu le constater à maintes reprises chez des clients qui ne voulaient pas «briser» la famille ou rompre la promesse publique faite lors de leur mariage. La peur de se retrouver seul après le divorce, de ne plus appartenir à une structure sociale, d'être en marge paralyse nombre de personnes dans leur désir de divorce. Le sentiment d'appartenance à un couple est l'antidote à la solitude

> *Le couple constitue le meilleur antidote à la solitude.*
> Abraham Maslow

et serait même, selon Abraham Maslow, plus fondamental que le besoin d'aimer et d'être aimé[79]. C'est pourquoi le couple et la famille constituent le ciment de la société. La tendance des hommes et des femmes à se remettre en couple après le divorce ou le veuvage satisfait donc un besoin d'appartenance.

Un besoin d'aimer et d'être aimé. Chacun d'entre nous a besoin de se sentir apprécié, valorisé, approuvé, aimé et chacun de nous a besoin de quelqu'un à aimer, de quelqu'un à qui se dévouer. Être aimé nous rassure dans notre estime de nous-même. Avoir quelqu'un qui nous aime pour ce que nous sommes flatte notre ego, rassure notre narcissisme et stimule notre altruisme. Nous n'avons jamais autant envie de donner que lorsque nous recevons, du moins chez les gens sains. Nous avons besoin d'amour pour nous aimer et aimer l'autre. Nous sommes des êtres d'amour. Le couple constitue le creuset de l'amour pour qui s'en donne la peine. Le couple heureux crée l'amour nécessaire à la création de l'atmosphère qui permettra à l'enfant de se sentir aimé et d'apprendre ainsi à aimer. L'enfant non désiré et qui ne se sent pas aimé ne se sentira pas aimable et passera sa vie à rechercher l'amour, mais sera incapable d'aimer.

---

[79] Maslow, Abraham, *Motivation and Personality*, New York, Harper Perennial, 1970.

Il formera un couple fusionnel croyant enfin se sentir aimé, donc aimable. Mais grande sera sa désillusion lorsqu'il sentira que son partenaire a lui aussi davantage besoin d'être aimé et peu d'amour à offrir. La crise inévitable entre deux personnes à la recherche d'amour devient alors une occasion privilégiée de croissance afin d'apprendre à s'aimer pour être capable d'aimer et d'être aimé. «Aime ton prochain comme toi-même» a dit un jour un grand psychologue.

> *L'art d'aimer est l'art de la persistance.*
>
> Albert Ellis

Un besoin érotique. L'être humain a su faire de la fonction reproductive de la sexualité une fonction érotique axée sur la recherche du plaisir en soi. D'après certains chercheurs, l'être humain moyen aura 5 000 orgasmes dans sa vie; tous ne visent heureusement pas la reproduction. Les gens qui vivent en couple ont généralement une sexualité plus active que les célibataires. Même si nombre de couples sont aux prises avec des difficultés sexuelles, la sexualité conjugale semble la plus épanouissante. L'on sait par exemple que les personnes âgées toujours en couple et qui ont une sexualité active possèdent une espérance de vie plus longue, en plus d'une santé plus florissante, sans parler que cette sexualité active participe à leur bonheur et vice-versa. Il est vrai que la sexualité conjugale connaît des hauts et des bas et un ralentissement avec les années qui passent. En fait, elle évoluerait selon un U. Très présente lors des premières années (jusqu'à treize rapport sexuels par mois), la moyenne ne serait plus que de neuf relations par mois après cinq ans. Cette moyenne serait au plus bas au moment où les enfants atteignent leur adolescence, période souvent critique et stressante pour les parents. Il y aurait toutefois une remontée de l'activité sexuelle au moment du départ des enfants et de la mise à la retraite, lorsque les deux amants se retrouvent seul à seule, du moins chez les couples heureux et en bonne santé. La sexualité est plus intense chez le jeune couple, mais le plaisir sexuel grandit avec le temps, car les hommes gèrent mieux la rapidité de leur excitation après quelque temps et les femmes prennent davantage leur sexualité en main et atteignent plus facilement l'orgasme après quelques années. Encore faut-il que les deux partenaires envisagent leur sexualité comme un jeu et non une monnaie d'échange. Les deux partenaires doivent aussi rester vigilants à la moindre défaillance ou chute du désir, celui-ci constituant souvent un baromètre de la tension conjugale.

Un besoin de communication. Malgré les limites à la puissance de la communication que nous avons vues au chapitre sur les illusions, deux personnes vivant ensemble ont plus souvent l'occasion d'échanger entre eux que les personnes qui se retrouvent seules dans leur appartement. Très souvent, les couples heureux à long terme développent même un *inside language,* un langage fait de signes dont eux seuls connaissent la signification. Certains arrivent même à un certain langage télépathique. Ils se regardent et se comprennent, sans l'aide de mots. Mais les mots sont aussi présents lorsqu'ils mangent, lorsqu'ils jouent, lorsqu'ils regardent la télévision, préparent des invitations, organisent des activités… À la condition que ces mots ne soient pas qu'un bruit de fond pour masquer la peur du vide, mais de réels mots qui tiennent compte de l'autre, qui s'adressent à l'autre, pour entretenir la relation avec l'autre, des mots pour parler de soi à l'autre et non sur ou contre l'autre.

Un besoin d'entraide. Le couple heureux constitue l'association de deux complices qui, comme deux associés, visent généralement un même but : leur épanouissement personnel et l'épanouissement de l'autre. Cette entraide peut prendre la forme d'un soutien économique : l'on sait qu'il est moins onéreux de vivre à deux que de vivre seul. L'un peut financièrement supporter l'autre à l'occasion d'une perte d'emploi ou d'une réorientation de carrière. Cette entraide peut se manifester par des encouragements à réaliser des projets personnels ou à valider les décisions de l'autre, à aider l'autre à s'affirmer ou à lui offrir une épaule ou une oreille pour s'épancher. Chaque partenaire met au service du couple ses habiletés manuelles ou intellectuelles, ses connaissances et ses contacts. Cette entraide n'est jamais autant appréciée et nécessaire que lorsqu'un des membres du couple a un accident ou devient temporairement malade. Cette entraide se manifeste évidemment dans l'éducation des enfants et le partage des tâches ménagères. Par-dessus tout, cette entraide permet à chacun d'acquérir la maturité consécutive à la résolution des crises et conflits du couple. S'entraider au-delà des différends stimule l'intelligence émotionnelle.

Un besoin de sécurité et d'évolution. Le couple heureux permet d'acquérir une certaine stabilité facilitant le sentiment de sécurité nécessaire à l'intimité, à l'ouverture de soi et à l'aventure. Savoir que cette femme devient la femme de ma vie, savoir que j'ai trouvé l'homme avec lequel m'investir permet un meilleur contrôle de l'anxiété face à l'inconnu. D'être deux sécurise, tranquillise, rassure, apaise, console. De savoir que je peux compter sur quelqu'un pour m'entendre, me recevoir, me réconforter si nécessaire, calme mon discours intérieur, dédramatise mes scénarios de catastrophes, me donne confiance en l'avenir, car deux est plus fort qu'un. C'est pour toutes ces raisons que les couples en général développent une certaine routine et des rituels conjugaux. À ce sujet, les hommes ont plus tendance à ne pas changer ce qui fonctionne pour eux ; ces rituels sécurisent aussi les femmes, mais celles-ci auront toutefois plus rapidement l'impression que le couple devient fade, que l'amour s'atténue. L'homme sécurisé a tendance à prendre sa partenaire pour acquise et à agir en conséquence en diminuant entre autres ses conduites de séduction. La femme sécurisée croit aussi que son partenaire lui appartient et cherche alors à l'« améliorer ». Ce qui me fait dire que généralement l'homme représente la stabilité du couple et la femme le facteur d'évolution. Que le couple recherche un certain confort est tout à fait normal, mais la sécurité peut devenir vite ennuyante, d'où la nécessité d'entretenir aussi une certaine excitation, une certaine évolution, une certaine croissance conjugale par l'expérimentation de nouvelles façons de faire. C'est pourquoi j'ai parlé d'aventure dans la première phrase de ce paragraphe. Les couples heureux réussissent à établir un certain équilibre entre la stabilité et la nouveauté. Trop de nouveauté peut être source d'anxiété et d'insécurité, mais trop de stabilité tue l'amour et le couple à petit feu.

8.3 Un projet d'épanouissement personnel

Un couple est formé de deux personnes en croissance, donc en perpétuelle évolution. Le psychanalyste Erik Erikson a identifié huit étapes dans le développement humain. Chacune constitue une crise de croissance entre deux pôles, l'un positif, l'autre négatif. Chaque étape permet l'acquisition de potentialités psychosociales nécessaires à un développement harmonieux. Durant l'enfance, la confiance doit supplanter la méfiance (0 à 1 an), l'autonomie vaincre le doute (1 à 3 ans), l'initiative ne pas se laisser paralyser par la culpabilité (3 à 6 ans) et le sentiment de compétence dépasser le sentiment d'infériorité (6 à 10 ou 12 ans). La période suivante (12 à 20 ans) doit amener l'adolescent à poser les bases de son identité personnelle au risque de demeurer dans un état confusionnel ou psychotique. L'être humain doit savoir qui il est s'il veut pouvoir établir une relation d'intimité avec un autre être humain bien identifié, sinon il restera isolé, incapable d'engagement avec qui que ce soit (20 à 35 ans). C'est ici que le couple intervient pour confronter l'individu et lui permettre de raffiner son identité. L'adolescent est plutôt égocentrique et encore aux prises avec la pensée magique et un sentiment de toute-puissance personnelle. Combien d'adolescent ont cru qu'ils seraient éternels ? Combien d'adolescents ont tenté le sort par des activités extrêmes (par exemple, la conduite automobile) ?

L'un des premiers objectifs du couple est donc de faciliter l'acquisition d'un meilleur sens de l'identité et de développer des capacités de mutualité et de dévotion dans un rapport d'intimité en sortant l'adolescent de son « me, myself and I » et lui permettre de tenir compte de la volonté d'une autre personne. Une fois bien identifié grâce aux conflits conjugaux inévitables que nous connaissons, l'individu devient alors capable de ce que Erikson appelle la « générativité », fondement de la capacité intergénérationnelle (35 à 60 ans), c'est-à-dire d'être ouvert au monde et de prendre conscience de la place et du rôle que chacun a à jouer dans l'évolution humaine. Cette générativité se manifeste tant dans : 1. la capacité de se reproduire et d'avoir des enfants, 2. que dans la capacité de produire des biens matériels par le travail et 3. celle de créer un milieu de vie sain permettant la croissance personnelle des membres du couple, de la famille et de la société en général. La reproduction, la production et la créativité constituent les trois dimensions de la générativité ériksonnienne. Seul l'individu générateur pourra alors se sentir intègre et aspirer à la sagesse de la vieillesse (60 ans et +) qui s'exprime par un intérêt détaché face à la vie et à la mort et la certitude d'avoir suivi le bon chemin, « son » chemin. Sinon, c'est le désespoir dû au sentiment d'avoir raté sa vie et le désir de la recommencer, désespoir qui se manifeste entre autres dans la peur panique de la mort.

Chaque étape débouche sur l'acquisition de forces spécifiques permettant d'affronter l'étape suivante et sur une réponse à la question « Qui suis-je ? », une question à laquelle répondre prend toute une vie. Il est intéressant de noter dans le Tableau des étapes de la vie (p.198) que la fidélité est d'abord fidélité à soi. L'infidélité serait donc d'abord et avant tout un manque de fidélité à soi-même, un non-respect de ses engagements. Plus que le couple, l'infidélité remet l'identité et l'intimité en question. Cette perception dynamique et épigénétique du développement de l'individu confirme ce que j'ai

	ÂGE	MILIEU	ÉTAPES	FORCES	JE SUIS
8	Maturité 55 ans +	Société	Intégrité versus Désespoir	Renoncement + Sagesse	Ce qui survit de moi
7	Âge adulte 35-55 ans	Famille + Profession	Générativité versus Stagnation	Production + Sollicitude	Ce que je fais
6	Jeune adulte 20-35 ans	Partenaire + Famille	Intimité versus Isolement	Amour + Affiliation	Ce que j'aime
5	Adolescence 12-20 ans	Groupe Amis Equipe	Identité versus Confusion	Fidélité + Consécration	Moi
4	Âge scolaire 6-12 ans	École Maître Élèves	Industrie versus Infériorité	Méthode + Compétence	Ce que j'apprends
3	Âge du jeu 3-6 ans	Famille + Compagnons de jeux	Initiative versus Culpabilité	Projet + Compétence	Ce que j'imagine que je serai
2	Jeune enfant 1-3 ans	Parents + Fratrie	Autonomie versus Honte + doute	Maîtrise de soi + Vouloir	Ce que je veux
1	Nourrisson 0-1 an	Mère + Père	Confiance versus Méfiance	Énergie + Espoir	Ce que je reçois

Tableau 3. Les huit étapes de vie selon Erikson[80]

[80] Erikson, Erik H., *Adolescence et crise, la quête de l'identité*, Flammarion, 1972, 330 p.

dit à plusieurs reprises au cours des chapitres précédents, à savoir qu'un couple, pour réussir, doit être composé de deux individus bien identifiés, capables d'affirmer leur moi. C'est l'identité qui rend possible l'intimité et la générativité et c'est par le couple et ses crises que l'être humain détermine et affine ce qu'il est et consacre son identité. D'où la nécessité de sortir de la confusion créée par la passion fusionnelle dans laquelle deux identités en formation risquent de se perdre.

Le couple favorise l'épanouissement personnel, en ce sens qu'il sort l'adolescent de l'enfance pour l'intégrer dans le monde adulte et l'inciter à faire sa part en prenant une place dans la société et en permettant la poursuite et l'amélioration des générations. Le nourrisson n'est que ce qu'il reçoit de ses parents. C'est dans ce sens que l'amour parental, contrairement à l'amour entre deux personnes, est un amour à sens unique, un amour qui va du plus vieux vers le plus jeune et qui permet à l'enfant d'être ce qu'il veut devenir tout en lui apprenant à vivre selon des règles. Chacun d'entre nous a reçu un bagage héréditaire et éducationnel que nous nous devons d'améliorer et de transmettre à la génération montante. Tant mieux si nos enfants nous en sont reconnaissants, mais nous n'avons pas droit à cette reconnaissance, car en tant que générateur, c'est notre devoir et notre responsabilité d'en prendre soin et de les aider à devenir eux-mêmes et non ce que l'on voudrait qu'ils deviennent. C'est ainsi que l'on se réalise et que l'on peut espérer vivre heureux en couple, en famille et en société.

Où peut-on être mieux qu'au sein de sa famille ?

Marmontel

8.4 Un projet pour réaliser des projets

Au deuxième chapitre, j'ai défini l'amour en disant qu'il était composé d'attirance, d'admiration et de projets communs. J'aimerais revenir sur la définition de projets. J'entends par projets tous les rêves, les désirs, les aspirations, les espoirs qui nous habitent et qui donnent un sens à notre vie. Ce sont nos projets qui nous motivent le matin au réveil et qui nous donnent le goût de nous lever et d'aller étudier ou travailler. Ces rêves peuvent être concrets (avoir sa maison, devenir millionnaire, faire le tour du monde, etc.) ou plus spirituels (trouver un partenaire de vie, rendre ses enfants heureux, faire du bien autour de soi, etc.). La liberté, la paix, la sécurité, la justice, la tranquillité sont d'autres aspirations partagées par de nombreux êtres humains. Se libérer des traumatismes de son enfance afin de devenir un adulte épanoui et autonome et vieillir en sagesse, faire de sa vie une fête sont des espoirs légitimes et réalistes. Suivre des cours de piano, retourner aux études, construire son propre bateau, écrire un livre, avoir son cheval pour participer à des compétitions, faire un voyage annuel pour découvrir un nouveau pays sont d'autres rêves qui donnent un sens au quotidien et leur réalisation, la satis-faction d'une vie bien remplie.

L'un des buts premiers et fondamentaux des membres du couple est justement de s'entraider à réaliser leurs projets. Encore faut-il que chaque partenaire ait exprimé à l'autre ses projets personnels et que le couple puisse envisager la possibilité d'incorporer ces projets personnels aux projets du couple. Encore faut-il que les projets per-sonnels soient compatibles avec les projets conjugaux. Avoir un enfant et faire le tour du monde peuvent difficilement se réaliser en même temps, quoique je con-naisse un couple parisien dont le projet commun était de faire le tour du monde, projet qu'ils ont réalisé pendant un an, alors que leur bébé n'était âgé que de quelques mois à peine au moment de leur départ. Ils ont même refait un nouveau tour du monde deux ou trois ans plus tard en compagnie de leurs deux enfants. Les couples les plus heureux sont ceux qui

> *Traitez les gens comme s'ils étaient ce qu'ils devraient être et vous les aiderez à devenir ce qu'ils sont capables d'être.*
>
> Goethe

réalisent leurs projets communs et leurs projets personnels, avec l'appui de leur partenaire, d'où l'importance d'écouter les rêves de l'autre, de ne pas les dénigrer ou de forcer notre partenaire à y renoncer. De nombreuses disputes conjugales pourraient être évitées en connaissant mieux et en respectant davantage les rêves, aspirations et espoirs profonds de notre partenaire.

Tout aussi important est de réaliser quels sont nos projets personnels et de les affirmer. Renoncer à ses propres rêves pour plaire à l'autre ou obliger l'autre à renoncer aux siens ne peut qu'être dommageable pour la survie du couple. De nombreux divorces ont eu lieu parce que l'un des deux partenaires ne se sentait pas respecté dans ses aspirations ou avait cessé de respecter ses propres rêves. Les couples heureux sont ceux qui travaillent ensemble à la réalisation de leurs rêves respectifs, aussi contradictoires puissent-ils être, comme, par exemple, économiser et s'acheter une maison de villégiature dans le sud. Les couples heureux achètent une maison de villégiature dans le sud et font des économies. Il n'est pas nécessaire de partager le rêve de son partenaire pour l'aider à le réaliser, mais il est nécessaire de connaître ses rêves et les siens afin de les respecter.

9

Les couples sexuellement heureux

Collaboration : Dr Catherine Solano, médecin sexologue

Comment être heureux sexuellement ? Et si l'on arrive à être heureux sexuellement, cela influence-t-il le bonheur global du couple ? Chacun d'entre nous espère que oui car la sexualité est importante pour le couple. Mais sa place n'est pas forcément celle que l'on imagine.

9.1 Trois idées toxiques sur la sexualité conjugale

Il existe des idées extrêmement toxiques et pourtant très répandues qui empêchent la sexualité de s'épanouir telle qu'elle pourrait le faire. Démonter ces idées néfastes est essentiel pour assurer les bases de l'épanouissement sexuel du couple.

La sexualité constitue la base du couple. La sexualité est un élément qui contribue à donner du plaisir partagé à deux personnes, mais elle est loin d'être la base sur laquelle tout se construit. Ainsi, des couples peuvent être très heureux sexuellement et finir par se séparer en expliquant : « Le sexe était la seule chose qui fonctionnait bien entre nous ». Au contraire, il m'arrive très souvent d'entendre en consultation : « C'est dommage que nous ayons ces problèmes sexuels, car tout le reste va bien dans notre relation. »

Si la sexualité n'est pas la base, alors quelle place doit-elle occuper ? Je compare souvent le couple à une chaise de bureau, ce qui n'est pas très romantique, mais pratique ! Si votre chaise a quatre ou cinq pieds, elle est très stable. Si elle en possède seulement trois, elle risque d'être bancale et de pencher au moindre mouvement. Avec deux pieds, vous êtes sûrs de tomber et avec un seul, ce n'est même pas la peine de penser vous asseoir ! Dans un couple, il existe de multiples pieds qui contribuent à sa capacité d'équilibre et d'harmonie. Ces pieds peuvent être le goût pour un sport, les plaisirs partagés comme le cinéma ou le théâtre, la musique que l'on écoute ensemble, une éthique de vie, une envie de militer pour une même grande cause, l'envie d'avoir des enfants, le désir de voyage et, bien évidemment, la sexualité…

Chaque élément qui apporte du plaisir partagé au couple contribue à maintenir une stabilité dans sa structure et une envie de continuer à être ensemble, puisqu'on est heureux de partager ces activités. La sexualité est donc l'un des éléments du bonheur du couple. C'est un élément important, car il est le plus souvent exclusif. Vous pouvez très bien prendre plaisir à aller au théâtre avec une bonne copine ou faire du sport avec un collègue, mais le plaisir sexuel, lui, vous le prenez avec votre partenaire et lui seul. Cette exclusivité est généralement exigée par le couple.

Cette fausse idée sur la sexualité conjugale entraîne deux corollaires opposés : « Si le sexe ne fonctionne pas, le couple ne durera pas » et « Si la sexualité va, le couple durera forcément ». Ce n'est pas ce que constatent les sexologues en consultation. Certains couples sont bien ensemble même si la sexualité leur pose des problèmes et d'autres se séparent même si leur sexualité est épanouie. La sexualité est certes un élément fondateur du couple, mais elle n'en constitue pas la seule base. Elle est particulière et précieuse par son caractère exclusif.

La sexualité, c'est le septième ciel! Une autre idée toxique très romantique est surtout l'apanage des femmes : « La sexualité devrait toujours être le septième ciel, le nirvana. » Il est très embêtant de trimballer cette idée, car elle devient un vrai boulet ! Faire l'amour est un plaisir, certes, mais ce n'est pas systématiquement un billet aller-retour pour le paradis. La sexualité peut être simplement agréable, reposante, stimulante, amusante, réjouissante, tendre, mais pas toujours passionnée et renversante. Notre société, et notamment le cinéma, la littérature ou la presse féminine, véhiculent tellement l'idée que « sexe égale éblouissement » que de nombreuses femmes sont très déçues de constater qu'il n'en est rien. Passe encore si elles partaient de ce qu'elles vivent en se disant : « Bon, je me faisais des idées sur l'amour physique, je redescends sur terre et je profite de ce qui se présente. » Leur sexualité pourrait alors évoluer positivement. Mais très souvent, ce n'est pas le cas. Elles vont s'inquiéter, s'angoisser, penser que ce qu'elles ressentent n'est pas « bien », qu'elles ont un problème ou que leur partenaire n'est pas à la hauteur. Elles risquent alors de se refermer sur elles-mêmes, au lieu de tirer sur le petit fil de plaisir qu'elles ressentent pour le dérouler longtemps et s'apercevoir qu'au bout de ce petit fil, il y avait une énorme pelote à dérouler, pleine de promesses... Mettre la sexualité sur un piédestal idéaliste empêche souvent d'en profiter. La performance est contre-productive en sexualité. Faites-la descendre sur terre !

Tout le monde le fait... fais-le donc. Il semble aujourd'hui évident et naturel à de nombreux couples de pratiquer, par exemple, la fellation, le cunnilingus, voire la sodomie. Pourtant, ces pratiques sexuelles ne sont pas le quotidien de tous. Les couples les plus heureux ne sont pas forcément ceux qui expérimentent le plus de pratiques. Loin de moi la pensée qu'il faudrait en faire le moins possible ou se limiter à une routine sexuelle. Cependant, lorsqu'un couple se plaint à son thérapeute de ne pas « réussir » à pratiquer la sodomie dans le plaisir et se demande pourquoi les autres couples semblent l'apprécier énormément, on est en droit de se demander si, en moins d'un siècle, nous ne sommes pas passé d'une interdiction de plaisir à une obligation de tout essayer pour être « in ». Même des pratiques sexuelles marginales (telles l'échangisme, le travestisme ou le sado-masochisme) sont parfois présentées comme des normes par certains médias. L'infidélité elle-même peut-être présentée comme « bienheureuse ».

Or, la sodomie est en réalité très peu pratiquée et souvent peu appréciée des femmes (30 % des couples ont essayé au moins une fois et seuls 10 % la pratiquent régulièrement, ce qui montre qu'elle n'est pas convaincante !). Et comme les pratiques marginales fascinent, étonnent, intriguent, elles sont très présentes dans les médias, alors qu'elles sont des cas plutôt rares et extrêmes, n'ayant certainement pas prouvé leur intérêt dans la recherche du bonheur sexuel !

Les couples peuvent ainsi imaginer devoir faire ou de ne pas faire certaines choses pour se percevoir comme un couple épanoui. C'est comme si l'ambiance environnante nous perturbait et que l'on se trouvait devant une seule façon d'être « politiquement correct » qui, au lieu de rendre libre et heureux, tend à nous ligoter dans des comportements qui ne conviennent pas à tous. Il y a danger à normaliser la sexualité autant qu'il y en a eu à tout interdire autrefois !

Bien que l'on parle de libération sexuelle depuis les années 70, on peut se demander si la véritable libération sexuelle n'est pas encore à venir. Bien sûr, la sexualité est plus libre, il y a moins d'interdits et, heureusement, le plaisir a droit de cité, mais si c'est pour transformer les anciens dogmes en de nouveaux dogmes avec obligation de résultat, ce ne sera pas forcément plus amusant de faire l'amour qu'auparavant ! Le bonheur sexuel passe par la liberté d'oser être soi-même sans se soucier des normes ou des modes… à la condition de se respecter et de respecter l'autre ! Beaucoup de nos contemporains s'imaginent que pour ne pas « mourir idiot », il faut avoir tout essayé. Ces personnes se perdent dans des explorations ou des pratiques souvent marginales en oubliant l'essentiel : la relation à l'autre. Ce n'est pas en essayant une panoplie incroyable de pratiques sexuelles que l'on assure son bonheur sexuel. C'est plutôt en se souciant de l'autre, du plaisir partagé et non en se lançant dans une fuite en avant.

Jeanne et André consultent pour améliorer leur sexualité. Jeanne explique à voix basse et un peu rauque : « Pendant des années, mon mari m'a presque violée. Il me faisait l'amour sans aucune communication, brutalement, c'était horrible. Il voulait tout essayer sans jamais me demander mon avis ou le suivre quand je le lui donnais. » Étonné, le psychologue sexologue se tourne vers le mari : « C'est vrai, répond André, je n'arrive pas à comprendre comment j'en étais arrivé là. Je me rends compte depuis quelque temps de ce que j'ai pu faire vivre à ma femme. Je m'en veux énormément. » « Alors, demande encore le sexologue, comment se fait-il, Madame, que vous ayez supporté une telle conduite pendant des années ? » « C'est que je savais qu'au fond, ce n'était pas lui. Et ce qu'il est au fond, c'est l'homme que j'aime. Je le découvre enfin maintenant sur le plan sexuel ! » Ce qui se passait, c'est qu'André consommait beaucoup de pornographie et n'y voyait aucun danger. Du coup, il lui semblait naturel de tout tester pour ne pas mourir idiot ! Il était par ailleurs, en dehors de sa vie sexuelle, un mari tout à fait attentif et aimant. Mais une crise dans leur couple lui a fait comprendre à quel point sa femme souffrait. Il a ouvert les yeux et changé, en quelques mois, au point d'accepter de consulter.

Se sentir obligé de tout essayer éloigne plus du bonheur sexuel qu'il n'en approche. Cela ne signifie pas pour autant qu'il faille faire l'amour toujours de la même manière, sans jamais rien essayer ! Mais quand on a envie d'explorer, il faut absolument que ce soit un désir commun, une curiosité de couple et non d'une personne qui décide d'utiliser l'autre comme un objet à contre-courant de ses désirs. Respecter l'autre est vraiment essentiel, croire qu'il peut vous donner du bonheur, du plaisir, l'encourager à donner le meilleur de lui-même permet d'atteindre une harmonie émotionnelle et sexuelle très profonde et très heureuse.

9.2 Entretenir la sexualité conjugale, source de plaisir mutuel

Comment se vit la sexualité chez les couples heureux ? Extrêmement bien ? Pas forcément et pas toujours ; là aussi il peut y avoir des hauts et des bas. Un couple peut être heureux sans que le pilier de la sexualité fonctionne parfaitement bien. L'idéal serait évidemment que la sexualité soit toujours épanouissante et heureuse, participant ainsi à l'harmonie du couple. Le plus important est que le bilan entre le plaisir partagé et les difficultés inévitables de la vie à deux reste positif. Plus il y a de terrains d'entente, et cela inclut l'entente sexuelle, plus le couple augmente les probabilités d'être heureux. Quand on ressent beaucoup de plaisir ensemble et peu de déplaisir, on se sent heureux et l'on a envie de rester ensemble. Quand, au contraire, les déplaisirs l'emportent, le bonheur s'atténue et l'envie de vivre ensemble s'affaiblit. Tout couple doit donc chercher à minimiser les déplaisirs et faire des réserves de plaisir qui leur permettra de faire face à leurs différends, de surmonter leurs difficultés et de dépasser les moments difficiles. Il en va de même pour la sexualité. Les couples qui réussissent à minimiser les insatisfactions sexuelles et en augmenter les plaisirs augmentent leur probabilité de vivre une sexualité heureuse.

Parler de sexe et d'amour. Pour être heureux sexuellement, il faut apprendre à parler de sexualité le plus ouvertement possible, parler pour ne pas laisser les non dits s'installer et surtout dire ce qui va bien. Cela paraît simpliste, mais étant donné l'éducation que la plupart d'entre nous ont reçue, c'est en fait très difficile ! Voici un témoignage banal mais très représentatif.

Dora et Alain consultent en sexologie. Ils sont mariés depuis 21 ans, viennent de vivre une séparation et disent avoir envie de repartir ensemble d'un bon pied. Pour cela, ils ont décidé de consulter un sexologue afin de parler de leur sexualité. Je leur demande ce qu'ils aiment dans leur sexualité commune. Dora explique : «Ce que je préfère, c'est quand il me caresse au niveau du sexe. C'est mon moment de plaisir. Par contre, le moment de la pénétration m'intéresse moins, car je ne ressens pas grand-chose.» Alain est extrêmement étonné de cette remarque. «Mais, tu ne me l'avais jamais dit!» Il pensait en effet que sa femme se sentait très frustrée du fait qu'il éjaculait plutôt rapidement. Or, cela ne la gênait absolument pas, car son plaisir était plutôt lié aux caresses. Voici ce que Dora répond lorsque je lui demande ce qu'elle aimerait changer dans sa sexualité : «J'aimerais qu'il me caresse les seins beaucoup plus doucement, car il me fait souvent mal.» Alain s'étonne à nouveau : «Mais, tu ne me l'avais pas dit!» Dora rétorque : «Si, je te l'ai dit, mais tu n'en as pas tenu compte». En fait, en 21 ans de mariage, Dora le lui avait signalé deux fois. Il pensait donc qu'il lui avait fait mal cette fois-là et non qu'il s'agissait d'une gêne systématique! À son tour, Alain, lui exprime son avis «J'aime beaucoup qu'elle me caresse le corps, mais elle ne le fait pas souvent.» Dora répond : «Je pensais que cela te semblait des préliminaires trop longs, car on dit toujours que les hommes apprécient moins ça que les femmes!»

Les non-dits sont une source d'incompréhensions qui atténuent le plaisir et provoquent souvent du ressentiment. Que faire pour les éviter? Oser parler et oser surtout parler du plaisir que l'on ressent. En effet, critiquer l'autre sur la manière dont il s'y prend peut se révéler très blessant. L'idéal serait donc plutôt de faire une sorte de mini bilan positif chaque fois que l'on vient de faire l'amour, ce que l'on pourrait appeler des caresses en paroles! Par exemple : «J'ai beaucoup aimé quand tu m'as caressée, c'était très doux et très bon.» Ou : «J'aime quand tu me caresses les seins comme tu l'as fait, c'est très excitant pour moi». Ou : «Le moment que je préfère, c'est quand tu embrasses mon sexe». Ou encore tout autre chose comme : «Ce que je préfère quand on fait l'amour, c'est quand tu me dis : «J'ai envie de toi» et que je sens que c'est vrai». Dire un merci à chaque fois pour guider l'autre dans la bonne direction est très important et efficace pour améliorer la vie sexuelle. Le répéter à chaque fois l'est aussi, car si vous ne dites que rarement à votre partenaire ce que vous aimez, il risque de l'oublier !... Surtout après plusieurs années de vie de couple !

Quand on échange très simplement de cette manière, outre le cadeau de faire l'amour ensemble, on se fait le cadeau de se remercier, de se donner de la chaleur, de montrer que l'on apprécie ce qui nous est donné. Parler d'amour est aussi important que les gestes d'amour. Plus les partenaires savent ce qui plaît à l'autre, plus la sexualité a des chances de s'améliorer au fil du temps. C'est ainsi que certains couples de 80 ans, croyez-le ou non, disent : «C'est encore meilleur que lorsque nous avions 20 ans !». Attention toutefois de ne pas vous cantonner seulement à ce qui plaît à votre partenaire. Il faut aussi continuer à explorer et expérimenter ce qui n'est pas forcément le plus excitant. Pourquoi ? Parce que les goûts changent, évoluent et que l'on peut découvrir ou développer d'autres plaisirs. Ne dit-on pas que le plaisir croît avec l'usage ? Cela, bien entendu, à condition de ne pas aller vers ce qui peut bloquer ou dégoûter l'autre.

Il est aussi très important de remercier son partenaire dans les tous petits détails. Quand Dora dit : «Ce que je préfère, c'est quand tu me caresses au niveau du sexe», c'est positif. Ce qui le sera encore plus, c'est de donner des précisions. «Aujourd'hui, c'était particulièrement agréable quand tu es venu très doucement vers mon sexe et j'ai encore plus apprécié». Ou bien : «Tu m'as caressé si doucement et si longtemps que c'était encore meilleur que les autres fois». Ou encore : «Tu m'as caressée avec ton pénis avant d'entrer en moi et c'était extrêmement puissant comme sensation…» L'intérêt de nommer ces détails, c'est que les sensations sexuelles ne sont jamais tout à fait les mêmes. Il y a des gestes et des caresses que chacun préfère, mais elles n'ont jamais exactement le même effet. D'où l'importance de tenir son partenaire au courant des subtilités.

Quand vous remerciez votre partenaire, vous lui faites plaisir et vous le guidez vers votre propre plaisir. Et cela présente encore un autre intérêt : cela vous permet, de temps en temps, de faire passer une critique. Si à chaque fois, vous êtes positif, vous pouvez faire accepter une critique sans blesser. Dire «Tes caresses sur mes seins sont souvent un peu brusques», c'est d'autant mieux accepté que votre partenaire sait que, par ailleurs, il vous procure généralement du plaisir. Il ne ressent plus vos remarques comme une critique, mais comme une demande d'amélioration dont les deux pourront profiter.

Encore un détail. Même s'il est bon de ne pas toujours répéter exactement les mêmes compliments ou encouragements, répéter ce genre de propos n'est jamais malvenu. Si vous dites comme dans le cas de Dora : «J'adore toujours autant quand tu me caresses le sexe», vous ne risquez pas vraiment d'avoir comme réponse : «J'en ai assez que tu me répètes la même chose !» C'est comme quand quelqu'un vous dit que vous êtes beau ou intelligent, vous ne trouverez jamais que ça suffit ! Car cela fait toujours un bien fou !

Parallèlement à ce que vous exprimez, pensez aussi à interroger l'autre. Demandez-lui : «Quel est ton plus grand plaisir sexuel ? Est-ce d'avoir une belle érection et de te sentir en confiance, est-ce d'éjaculer ? Est-ce d'anticiper un rapport sexuel ? Est-ce de savoir que je te désire ? Ou tout autre chose ? Est-ce que ce sont mes caresses sur ton clitoris ? Le plaisir de te sentir en moi ? Mes caresses sur ton corps avant la pénétration ? Les mots doux pendant le va-et-vient ? Que ressens-tu quand ton orgasme arrive ? Comment sais-tu qu'il arrive ? Que se passe-t-il au moment de cet orgasme ? À quoi penses-tu ? Qu'aimes-tu que je fasse à ce moment ? » Il est souvent étonnant de voir à quel point les deux membres d'un couple sont ignorants sur ce que l'autre ressent. C'est très riche, très intéressant, et cela rapproche énormément de se poser mutuellement ce type de questions, malgré la gêne que vous pouvez ressentir les premières fois. Cette gêne disparaît avec le temps et parler de sexualité devient une partie intégrante de « faire l'amour ».

Cette communication sur la sexualité contredit la croyance que « Quand on s'aime, on se comprend sans se parler ». Non, même amoureux, aucun homme ou femme n'a le mode d'emploi de son partenaire. Personne ne peut savoir ce qu'il y a dans la tête, dans les désirs ou les plaisirs de son partenaire, s'il ne le dit pas. L'amour ne rend pas devin. Avec le temps, on peut peut-être arriver à se comprendre sans se parler... mais à la condition d'avoir beaucoup parlé auparavant ! Oser parler franchement de sexualité en couple, dire ce que l'on aime et ce que l'on apprécie moins est une excellente stratégie pour faire de mieux en mieux l'amour.

Apprendre à relaxer et à jouer. La sexualité est un lieu de jeu, pas d'enjeux. Si les enfants aiment s'amuser, faire l'amour est le jeu des adultes. Quand on joue et qu'on s'amuse, le but n'est pas de suivre la règle du jeu à la lettre. C'est plutôt de rire ensemble. Or, dans la sexualité se glisse souvent un devoir. Certains hommes et femmes disent : « À chaque fois, j'ai l'impression de passer un examen ». Pour un homme, c'est : « J'ai peur de ne pas avoir une bonne érection » ou « J'ai peur d'éjaculer trop vite. » Pour une femme, c'est plutôt : « J'ai peur de ne pas avoir d'orgasme, parce qu'après il est frustré. » Ces peurs témoignent du fait que ces partenaires ont quelque chose à prouver en faisant l'amour. Prouver qu'ils sont à la hauteur, qu'ils sont de bons amants ou des bonnes amantes. Or, quand on fait l'amour, on ne devrait rien avoir à prouver. C'est un lieu où l'on devrait lâcher prise, être soi-même, se montrer tel que l'on est et non chercher à prouver quelque chose.

Alors, justement, comme on est vraiment nu, c'est le lieu où il est le plus difficile de faire illusion, de se montrer tel que l'on aimerait être. C'est ce qui peut devenir angoissant.

La difficulté, c'est que très souvent, on pense ne pas pouvoir être aimé tel que l'on est. Une femme dit : «Il ne restera jamais avec une femme qui ne jouit pas»; un homme pense : «Elle m'a quitté parce que mon sexe partait vers la gauche»; ou encore : «J'éjacule trop vite, et c'est pour cela que je suis célibataire. Aucune femme ne veut rester avec moi.» Quand on en arrive là, on est bien loin du jeu à deux !

Pourtant, il existe des couples qui fonctionnent très bien, même si la femme ne jouit pas et l'homme éjacule trop rapidement ! Il faut s'amuser en faisant l'amour et non pas faire son devoir conjugal ou viser la performance. Il est étonnant de voir combien l'idée du devoir persiste au fil des siècles et de manière différente. Chez nos grands-parents, le devoir conjugal, c'était : «Une femme ne peut dire non à son conjoint». Aujourd'hui, pour les hommes, ce devoir s'est transformé en : «Je dois faire jouir ma femme» ou «Je dois contrôler mon éjaculation» ! Quant aux femmes, l'impératif est maintenant de jouir et même d'avoir des orgasmes multiples, quand ce n'est pas de partir à la découverte du fameux point G. Or, à partir du moment où l'on se dit : «Je dois...» ou «Il faut....», on n'est plus dans le plaisir !

Insistons sur le fait que le but de la sexualité n'est pas l'orgasme, mais le plaisir. Le but de la sexualité est de faire l'amour, c'est-à-dire de fabriquer de l'amour, de construire des liens, d'échanger par l'intermédiaire du corps de manière agréable, de se rapprocher physiquement et affectivement... pas de jouir à tout prix. Pour cela, il est bon d'accepter l'autre tel qu'il est, avec ses qualités et ses limites, et aussi de s'accepter tel que nous sommes avec nos qualités et nos limites. Il ne s'agit pas de faire semblant d'être deux amants, deux amoureux hors pair, mais de rechercher la rencontre de deux êtres humains réels en chair et en os avec leur histoire, leurs peurs, leurs désirs. Et c'est bien plus intéressant !

Certains véritables jeux sexuels permettent parfois de s'amuser beaucoup. Il s'agit des jeux de rôle. Les enfants jouent à : « Toi, tu fais l'Indien et moi le cow-boy ». Les amants peuvent jouer à : « Toi, tu feras semblant d'être pucelle et moi un homme expérimenté et je t'apprendrais tout de l'amour » ou encore « Ce soir, mon chéri, je m'occupe de tout ; toi, tu te laisses faire. » Ces jeux permettent de se sentir quelqu'un d'autre, de laisser tomber ses inhibitions et de rire beaucoup. Mais ce n'est évidemment pas la seule façon de s'amuser et il y a des personnes que cela n'amuserait pas du tout ! L'important, c'est de trouver des jeux dans lesquels les deux s'amusent et apprennent à lâcher prise. Faire l'amour, c'est s'amuser et non ajouter une corvée aux multiples autres auxquelles tous les couples doivent faire face !

Allier la sensualité à la sexualité. Apprendre le plaisir du contact physique non sexuel est très utile pour que la sexualité reste heureuse au fil du temps. En effet, au cours des années surviennent des moments où la sexualité génitale n'est pas possible. Un des partenaires est malade, une femme est alitée plusieurs mois pour une grossesse, un mari a des difficultés d'érection à cause d'une intervention chirurgicale… Dans tous ces cas, les couples qui vivent le mieux ces passages sont ceux qui savent conserver un contact physique positif, même lorsque faire l'amour avec pénétration n'est plus possible. Pour cela, il existe une solution simple : apprendre à se faire des massages mutuels. C'est un atout pour un couple que de connaître ces pratiques. Donner de l'amour physique en massant, en câlinant son partenaire permet de garder un contact corporel, de ne pas devenir progressivement des étrangers l'un pour l'autre. Alors, même quand tout va bien, offrez-vous un ou plusieurs livres de massages, voire un stage de massage à deux, et entraînez-vous. C'est extrêmement bénéfique et agréable !

Éviter de se comparer. Il est très négatif de comparer sa sexualité à celle des autres, même si la sexualité des autres nous intrigue et que nous ayons envie de savoir si nous sommes sexuellement normaux ou non, de savoir si c'est meilleur chez le voisin et la voisine. Nous sommes en général plutôt ambivalents envers la sexualité. D'un côté, nous la considérons comme très intime et avons du mal à échanger simplement sur le sujet. De l'autre côté, nous manifestons une énorme curiosité pour tout ce qui touche la sexualité comme nous le prouvent notre tendance à nous raconter des histoires salées et l'existence de nombreux ouvrages érotiques, de livres sur la sexualité et, bien entendu, l'invasion de la pornographie, actuellement omniprésente dans les sex-shops et sur Internet. Cette curiosité est en elle-même saine et naturelle. Nous sentons que la sexualité est une dimension importante de notre vie et nous avons tous envie de la vivre le mieux possible. Quand nous élargissons nos connaissances, quand nous découvrons des idées nouvelles qui peuvent enrichir notre vie sexuelle, tout va bien. Mais quand nous commençons à imaginer que la sexualité de nos voisins, et plus généralement de nos contemporains, est meilleure que la nôtre, c'est une autre histoire ! Nombreuses sont les personnes qui fantasment et pensent que chez les autres, c'est toujours mieux. L'herbe semble souvent plus verte ailleurs ! Or, l'information que nous recevons est souvent très tronquée, manipulée, fantasmée et absolument pas en phase avec ce qui se passe vraiment dans le lit de ces voisins. À cause de cela, de nombreux adultes se sentent frustrés, imaginant qu'ils n'ont pas la vie sexuelle « normale » à laquelle ils aspirent et à laquelle, pensent-ils, tout le monde accède !

L'idéal serait de se ficher éperdument de ce qui se passe ailleurs et de construire sa vie sexuelle à partir de critères internes et non externes. Il n'existe évidemment pas de recette toute faite et applicable à tous. Certains couples sont très heureux de faire l'amour tous les soirs, rapidement en moins de dix minutes. C'est pour eux une façon agréable de se rapprocher, une sorte de câlin sexuel avant de s'endormir en confiance tout en se sentant en phase avec l'autre. Pour d'autres couples, imaginer une telle sexualité est épouvantable! Ils préfèrent faire l'amour moins fréquemment, mais y passent plusieurs heures. D'autres varient les plaisirs dans la durée du coït. La durée et la fréquence des rapports sexuels ne sont qu'une toute petite partie des critères permettant de décrire une vie sexuelle saine. Les évoquer démontre simplement qu'il n'y a pas de bon rythme, de bonne durée, comme de bonnes pratiques, et que c'est à chaque couple d'inventer ce qui convient et rend heureux. Il est difficile de pas être influencé par la société, le politiquement correct, les bruits qui courent, les modes, les statistiques…

Pratiquer, encore pratiquer, toujours pratiquer. Pour profiter à deux de la sexualité, un paramètre est important: la pratique. Il est bon de faire l'amour régulièrement, même dans les périodes où l'envie est nettement moins intense. Car dans un couple qui dure, il existe des moments où le désir est un peu en berne et où l'on se passerait volontiers de sexe pendant plusieurs mois. C'est parfaitement normal. Mais c'est dommage. En effet, nos corps, comme nos émotions fonctionnent mieux lorsqu'ils sont entretenus. On pourrait dire qu'il existe une sorte d'hygiène sexuelle. Faire l'amour régulièrement contribue à cette recherche d'équilibre. D'ailleurs, les hommes qui font l'amour régulièrement gardent de bien meilleures érections au fil des années, de même que les femmes qui font l'amour régulièrement conservent une meilleure lubrification, même après la ménopause. Ainsi faudrait-il faire l'amour même sans envie? Oui! Oui en tout cas sans grande envie. On peut très bien faire l'amour sans un désir puissant, juste pour le plaisir de se rapprocher, de se sentir en phase, juste pour quelques minutes, sans y investir une énergie démesurée ou même pour faire plaisir à l'autre. Cela permet de garder un contact sexuel dans les moments où l'on est moins proche. C'est une très bonne habitude !

If you don't use it, you'll loose it !
(disent les anglophones en parlant de sexualité)

Certaines personnes se moquent de ces couples installés qui font l'amour tous les samedi soir ! Pourtant, c'est une excellente habitude, bonne pour le couple, pour la sexualité, le moral... Il n'est pas obligatoire de prendre ce type d'habitude, bien sûr, mais en aucun cas on ne peut la considérer comme ridicule pour ceux à qui elle convient parfaitement ! Pourquoi cette habitude est-elle bénéfique ? C'est que si un couple arrête de faire l'amour pendant une période de plusieurs mois, il a souvent un peu de mal à recommencer. C'est comme s'il ne savait plus comment s'y prendre, comme s'il n'osait plus se lancer, comme s'il se demandait : «Pourquoi ce soir plutôt que demain ?» La sexualité, c'est comme le sport : quand on arrête, il est moins facile de s'y remettre ! Garder le fil de sa vie sexuelle bien vivant permet de la réactiver plus aisément et naturellement quand la situation permet de retrouver un désir plus intense. Continuez donc à faire l'amour régulièrement, même si ce n'est pas extrêmement intense.

Le fort désir du début d'une relation, celui de la passion, s'estompe avec le temps. On peut penser que c'est dommage et certains vont même jusqu'à en déduire que l'amour dure seulement ce temps de la passion. C'est faux, puisque nous connaissons des couples qui s'aiment pendant des dizaines d'années et qui affirment que leur sexualité va très bien, voire de mieux en mieux. La passion est un cadeau de la vie et, dans ces moments-là, le désir est pulsionnel, spontané et intense. Par la suite, il en sera rarement ainsi. Cela signifie simplement que si l'on souhaite une relation durable, s'aimer et se désirer sont des choses qui s'apprennent, qui s'entretiennent. Nous avons un atout pour apprendre, c'est justement cette période de passion qui laisse des souvenirs et qui nous aide à comprendre comment nous fonctionnons. Ensuite, le désir sexuel doit se cultiver pour durer.

Prendre le temps. Un des éléments clés pour cultiver notre désir sexuel est de prendre le temps. Si votre couple est important pour vous, si votre sexualité vous semble un élément capital de cette vie à deux, prenez le temps d'y penser et de l'organiser. Le temps est une denrée précieuse qui file toujours trop vite. Si vous ne vous organisez pas pour en dédier un peu volontairement et de manière réfléchie à votre couple, vous imaginerez toujours que vous n'avez pas le temps pour votre conjoint. Or, ce temps est une question de priorité. Si votre vie de couple est une priorité, vous devez avoir du temps pour l'amour. Réservez-vous des moments en tête-à-tête tous les soirs, ou une demi-journée par semaine, ou encore une soirée par mois, ou plus ou moins selon vos besoins ou vos envies. Parfois, vous aurez à faire un effort pour être proche de l'autre, car vous serez accaparé par des soucis, mais jamais vous ne regretterez d'investir du temps pour votre couple. Et ce n'est pas seulement votre couple qui a besoin de temps, mais aussi votre sexualité. Quand on est seulement deux et que l'on est étudiant, on peut se dire : «Nous faisons l'amour quand ça nous prend, quand nous en avons envie». Puis, une fois la vie professionnelle lancée, les enfants arrivés, le temps rétrécit comme une peau de chagrin. Il est alors presque indispensable de programmer les rapports sexuels ! Cette idée fait horreur à beaucoup de personnes ! Pourtant, c'est une autre manière de faire l'amour, tout aussi agréable que l'impulsion du moment. Quand vous savez que ce soir vous allez faire l'amour parce que vous l'avez prévu, vous pouvez vous habiller en conséquence, y penser dans la journée, anticiper avec plaisir ce que vous aurez envie de faire ensemble, fantasmer... C'est un peu comme pour les vacances. Partir quelque part sur une impulsion est agréable, mais prévoir vous permet de rêver à ces vacances bien longtemps avant et de les savourer d'autant plus. Alors, n'hésitez pas à prendre votre agenda et à vous programmer des rendez-vous d'amour !

Être inventif. Faire l'apologie de la routine et de l'organisation, voire des habitudes est une chose, mais cela n'implique pas d'entrer dans la routine ou dans les relations stéréotypées. Il est possible de rester très inventif, d'autant plus d'ailleurs que l'on s'organise pour mettre en place des idées intéressantes. Nul besoin pour cela de choses compliquées. En voici quelques exemples.

- Milton H. Erikson (médecin psychiatre américain qui pratiquait l'hypnose) raconte avoir relancé la sexualité d'un couple en leur recommandant simplement d'échanger leur côté de lit !
- Utiliser un bandeau sur les yeux permet de mieux se centrer sur les sens du contact peau à peau, car le sens de la vue est alors entre parenthèses. On dit parfois que cela fait pousser des yeux au bout des doigts. On peut ainsi découvrir le corps de l'autre d'une manière très différente.
- Se caresser avec une huile tiède et parfumée procure des sensations très différentes de celles des caresses « à sec ».
- Demander à votre partenaire de ne rien faire, absolument rien et de vous occuper de tout change de manière très intéressante l'équilibre sexuel du couple. Cela peut bien sûr se faire dans les deux sens, à chacun son tour.
- Et puis, il y a tout ce que vous pouvez inventer vous-même comme jeux de rôles, comme jeux sexuels, comme échanges très personnels…

Le plaisir et l'intérêt sexuels profitent de variations, même toutes petites. Si l'on fait l'amour toujours de la même manière, toujours au même endroit, le plaisir diminue. C'est vrai aussi dans un rapport sexuel donné : si au cours de cette relation, on prodigue toujours la même caresse de la même manière, cela devient ennuyeux. Soyez inventif dans les petites choses pour entretenir votre plaisir et votre désir.

Vive la différence. Pour que la sexualité vive entre deux personnes, ces deux personnes doivent être différenciées. Quand on est totalement fusionnels, qu'on a l'impression de ne faire qu'un, le désir s'affaiblit progressivement. En effet, ce qui nourrit le désir, c'est la différence, la distance entre deux êtres. De nombreux couples viennent consulter en affirmant : « Nous nous aimons, nous partageons les mêmes goûts, nous nous entendons à merveille, et pourtant, la sexualité ne fonctionne pas entre nous. Nous n'éprouvons pas de désir, ou quasiment pas. » C'est ce qui se passe quand la fusion est trop importante, quand les deux personnes sont trop souvent ensemble. Car la sexualité sert justement à fusionner deux personnes différentes, à les rapprocher. Si vous êtes déjà fusionnés, le désir n'a pas sa place entre vous ! Par définition, le désir se manifeste lorsqu'il y a un manque : « Je désire ce que je n'ai pas, pas ce que je possède déjà ou ce qui est moi ». En ce sens, le désir sexuel est comme la faim : il faut cesser de manger pour que la faim revienne.

Mais après tout, pourquoi ne pas fonctionner ainsi. Même si le désir sexuel est faible, la sexualité quasi inexistante, et que l'on s'entend fort bien, n'est-ce pas un fonctionnement de couple tout à fait valable ? La réponse est non. En effet, pour être aussi fusionnel, il faut oublier la partie de soi différente de l'autre. Car il n'est possible d'être vraiment si proche qu'en niant des aspects de soi. Le problème, c'est qu'un jour, ces aspirations différentes, ces désirs personnels vont se manifester après avoir grandi en silence, souterrainement. Ce jour-là risque d'être explosif. Des couples peuvent ainsi se briser le jour où l'un des deux partenaires s'aperçoit qu'il étouffe depuis des années à essayer de rester en fusion avec l'autre, pour ne pas dire soumis à l'autre. Une certaine distance est donc saine… ne serait-ce que pour mieux se retrouver. La différence est à la source du désir et participe au bonheur sexuel.

9.3 Surmonter les difficultés sexuelles

La vie sexuelle peut à tout moment rencontrer des écueils dus à des difficultés temporaires ou permanentes. Presque tous les couples qui durent en rencontrent un jour ou l'autre. Tout simplement parce que la vie sexuelle n'est pas un long fleuve tranquille. Elle subit des épreuves, des pannes, des assoupissements, des douleurs, des revirements... Il peut s'agir de problèmes de désir entraînés par un épisode de déprime, de difficultés sexuelles féminines suite à une grossesse, de pannes d'érection dues à un stress ou à un problème de santé, de douleurs entraînées par une infection génitale...

Les difficultés ou dysfonctionnements sexuels n'ont rien d'exceptionnel, c'est même le lot de beaucoup d'entre nous. Tous les sexologues vous le confirmeront. Une dysfonction sexuelle peut parfois être le symptôme d'un manque d'amour, mais pas toujours. Ce n'est pas parce qu'un homme souffre de difficultés érectiles qu'il n'aime plus sa partenaire et ce n'est pas non plus parce qu'une femme ressent une baisse de désir qu'elle n'aime plus son homme. Une grande simplicité est nécessaire dans ces moments, de manière à pouvoir parler librement de ce que chacun ressent. Il est alors bien plus facile de s'adapter, de surmonter ces difficultés. Il est parfois nécessaire de consulter un sexologue ou un thérapeute de couple, de manière à ne pas s'enferrer dans un problème qui peut miner le couple si on refuse d'y faire face. En effet, ne plus faire l'amour peut contribuer à éloigner deux personnes et cela d'autant plus que le silence et l'incompréhension s'installent. C'est pourquoi il vaut mieux agir, et plus tôt que plus tard, que de laisser une difficulté sexuelle polluer la relation.

9.4 Vieillir sexuellement en beauté

Et pour finir, la sexualité heureuse sait s'adapter au fil du temps et s'adapter aux changements liés à l'âge. Car les réactions sexuelles de nos corps évoluent, se transforment et il est bon de les connaître pour ne pas les craindre, mais les incorporer naturellement à sa vie sexuelle.

Pour les hommes, les changements progressifs sont surtout les suivants : une érection plus lente à obtenir, nécessitant une stimulation plus vigoureuse, une érection moins complète au début qui devient totale au moment de l'éjaculation, une perte d'érection plus rapide après l'éjaculation et une période réfractaire plus longue (il faut plus de temps pour retrouver une deuxième érection). Parallèlement, des changements plus intéressants existent aussi : une augmentation de la capacité à «tenir» sans éjaculer, une capacité élargie au plaisir (moindre concentration sur le pénis et les organes génitaux et augmentation de l'intérêt pour les caresses extra sexuelles), accentuation de la sensualité et des émotions sexuelles... Notons que la sensation de jouissance sexuelle reste tout aussi forte quand un homme avance en âge.

Chez les femmes, des changements existent aussi : la lubrification vaginale se fait plus lentement et elle est moins abondante, les parois vaginales deviennent plus fragiles, les contractions orgasmiques sont moins fortes. Et le côté plus positif est qu'il n'y a pas de perte de la capacité orgasmique et que la femme qui s'épanouit sexuellement va, au fil des années, se centrer davantage sur la sexualité alors qu'avant elle était plus souvent dans l'émotionnel. C'est comme si la femme, en avançant en âge, prenait vraiment sa sexualité en main, alors que l'homme mettait davantage de sensualité dans sa sexualité.

Ainsi, dans un couple homme-femme qui dure et qui est sexuellement heureux, la rencontre s'améliore au fil du temps ! En effet, la femme intègre mieux sa dimension génitale et l'homme sa dimension émotionnelle.[81]

---

[81] Pour en savoir davantage sur les changements sexuels liés à l'âge, vous pouvez lire *Pour que le sexe ne meure pas. La sexualité après 40 ans,* publié aux éditions Option Santé, 1999.

10

Les sept bases de l'harmonie conjugale

Nos observations des couples heureux et malheureux nous ont permis de découvrir certaines caractéristiques et certains acquis partagés par tous les partenaires des couples heureux. Ces acquis ne sont pas toujours présents et bien intégrés au moment de la formation du couple, mais ils se développent rapidement grâce à la dynamique paradoxale « fusion versus autonomie » inhérente à la vie de couple. Ces acquis ou bases de l'harmonie conjugale sont au nombre de sept.

10.1 Vivre seul et heureux pour mieux vivre à deux

Parmi les rares certitudes que nous possédions sur la vie, l'une est le fait que nous mourrons tous un jour et l'autre, que nous passerons le reste de notre vie avec nous-même, d'où la nécessité de faire de soi son meilleur compagnon, sa meilleure compagne. Une troisième certitude est que nous sommes notre corps d'où, là aussi, l'importance de prendre soin de son corps selon la maxime de Juvénal *Mens sana in corpore sano,* un esprit sain dans un corps sain. Impossible de développer une relation saine sans établir une saine harmonie avec soi-même et difficile d'être heureux dans un corps souffrant. Il nous faut donc apprendre à être heureux avec soi-même pour être heureux avec une autre personne. Nos recherches le confirment : les célibataires heureux forment la plupart du temps des couples heureux, car au lieu de « tomber » en amour, ils « s'élèvent » en amour. À mon avis, l'une des plus belles paroles d'amour que l'on puisse dire à son partenaire est : « Chéri(e), quand je suis avec toi, je suis heureux et quand je suis seul, sans toi, je suis aussi heureux » signifiant pas là que « Je n'ai pas besoin de toi, mais je te choisis librement et volontairement pour m'accompagner dans mon bonheur et je suis là pour toi, si tu le veux ». Cette pensée est pour moi le meilleur antidote à la codépendance et le plus bel exemple de maturité émotionnelle et de capacité d'établir une relation d'interdépendance.

Le bonheur se trouve seul et se partage avec quelqu'un.

Benoît Magimel

À quoi reconnaît-on un célibataire heureux ? Au fait que, ne sachant pas pendant combien de temps il sera seul, il en profite pour s'occuper de lui-même et voir à son épanouissement personnel. Il apprend à s'aimer et à être bien en expérimentant différentes activités afin de trouver celles qui lui plaisent le mieux. Il cultive les rencontres sociales afin de se faire des amis des deux sexes, y compris des amis mariés, amis avec lesquels il partage des activités sociales, sportives et culturelles. Il profite de son temps de célibat pour élargir ses horizons à tous points de vue. Il apprivoise sa solitude et sa liberté, en attendant de trouver un autre célibataire heureux avec lequel développer un projet de vie à deux.

L'homme s'occupe à chercher son bonheur, mais son plus grand bonheur est d'être occupé.

Le philosophe Alain

Le célibataire heureux, peu importe son âge, n'est pas fanatique et sait profiter de chaque occasion, de chaque expérience de vie pour s'enrichir. Le célibataire heureux sait s'entourer d'amis car il sait, à l'instar de Cicéron que « Quand on ôte l'amitié de la vie, on ôte le soleil du monde ». Ses relations sociales lui permettent de développer les habiletés relationnelles si nécessaires à la vie à deux et que nous analyserons un peu plus loin dans ce chapitre.

Quant aux célibataires malheureux, le psychologue Michel Giroux[82], à la suite de Vera Peiffer, les regroupe en sept catégories que nous reproduisons ci-dessous avec sa permission et la permission de son éditeur. Ces catégories s'appliquent autant aux hommes qu'aux femmes célibataires.

1. L'*ours grognon* ou celui qui s'enferme dans sa caverne au lieu de rencontrer des gens ; c'est « la vieille fille ou le vieux garçon d'à côté »[83] ;

2. Le *paon* ou le coureur de soirées 5 à 7 qui a horreur de la solitude et qui sombre dans des relations superficielles ;

3. La *fourmi affamée* ou celui qui travaille sans arrêt, se paie tout ce qu'il veut, mais dont la vie privée passe en dernier ;

4. Le *caméléon* ou celui qui veut passer inaperçu parce que trop timide pour entretenir une conversation ;

5. L'*oiseau-mouche* ou le charmant–charmeur qui va de passion en passion, terrifié par un engagement sérieux ;

6. La *sangsue* ou celui qui est prêt à s'engager avec la première personne qui s'intéresse à lui mais qui, finalement, fait fuir tout le monde.

7. Le *coq* ou la personne mariée toujours à l'affût d'une nouvelle conquête, mais à qui la solitude fait tellement peur qu'il n'ose divorcer[84].

Tous ces célibataires[85] n'ont pas su apprivoiser la solitude qu'ils vivent comme un isolement plutôt qu'un temps privilégié pour apprendre à mieux

La solitude est un poison pour l'âme et le corps.
Stefan Klein

connaître leurs besoins et à profiter au maximum de leur célibat avant de savourer les plaisirs d'une vie conjugale future que les célibataires heureux espèrent, mais ne recherchent pas désespérément et continuellement.

---

[82] Giroux, Michel, *Psychologie des gens heureux*, Éd. Quebecor, 2005, 168 p.

[83] Jack Nicholson incarne très bien l'ours grognon dans le film *Pour le pire et le meilleur*.

[84] Pour comprendre le coq, écoutez la chanson *Les souliers verts* de Lynda Lemay.

[85] Pour une description plus détaillée de ces célibataires malheureux, consultez le livre de Vera Peiffer, *Célibataire et heureux*, Éditions Le Jour, 1994, 158 p.

Le célibataire heureux possède, selon Vera Peiffer, les cinq aptitudes suivantes :

1. Il apprécie sa propre compagnie, sans tomber dans le narcissisme ;
2. Il est ouvert à l'expérience et à la nouveauté ;
3. Il exerce un travail satisfaisant, intéressant et amusant dans lequel il se réalise pleinement ; ou bien, il profite de son temps de célibat pour se réorienter professionnellement ;
4. Il a l'esprit d'initiative et va facilement vers les autres ;
5. Il a su développer une pensée positive face à la vie et sait que le bonheur n'est pas une question de statut civil, mais la capacité d'accorder de la valeur à ce que l'on possède.

Il n'est pas étonnant qu'un tel célibataire soit une personne très recherchée, car il ne fait pas dépendre son bonheur de la présence des autres, même s'il sait s'enrichir à leur contact.

10.2 Le choix du partenaire approprié : la compatibilité

La psychologie populaire est plutôt paradoxale. Elle dit d'une part que « les contraires s'attirent » et affirme dans un même élan que « Ceux qui se ressemblent, s'assemblent ». Qui dit vrai ? Que nous révèlent nos observations scientifiques sur les couples heureux à long terme ? Nous avons déjà parlé de l'illusion de l'âme sœur, soit une personne qui correspondrait en tous points à nos désirs, comblerait tous nos manques et panserait toutes nos blessures passées. Cette recherche de la personne idéale nous prédispose aux coups de foudre et aux désillusions consécutives. D'un autre côté, la différence est à la source du désir, comme nous démontre le fait que les garçons et les filles amis d'enfance deviennent rarement amoureux[86]. La vérité semble donc se situer quelque part entre les deux assertions avec un

---

[86] Ce sont par contre des couples très stables, parce que basés sur l'amitié.

penchant plus prononcé pour les ressemblances. Vivre avec quelqu'un qui est complètement à l'opposé de soi, de ses valeurs, de ses priorités est une impossibilité, car les sources de conflits seraient nombreuses et les crises intenses. Par contre, vivre avec un clone de soi-même pendant des décennies ne doit pas non plus être très stimulant et très épanouissant. La stabilité, la sécurité et la validation qu'apportent les ressemblances doivent s'allier au mystère, à la créativité et à la stimulation que les différences provoquent pour faire d'un couple un couple vivant et capable d'évoluer.

De tous les facteurs reliés au bonheur conjugal permanent, la compatibilité semble être le plus important. Plus les partenaires d'un couple se ressemblent, plus l'espérance de vie commune augmente ainsi que les probabilités d'un bonheur intense. Ces ressemblances sont à la fois physiques, sociales, psychologiques, émotives et spirituelles. Il apparaît en effet logique de penser que les individus partageant la même origine, partageant les mêmes objectifs, les mêmes valeurs et la même philosophie de vie diminueront d'autant les conflits générés par de trop grandes différences de perception au

D'une certaine manière, les contraires s'attirent et les semblables s'endurent.

Pierre Langis

sujet des conflits conjugaux insolubles qui, rappelons-nous, constituent la majorité des conflits. Un même sentiment de sécurité, ou d'insécurité, au sujet de l'argent diminuera d'autant les préoccupations pécuniaires. Une même attitude éducative face à la sexualité des enfants, par exemple, donnera de meilleurs résultats que si l'un des partenaires est très permissif et l'autre, très conservateur. Non seulement c'est logique, mais nos recherches statistiques nous le prouvent. Le couple idéal et stable serait formé d'au moins 70 % de ressemblances.

La compatibilité physique. Avez-vous remarqué comment les partenaires des couples heureux à long terme finissent par se ressembler physiquement ? Oui, il existe des couples « Mutt and

Jeff », un duo célèbre de bandes dessinées américaines, composé d'un grand maigre et d'un gros court, mais nos observations démontrent que les couples se forment à partir d'attraits et de caractéristiques physiques semblables. Serge Gainsbourg a peut-être été aimé par les plus belles actrices françaises, mais justement, aucune de ses relations amoureuses n'a été très stable et il a surtout accumulé de nombreuses conquêtes, stimulant l'envie de la majorité des hommes. Les couples heureux à long terme sont mieux assortis. Ils ont sensiblement le même âge, avec une différence moyenne de deux ans en faveur de l'homme[87]; les hommes sont plus grands de onze centimètres seulement. Je n'ai pas trouvé d'études comparant le poids des partenaires, mais je serais porté à dire que le gabarit des partenaires est là aussi assez semblable.

Cette compatibilité physique va jusqu'à la recherche d'une même intensité de sensations, les amateurs de sensations fortes étant ceux et celles qui ont le plus de difficulté à vivre le quotidien du couple et donc à être heureux à long terme. Tout être humain est à la recherche de stimulations et chacun d'entre nous fonctionne selon ce que Hans Selye appelle un « eustress », un stress harmonieux. Une insuffisance de stress mène à la déprime, une trop grande quantité de stress, au burn-out. Certains recherchent la sécurité dans la répétition d'un quotidien stable et tout de même intéressant et valorisant alors que d'autres sont continuellement à la recherche d'intensité, de risques et d'aventures. Nous avons toujours le choix entre la stabilité et l'intensité, laquelle par définition ne peut être stable. L'intensité des sensations, très forte lors de la période passionnelle, ne peut que s'atténuer avec le temps. Les couples heureux à long terme sont ceux qui transforment leur forte attirance du début en amour tranquille, qui font en sorte que leur routine devienne un rythme de vie dont ni l'un ni l'autre ne se lasse parce qu'ils savent

---

[87] Kaufmann, Jean-Claude, *La formation du couple,* Que sais-je ?, 1993.

profiter de leur quotidien. Les couples à la recherche perpétuelle d'intensité finissent immanquablement par s'ennuyer et mettre de l'intensité dans leurs disputes. Un couple formé d'un partenaire qui recherche l'intensité et l'autre la sécurité du quotidien est la pire combinaison possible. Les couples heureux sont ceux qui ont su trouver une harmonie physique, sensuelle et sexuelle. Les partenaires des couples malheureux sont insatiables.

La compatibilité sociale. On ne compte plus les recherches qui démontrent que plus les partenaires sont appropriés selon leur origine sociale, plus leur relation est heureuse et durable. Le partenaire le plus approprié est quelqu'un qui provient du même milieu socio-économique, qui a atteint le même niveau d'éducation, qui possède la même origine ethnique et la même couleur de peau et qui fait partie du même groupe religieux que vous. Des recherches françaises ont même démontré que 50 % des couples étaient formés à partir de partenaires vivant dans le même département et qu'ils avaient plus de chances d'être heureux que ceux provenant de départements différents, à plus forte raison les couples n'ayant pas la même nationalité ou origine ethnique ou religieuse. D'ailleurs, la majorité des couples ne se forment-t-ils pas soit à l'école, soit au travail, démontrant par là le fait indéniable que « qui se ressemble s'assemble ».

Il y a certes des individus de race, de religion et même de langue différentes qui forment des couples, mais ceux-ci sont aux prises avec de plus grandes difficultés d'adaptation que les couples qui proviennent de la même classe sociale et de la même région géographique. Aux six sources de conflits insolubles s'ajoute le fait que ces couples doivent en plus apprendre à composer avec des différences culturelles et religieuses souvent insurmontables, créant ainsi un obstacle de plus à leur bonheur. Grâce à Internet, des personnes de régions éloignées ou même de pays différents peuvent maintenant entrer plus facilement en relation par l'intermédiaire des sites de rencontres. Il a même été démontré que le « chat » ou « clavardage »[88] permettait, grâce à l'anonymat, d'escamoter les étapes de la séduction et d'arriver à une plus grande ouverture de soi dans les courriels échangés. Internet multiplie les possibilités de rencontre entre personnes qui sont plutôt des timides sociaux. Toutefois, à ma connaissance, il n'existe aucune étude sérieuse évaluant le taux de réussite ou de non-réussite des couples d'internautes. L'intimité virtuelle rapide créée par l'écrit donne probablement lieu à des rencontres en temps réel, mais combien de ces rencontres survivent à l'attirance ou non des corps et de ses odeurs, base de l'attirance nécessaire à l'amour ?

La compatibilité psychologique. Il y a déjà plus de cinquante ans apparurent les premières classifications typologiques pour essayer de coupler des hommes et des femmes sur la base de leurs traits de caractères. La plus célèbre de ces typologies est certainement celle de René LeSenne[89] (perfectionnée par de nombreux auteurs à sa suite) qui départageait les caractères selon trois critères : l'émotivité, l'activité et le retentissement, chacun de ces critères étant évalué sur une échelle de 1 à 7 et donnant lieu à sept caractères plus ou moins compatibles et complémentaires. L'émotivité fait référence à la capacité vibratoire de l'individu, l'activité à sa capacité de se mettre en action et le retentissement à l'impulsivité plus ou moins grande. Sans entrer dans le détail de leur description, les recherches faites à partir de cette caractérologie ont démontré que les caractères trop semblables (deux amorphes par exemple) ou trop différents (un amorphe et un colérique) pouvaient difficilement s'entendre. Par contre, les caractères qui présentaient de faibles différences en plus ou en moins sur chacun des trois critères étaient ceux qui pouvaient le mieux se compléter harmonieusement : l'apathique est entraîné

---

[88] Contraction de clavier et bavardage

[89] Le Senne, René, *Traité de Caractérologie,* Presses Universitaires de France, coll. Logos, 1ère édition, 1945.

par un moins apathique ; le passionné est tempéré par un moins passionné qui peut mieux le comprendre tout en ne réagissant pas fortement à ses réactions impulsives ; le non émotif est stimulé par un partenaire quelque peu plus émotif, mais terrorisé par le passionné émotif. Ainsi de suite.

Il apparaît évident que les couples formés par des partenaires ayant des personnalités semblables sans être identiques, les mêmes traits de caractère, un même niveau intellectuel, une même perception du partage des rôles sexuels, une même ouverture d'esprit, les mêmes attentes réalistes face aux couples, un même sens de l'humour, un même niveau d'énergie, les mêmes idéaux et la même capacité d'adaptation ont plus de chances de former des couples harmonieux que ceux qui sont à l'opposé sur chacune de ces variables. Les extrêmes ne font généralement pas bon ménage, du moins pas très longtemps.

La compatibilité émotive. Partant du principe que l'on ne peut donner que ce que l'on possède, nous acquérons de nos parents le maximum de maturité émotive qu'ils ont atteint et nous choisissons un partenaire qui possède la même maturité, ou immaturité, émotionnelle que nous. C'est en ce sens que notre partenaire est notre miroir et qu'il nous renvoie une image de nous-même, comme précédemment mentionné. Les personnes possédant peu d'estime d'elle-même attireront nécessairement des personnes qui ont une faible estime d'elles-mêmes et qui sont à la recherche de quelqu'un qu'elles mettront sur un piédestal pour être validées par ce partenaire idéalisé. La personne fusionnelle a peu de chances de former un couple avec une personne bien différenciée. Comme le dit Guy Corneau lors de ses conférences, les femmes généreuses au côté maternel hyper développé attireront un homme « enfant gâté » et immature qui veut se faire servir et certainement pas un homme autonome, capable de prendre soin de ses besoins. L'homme narcissique attirera des admiratrices centrées sur elles-mêmes plutôt que des femmes altruistes et indépendantes. La « bonne petite fille » recherchera un père protecteur qui la manipulera et le « bon petit garçon », une femme qui l'exploitera, et ainsi de suite. Ces couples émotionnellement immatures vivront nécessairement des crises qui pourraient leur permettre de se remettre en question, d'apprendre à se dépasser en prenant conscience de la dynamique intrapersonnelle qui les a poussés à choisir leur partenaire actuel et, ainsi, à élever leur niveau de maturité émotionnelle. Malheureusement, il est plus facile de demander à l'autre de changer, de l'accuser de tous les torts, de divorcer et de trouver un autre partenaire semblable avec lequel recréer le même scénario... et le même désastre.

Les personnes ouvertes, confiantes, empathiques risquent fort d'attirer des personnes possédant la même maturité émotive. Les personnes autonomes, bien individualisées, responsables d'elles-mêmes, bien dans leur peau, en contrôle de leurs émotions et ouvertes aux autres attireront leur semblable et augmenteront ainsi leurs probabilités de former des couples heureux à long terme. La maturité émotionnelle nécessaire à un amour véritable et durable est celle qui, paradoxalement, permet la fusion de deux partenaires sans perte d'autonomie[90]. Ou comme le dit le psychanalyste Éric Fromm dans l'art d'aimer : « Dans l'amour accompli, il y a préservation de l'intégrité de l'individualité, dans le sens paradoxal où deux êtres se permettent d'être un, tout en restant deux[91]. » La réelle intimité émotive n'est possible qu'entre deux personnes fortement individualisées mais capables de laisser aller pour se permettre des moments de fusion et des moments de dé-fusion. Contrairement à la croyance des couples malheureux, l'intimité n'est pas fusion et ne se limite nullement à la proximité sexuelle ; elle est plutôt une relation facilitant l'attachement et le détachement, laissant ainsi

---

[90] Lire à ce sujet le livre de Delis, Dean, *Le paradoxe de la passion,* Op.cit.

[91] Propos rapportés dans Langis, Pierre, *Psychologie des relations intimes,* Éd. Bayard, 2005, p. 201.

chaque partenaire libre : « Je suis bien quand je suis avec toi et je suis bien quand je suis sans toi. Je n'ai pas besoin de toi pour me réaliser, mais je décide chaque jour de me réaliser avec toi et de t'aider à te réaliser avec moi, si tu le veux. » Seuls les partenaires qui arrivent à cette maturité émotionnelle peuvent espérer former un couple heureux à très long terme.

La compatibilité spirituelle. J'entends par spiritualité ce qui est de l'ordre de l'esprit, par opposition (ou complémentarité) à ce qui est de l'ordre du matériel. Pour moi, nul besoin de religion pour développer sa moralité, avoir un sens des valeurs et un code d'éthique. De nombreuses études sociologiques ont depuis longtemps démontré que, si le matériel est nécessaire à un certain confort, celui-ci n'est nullement gage de bonheur. Les membres des couples heureux possèdent une même philosophie de vie et un sens élevé des valeurs humaines telles la dignité, le respect, le don de soi, la croissance personnelle. Au-delà de leur réalisation personnelle et conjugale, ils savent qu'ils font partie d'un tout plus grand qu'eux et que de leur propre épanouissement dépend l'épanouissement de la société et de l'humanité. Sans renier leur individualité et leur affirmation personnelle, ils ne deviennent pas les êtres égocentriques axés sur la seule satisfaction de leurs besoins personnels que nous rencontrons malheureusement trop souvent dans nos sociétés de loisir à tout prix et du « jeter après usage ». Ils ont une conscience « écologique », c'est pourquoi ils s'impliquent souvent dans des projets communautaires.

La spiritualité est faite d'engagement, d'ouverture et d'honnêteté. C'est ce qui permet une véritable rencontre avec l'autre dans sa globalité. La spiritualité est faite d'égoïsme sain (je prends soin de moi) et d'altruisme sain (je prends soin de l'autre comme l'autre le veut). C'est la spiritualité qui nous sort de la solitude et construit la relation. Cette compatibilité spirituelle n'est souvent possible que lors de la cinquième étape du couple (chapitre 3), mais se construit tout au long de l'évolution du couple. C'est pourquoi les couples heureux finissent par se ressembler et avoir de moins en moins besoin de parler pour se sentir exister et en relation.

Les partenaires incompatibles. D'après une interprétation du psychologue états-unien Herb Goldberg[92], les couples formés par des partenaires très dissemblables seraient en fait basés sur la peur inconsciente de l'autre sexe. Le macho hyper-masculin rechercherait la femme hyper-féminine et vice-versa pour une unique raison : apprivoiser sa peur de l'autre sexe. Pour ce macho, la femme idéale est toujours très sexy, réceptive, non contrôlante, aimante, non exigeante, jamais critique et toujours prête à l'écouter et à le laisser libre. Être aimé par une telle femme validerait son identité qui ne serait alors jamais remise en question : il se sentirait adoré. Comme cette femme n'existe que dans ses fantasmes et non dans la réalité, il peut ainsi rationaliser sa misogynie et sa croyance que toutes les femmes veulent « arnaquer » les hommes. Pour l'hystérique, l'homme idéal est rassurant, protecteur, généreux, attentif, communicatif, devin, dévoué, toujours prêt à s'engager et jamais dominant. Être aimée par un tel homme la confirmerait dans sa perception d'elle-même et ferait d'elle une reine. Comme cet homme n'existe que dans les contes de fée, elle peut ainsi rationaliser sa misandrie et accuser les hommes d'être tous des manipulateurs ou des dominateurs. Pour Goldberg, les Don Juan et les Barbie manifesteraient aussi, par leurs comportements séducteurs, la même peur et haine de l'autre sexe[93]. Ni l'un ni l'autre ne veulent « s'abaisser » à aimer un être humain nécessairement erratique et imparfait, miroir de leur propre imperfection narcissiquement insupportable.

---

[92] Interprétation rapportée par Pierre Langis dans *Psychologie des relations intimes,* Éd. Bayard, 2005, p.134.

[93] Pour une description plus détaillée du macho et de l'hystérique, de Don Juan et de Barbie, référez-vous au livre de Herb Goldberg, *L'homme sans masque,* Éd. Le Jour, 1990.

10.3 La connaissance des différences homme–femme

À mon avis, l'une des principales sources des conflits conjugaux provient de l'ignorance, quand ce n'est pas le refus, des différences fondamentales qui existent entre l'homme et la femme. J'en ai parlé à plusieurs reprises tout au long de ce livre. De nombreux auteurs, à la suite du psychologue états-unien John Gray, ont analysé en long et en large ces nombreuses différences.

Certains croient encore aujourd'hui que ces différences ne sont que le fruit de l'éducation et de l'influence culturelle. Mais de nombreuses recherches en neuropsychologie démontrent le bien-fondé biologique de ces différences, du moins de certaines tendances qui poussent les hommes et les femmes à agir, non pas de façon identique, mais de façon complémentaire. Il existe certes de grandes différences individuelles, mais les preuves scientifiques s'accumulent, grâce à nos outils technologiques sophistiqués, pour affirmer que la grande majorité des femmes est faite dans un moule quelque peu différent de celui de la majorité des hommes. Toutes ces différences reposeraient essentiellement sur la programmation génétique de la paire de chromosomes sexuels, XX ou XY, soit un chromosome sur quarante-six, ce qui équivaut à 2,17 %. Les hommes et les femmes sont plus semblables que différents, mais ces différences sont omniprésentes dans toutes les sphères de notre vie. Les ignorer peut être source de nombreux malentendus.

Toi, Jane. Moi, Tarzan.
Tarzan

Les êtres humains ne sont pas répartis sur un continuum dont une extrémité serait la féminité et l'autre, la virilité. À mon avis, la virilité constitue en soi un continuum, de même pour la féminité. On peut être moins féminin, sans être nécessairement plus masculin et vice-versa. Et, contrairement aux tenants de la similarité des genres et des sexes, ces différences ne sont pas utilisées pour asservir un sexe à l'autre, quoique cette tendance ait existé à travers l'histoire humaine. On a, par exemple, longtemps cru que, parce que le cerveau de l'homme pèse en moyenne 250 grammes de plus que celui de la femme, ce dernier était plus intelligent qu'elle. Aujourd'hui, nous savons que cette différence de poids est largement compensée par une plus grande densité de neurones dans le cerveau de la femme, faisant ainsi disparaître la fausse croyance de la supériorité quantitative du cerveau masculin, quoique le fonctionnement de l'intelligence des hommes et des femmes puisse présenter des différences qualitatives, l'intelligence de l'homme étant plus linéaire et celle de la femme, plus intuitive.

En ce qui concerne les différences, le problème n'est pas leur existence, mais la tendance tout à fait humaine à vouloir normaliser et mettre de l'avant certaines différences au détriment de d'autres. Par exemple, valoriser l'expression des émotions plutôt que leur retenue, la coopération plutôt que la compétition, la communication verbale plutôt que la communication non verbale, la relation plutôt que l'action, la sensualité plutôt que la génitalité ne peut qu'encourager les valeurs d'un sexe au détriment de celles de l'autre et mener à une guerre des sexes aussi futile que destructrice. De nombreux lecteurs de mes livres et nombre de participants à mes conférences et ateliers ont dit se sentir « normal » et mieux comprendre leur partenaire après avoir lu ou entendu mes propos. Connaître, comprendre et accepter ces différences ont permis à ces couples de faire baisser la pression et minimiser ainsi leurs conflits. Pour la femme, comprendre que l'homme qui se retire dans le silence pour retrouver la paix de son esprit ne la rejette pas et ne l'en aime pas moins peut l'aider à accepter cette tendance masculine atavique. Pour l'homme, comprendre que la femme a plus besoin que lui de paroles et d'être entendue dans l'expression de ses émotions pour se sentir aimée peut l'amener à être davantage à l'écoute et à moins argumenter ou à lui offrir des solutions.

Voici ce que m'a écrit Antoine Dompierre de Québec après avoir lu mon livre *Homme et fier de l'être*[94], livre dans lequel je présente les caractéristiques de la virilité telles que reconnues par la psychologie différentielle des sexes et la neuropsychologie :

« Je tiens à vous remercier du fond du cœur d'avoir écrit ce livre qui me permet non seulement de mieux me comprendre, mais qui me confirme ce que, au fond, j'ai toujours pensé : la plupart du temps, j'agis correctement, en accord avec moi-même et ce que je pense être juste, peu importe le jugement ou les attentes des femmes qui évaluent ce que je fais d'après leurs propres valeurs. J'étais

> J'aime bien l'idée
> qu'il y ait deux sexes.
> Pas vous ?
>
> James Thurber

rendu à un point de ma vie où j'avais besoin d'expliquer mes comportements et je n'avais que des références féminines, plus ou moins en accord avec ma compréhension du monde.

Bien que les femmes, avec la montée du féminisme, aient permis à la société tout entière d'évoluer vers une plus grande sensibilité et une recherche d'épanouissement supérieur, il est temps de tenir compte, d'une part, de l'apport des hommes au cours des millénaires et, peut-être plus important encore, de ce que les hommes peuvent encore apporter à la nouvelle société. Votre livre me donne les mots que je cherchais pour exprimer ma pensée et je suis plus en accord avec moi-même. Oui, c'est O.K. d'être un homme et d'agir comme un homme ! Encore une fois: merci ! »

J'imagine facilement qu'une lectrice pourrait écrire quelque chose de semblable si une auteure écrivait un livre *Femme et fière de l'être*.

Encore faut-il faire la différence entre l'identité de genre et l'identité sexuelle, entre les rôles sexuels et les fonctions sexuelles pour ne

---

[94] Dallaire, Yvon, *Homme et fier de l'être. Un livre qui dénonce les préjugés envers les hommes et fait l'éloge de la masculinité*, Éd. Option Santé, 2001.

pas faire des différences homme–femme que des stéréotypes et des préjugés. Dire par exemple que l'homme est un être fondamentalement actif et la femme un être foncièrement passif relève du préjugé et ne repose sur aucune base scientifique. Dire à l'instar de St-Thomas d'Aquin au XIIIe siècle que l'homme est essentiellement polygame et accidentellement monogame, et l'inverse pour la femme, c'est faire fi des statistiques actuelles qui démontrent la parité des infidélités entre les sexes, quoique l'infidélité de l'un et de l'autre ne suscite pas les mêmes réactions émotives : il nous est plus facile d'accepter l'infidélité de notre père que celle de notre mère. Le double standard s'applique fréquemment entre les hommes et les femmes, particulièrement dans le domaine de la sexualité[95].

L'identité de genre, le masculin et le féminin, est forgée par l'éducation et les valeurs culturelles : les filles peuvent se montrer fragiles alors que les garçons doivent être forts. Ces traits reposent, toutefois et souvent, sur une identité sexuelle, mâle et femelle : les hommes possèdent une masse musculaire plus importante que les femmes, soit 40 % contre 23 %. On attend donc de l'homme qu'il démontre plus de force et on l'éduque en ce sens. Toutefois, ce stéréotype entretient le préjugé de l'homme violent et de la femme victime, comme si les femmes ne pouvaient pas être, elles aussi, agressives et violentes, même si elles ont une masse musculaire moins importante. En ce sens, l'identité de genre est facilement malléable et peut différer d'une culture à l'autre et d'une époque à l'autre. Toute autre est l'identité sexuelle qui, d'après des découvertes génétiques récentes, n'aurait pas changé chez la femme depuis plus de 143 000 ans et chez l'homme, depuis 59 000 ans[96]. En tant que mâle et femelle, nous continuons de réagir comme au temps des cavernes ou des savanes, même si nos conditions environnementales de vie ont grandement changé et changé notre

---

[95] Encore aujourd'hui, on évaluera négativement la femme qui a plusieurs partenaires sexuels alors qu'on dira de l'homme qu'il acquiert ainsi de l'expérience et qu'il fera un bon amant.

[96] Johnson, Olive Skene, *The Sexual Spectrum. Exploring Human Diversity*, Raincoast Books, 2004, pp. 34-35. C'est l'étude de l'ADN et du chromosome Y qui a permis cette datation qui démontre que le sexe féminin précède le sexe masculin.

féminité et notre masculinité : les femmes ne sont plus astreintes aux tâches nourricières et les hommes aux tâches guerrières et chasseresses.

La distinction entre le genre (masculin et féminin) et le sexe (mâle et femelle) permet de préciser la distinction à faire entre rôle sexuel et fonction sexuelle pour mieux comprendre les liens entre le sexe et le genre et les réelles différences inaliénables existant entre l'homme et la femme. Le rôle relève du genre alors que la fonction relève de l'identité sexuelle. Selon les psychanalystes Simone et Moussa Nabati[97], les rôles possèdent cinq caractéristiques précises.

1. Ils sont d'abord conscients et volontaires. Par exemple, l'homme peut se sentir libre ou forcé de faire la vaisselle, mais il est conscient qu'il fait le choix d'accepter de la faire à la demande de sa femme.

2. Les rôles relèvent de la réalité, c'est-à-dire qu'ils sont concrets, tangibles, visibles, mesurables et susceptibles d'être partagés entre les hommes et les femmes. Ce sont des activités réelles.

3. Il existe une quantité innombrable de rôles : partage des tâches ménagères, des soins aux enfants, des rôles sociaux, des rôles économiques, politiques…

4. Ces rôles ne sont pas spécifiques, c'est-à-dire qu'ils n'appartiennent pas uniquement à un sexe. L'homme ou la femme, indifféremment, peut sortir les poubelles, donner le biberon, travailler à l'extérieur. Sur le plan psychologique, les rôles ne sont ni féminins, ni masculins, et il n'existe aucune hiérarchie de rôles, soit des rôles meilleurs que les autres, bien que l'on puisse préférer remplir tel ou tel rôle.

5. Finalement, les rôles sont relatifs : ils changent au gré des modes, des cultures, d'une époque à l'autre, selon les valeurs sociales ou dominantes. On ne voyait pas de femmes conduire

---

[97] Nabati, Simone et Moussa, *Le père, à quoi ça sert ?* Éd. Jouvences, 1994, pp. 61-68.

des camions, il y a 50 ans, ni d'hommes faire la vaisselle. Les modèles ont fort changé et continueront de changer dans le futur.

Tout individu est fortement influencé par son environnement social. Il ne décide pas toujours de ses rôles, sa société les lui impose souvent. «Par conséquent, les rôles constituent ces nombreux actes réels, concrets, conscients et volontaires de la vie quotidienne, interchangeables entre les deux sexes, se modifiant dans le temps et l'espace en fonction des images que l'on se fait de l'homme et de la femme[98]».

Par contre, toujours selon le couple Nabati, les fonctions possèdent quant à elles des caractéristiques contraires à celles des rôles.

1. La fonction est tout d'abord inconsciente. La fonction paternelle, par exemple, n'est pas une décision librement consentie ; elle fait partie de la nature de l'homme.

2. Elle est psychologique, c'est-à-dire qu'elle n'est pas mesurable. On ne peut mesurer le fait d'être homme ; on n'est pas plus ou moins homme parce que l'on a plus ou moins de comportements d'homme ou qu'on exerce plus ou moins de rôles masculins. La fonction est intangible.

3. Elle est unique. Il y a une seule façon d'être homme, même si on peut exprimer sa masculinité de différentes façons.

4. La fonction est aussi spécifique dans la mesure où elle n'est pas interchangeable entre l'homme et la femme, entre la mère ou le père. Le père ne peut se substituer à la mère sans dommage pour l'enfant, quoiqu'en disent les féministes et les psychologues culturalistes.

5. Finalement, la fonction est absolue : elle ne peut être modifiée. Par exemple, «La fonction paternelle ou maternelle… opère indépendamment de toute réalité, de toute culture ou société,

---

[98] Nabati, *Ibid.,* p. 63.

elle est affranchie des caprices des modes et de la relativité, elle est éternelle, immuable, non contingente dans le temps et l'espace. Il s'agit de la même fonction à l'œuvre depuis l'aube de l'Humanité, à Paris comme à Tombouctou[99]. »

Les différences homme–femme, dont il est question tout au long de ce livre, relèvent davantage de la fonction que du rôle, même si certaines différences peuvent à la longue (je fais ici référence à des millénaires) être suffisamment influencées par la pratique culturelle pour se modifier et apparaître ou disparaître en tant que différences. Mais elles seront probablement remplacées par d'autres que la pratique culturelle aura finalement inscrite dans les gènes.

> *C'est fantastique d'être avec quelqu'un qui voit les choses différemment.*
>
> Keith Bellows

Pour être heureux en couple, il y a nécessité de connaître, comprendre, accepter et valoriser ces différences. Pour une véritable égalité et harmonie sociales des sexes, il en va de même. L'humanité a tout à perdre à faire disparaître les spécificités mâle et femelle : on devrait plutôt continuer de les exploiter comme nous l'avons fait depuis des millénaires, tout en tenant compte des nouvelles conditions de vie et du fait que la survie de l'humanité est maintenant assurée. On doit reconnaître ces différences et les… transcender. On doit mettre l'accent sur l'individu en tant qu'être humain et non en tant qu'être sexué. Nul besoin d'un Conseil du statut de la femme ou de l'homme (revendication actuelle de nombreux groupes masculinistes) ou d'un Comité paritaire, si la charte des droits humains de l'O.N.U. est respectée à la lettre. Et peut-être que les mouvements féministes et masculinistes cesseraient de stimuler la suspicion entre les sexes, créant ainsi un terrain propice aux conflits conjugaux. Nombre de membres de ces mouvements ont fait partie de couples fusionnels

---

[99] Nabati, *Ibid.*, p. 66.

qui ont mal, très mal tourné et qui généralisent leur situation personnelle à l'ensemble. Ce qui ne veut pas dire qu'il ne faille pas continuer à dénoncer les injustices, systémiques et spécifiques, dont certains groupes d'hommes et de femmes sont victimes. Il est temps de passer de la perception des sexes comme étant opposés l'un à l'autre à une perception complémentaire des sexes. Les membres des couples heureux se complètent et s'entraident, plutôt que de vouloir s'imposer à l'autre.

Quand je pose la question du secret de leur bonheur aux couples heureux, j'entends souvent la réponse suivante: «Je l'ai accepté tel qu'il (elle) était et je n'ai jamais cherché à le (la) changer. Un homme, c'est un homme; une femme, c'est une femme», ceci dit avec un sourire complice et un regard chargé de sous-entendus.

10.4 Le sens des responsabilités

La personne, célibataire ou en couple, la plus heureuse est celle qui prend l'entière responsabilité de sa vie et qui s'active pour se réaliser lorsqu'elle est seule et lorsqu'elle est en couple ou en société. C'est celle dont le centre de vie est à l'intérieur d'elle-même et non dans le regard de l'autre. La personne heureuse est comme une belle table reposant également sur ses quatre pattes; les quatre pattes étant égales, la table ne peut être bancale. La personne qui prend soin également des quatre dimensions de sa vie aura une vie équilibrée, épanouissante et heureuse. Pour moi, chaque individu est à la fois Professionnel, Partenaire, Parent et possède une vie Privée. C'est ce que j'appelle ma théorie des 4 P (ou 4 pattes), chacun de ces 4 P devant être bien développé pour assurer notre équilibre mental, affectif, relationnel et professionnel.

Le **Professionnel** qui existe en nous est celui qui veut s'épanouir dans son travail et ses activités professionnelles; c'est celui qui a besoin de se sentir utile et qui veut prendre une (sa) place dans la société et ainsi gagner financièrement sa vie et celle des gens qui dépendent de lui ou d'elle. Notre côté **Partenaire,** c'est notre besoin d'être en relation d'égalité avec tous les autres: un humain parmi les autres humains. Il recouvre tous les besoins suivants: aimer, être aimé, sexualité, complicité, engagement, partage, chaleur humaine, communication... Pour y parvenir, parmi tous les humains rencontrés, nous recherchons activement un Partenaire privilégié, un Pp. C'est évidemment à l'intérieur du couple que l'on peut le mieux satisfaire ce besoin de partenariat.

Le **Parent,** c'est la partie de nous qui veut aider les autres, la partie de nous qui se met au service d'autrui, notre côté altruiste. Nos enfants sont ceux qui ont le plus besoin de notre aide parentale et avec lesquels nous nous devons d'être Parent, mais nous sommes aussi Parent lorsque nous aidons notre partenaire, lorsque nous conseillons nos amis, lorsque nous prenons soin de nos propres parents ou lorsque nous faisons du bénévolat. Le côté **Privé,** c'est le monde des loisirs, des projets et rêves personnels; c'est notre jardin secret, celui où un sain égoïsme doit se manifester (l'égoïsme en question ici est le mouvement qui consiste à partir de soi pour aller vers l'autre, et non le mouvement qui va des autres vers soi, ce qui serait de l'égocentrisme). C'est la relation à moi-même, la partie de moi qui me regarde vivre et qui discute avec moi. C'est celle qui prend conscience que je passerai le reste de ma vie avec moi-même et qui doit faire en sorte que je sois pour moi un excellent compagnon.

Peu de choses peuvent aider un individu plus que de lui donner des responsabilités et de lui laisser savoir que l'on a confiance en lui.

Booker T. Washington

La personne en équilibre est celle qui satisfait et développe équitablement ces **4 P**. La personne en déséquilibre est celle qui valorise une dimension au détriment des autres. Par exemple, les hommes ont tendance à s'investir dans leur rôle de **P**rofessionnel au détriment

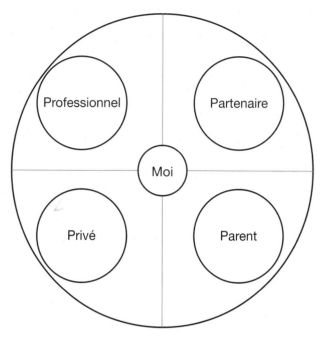

Figure 20. Les quatre dimensions de la vie

de leur rôle de **P**artenaire ou de **P**arent ; quant aux femmes, elles se consacrent souvent exclusivement à leur rôle de **P**arent ou de **P**artenaire au détriment de leur **P**rofession et de leur vie **P**rivée.

Qu'il puisse y avoir des moments dans la vie où l'une ou l'autre de ces dimensions prenne toute la place, il n'y a là rien de plus normal. Par exemple, le temps de la grossesse et des premières années de la vie de l'enfant peut amener une femme à se consacrer exclusivement à son rôle de Parent pendant un certain temps ; mais elle ne pourrait le faire toute sa vie sans danger pour son développement mental, celui de ses enfants et celui de son partenaire. Il est tout aussi compréhensible que l'on puisse, à un certain moment de notre vie, investir davantage de temps et d'énergie dans sa Profession pour s'assurer d'un confort matériel et d'une sécurité financière, mais le faire au détriment des autres dimensions de notre vie risque de faire de nous un véritable « workaholique » et ruiner non seulement notre vie professionnelle, mais aussi notre relation amoureuse et nos liens avec nos enfants. Toute personne a la responsabilité de s'assurer que ces quatre P puissent se développer de façon harmonieuse afin de pouvoir, à la fin de sa vie, regarder son passé et se dire : « mission accomplie et vie bien remplie ». Idéalement, nous devrions investir 25 % de notre temps de vie et de notre énergie vitale dans chacune des « pattes » de notre personnalité.

Lorsqu'une personne autonome et responsable d'elle-même rencontre une personne qui a atteint le même sens des responsabilités, cela donne la Figure suivante, dont voici quelques explications.

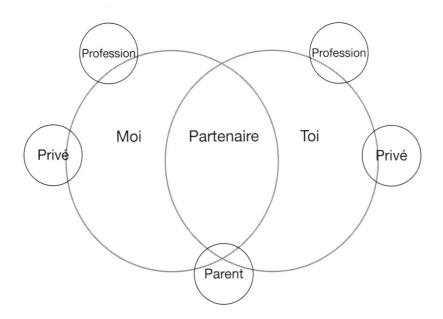

Figure 21. La rencontre de deux personnes responsables

La vie privée se présente comme si elle était à l'opposé de la vie de couple, mais ce n'est pas le cas. Cette fausse opposition représente tout simplement la capacité d'attachement et de détachement dont j'ai parlé précédemment. La vie professionnelle est généralement personnelle, mais de plus en plus de couples travaillent en collaboration, le cercle l'illustrant devrait alors ressembler à celui qui représente les enfants. Chaque personne heureuse reste au centre d'elle-même et se focalise sur ce qu'elle peut faire pour améliorer sa vie de couple, sa vie professionnelle, sa vie parentale et sa vie privée. Elle s'investit donc à 100 % dans toutes les sphères de sa vie puisque de sa responsabilité dépend sa vie. Elle choisit donc une personne qui s'investira aussi à 100 %. À 200 %, ces couples augmentent d'autant leur probabilité d'être heureux, alors que les couples malheureux comptabilisent tout à 50-50. Par exemple, chaque membre d'un couple heureux n'espère pas que l'autre devine où il voudrait aller en vacances, ce qu'il aimerait recevoir comme cadeau d'anniversaire ou ce qu'il aime sexuellement ; il le demande gentiment, clairement, positivement, augmentant ainsi la réalisation potentielle de son désir.

10.5 L'intelligence émotionnelle conjugale

De façon très simpliste, on pourrait dire que le cerveau humain est composé de trois cerveaux. Le premier gouverne les sensations et les réflexes associés à la survie. Ce cerveau est appelé reptilien parce que nous le partageons avec tous les vertébrés. Les reptiles, qui ne ressentent aucune émotion ni sentiment, mangeront leurs petits, si nécessaire, pour assurer leur survie. Avec les mammifères, se développa un deuxième cerveau appelé limbique, ou rhinencéphale, à partir du lobe olfactif[100]. Ce cerveau est appelé « mammalien ». Les

---

[10] L'olfaction joue, par l'intermédiaire des phéromones, un rôle très important dans l'attirance sexuelle et amoureuse. Nous sélectionnons nos partenaires en fonction d'odeurs qui nous sont agréables, tout comme nous éprouvons de l'antipathie pour les gens que nous ne pouvons « sentir ».

espèces animales qui en sont pourvues sont capables d'émotions. Lorsque nous sommes envahis par la peur, transportés par la passion ou tout autre émotion, c'est que nous sommes sous l'emprise de notre système limbique. De ce cerveau «émotionnel» émergea le néo-cortex ou cerveau «pensant». C'est cette partie du cerveau qui élabora la capacité d'apprendre et de se souvenir, bases de l'intellect, et qui permit à l'être humain une meilleure capacité de survie et d'adaptation à l'environnement. Tandis que notre cerveau primitif agit de façon automatique et stéréotypée, notre néocortex est à la source de nos pensées et de nos sentiments. Nous pouvons ainsi non seulement évaluer nos sensations et contrôler nos réactions émotives, mais nous devenons capables de planification à long terme, d'imagination, de création artistique, d'amour, d'éthique et de civilisation.

En termes clairs, notre cerveau primitif assure notre survie physique, notre système limbique gère nos fonctions physiologiques et nos émotions, tandis que notre néocortex est à la source du sentiment amoureux et de la conscience de soi-même, ainsi que de la capacité de penser à nos sensations, nos émotions, nos sentiments et nos pensées. Seul l'être humain semble doté de cette extraordinaire faculté, du moins de façon aussi développée et subtile. Mais comme le cerveau pensant s'est structuré à partir du cerveau émotionnel, nul doute que les émotions possèdent une forte

La vie est une comédie pour ceux qui pensent, une tragédie pour ceux qui sentent.
Horace Walpole

influence sur le fonctionnement de nos pensées. Nous possédons donc trois cerveaux: le premier ressent, le second s'émeut, le troisième pense et prend conscience des sensations du premier, des émotions du second et des pensées du troisième.

L'intelligence émotionnelle consiste essentiellement en la capacité de ne pas laisser les sensations et les émotions du premier et deuxième cerveaux envahir les pensées du troisième et diriger notre vie. Les sensations sont des réactions enregistrées par nos sens physiques ; les sensations sont plaisantes (la chaleur d'un bon bain chaud) ou douloureuses (la brûlure du feu). Elles sont essentielles à notre survie et sont à la base de notre recherche du plaisir et notre fuite de la douleur, tel que Freud, père de la psychanalyse, nous l'a démontré en nous expliquant le fonctionnement de notre inconscient. Nos émotions sont aussi des réactions qui nous renseignent sur notre état physique. Ces réactions sont généralement très fortes (comme dans le coup de foudre), impulsives, passionnées mais, très souvent, illogiques, contrairement à notre troisième cerveau qui, lui, est plus pondéré, réfléchi, logique. C'est lui qui, finalement, analyse la réalité et prend, ou devrait prendre, une décision d'action ou de réaction.

L'intelligence émotionnelle n'égale pas répression, mais utilisation efficace des sensations et des émotions générées par nos cerveaux primitif et limbique. Prenons un exemple pour illustrer le fonctionnement de ces trois cerveaux et de leurs interrelations. À l'occasion d'un safari en Afrique, imaginez que vous avez devancé votre groupe en suivant un sentier dans la jungle. Soudain, vous apercevez ce qui vous apparaît être un serpent. Automatiquement, avant même d'en prendre conscience, votre cerveau reptilien sent un danger et votre corps se met en alerte, prêt à réagir. Cette réaction est automatique, à peine 2 à 3 millièmes de secondes. Votre cerveau mammalien sécrète alors des hormones et, 4 à 5 millièmes de secondes plus tard, vous éprouvez de la peur : votre cœur palpite, votre sang afflue à vos extrémités, vos muscles se tendent, votre tension artérielle s'élève, vous pâlissez, vous sécrétez de l'adrénaline jusqu'au moment où vous prenez conscience, grâce à votre néocortex et quelques millièmes de secondes plus tard, que ce serpent n'est en fait qu'une… liane tordue. Votre corps continue de ressentir la peur (tensions, palpitations, sueurs froides…), mais votre conscience vous apaise tranquillement. Vous laissez le reste du groupe vous rattraper et vous passez (probablement) cette expérience sous silence. À moins que terrorisé par la peur, vous perdiez connaissance ou que vous ayez fait volte-face si vite que votre conscience n'a pas eu le temps de prendre connaissance que ce n'était qu'une liane. Dans les deux cas, personne ne réussira à vous convaincre du contraire : vous êtes convaincu d'avoir vu un serpent vénéneux et tout le groupe devrait maintenant faire attention ; vous-même n'osez plus vous éloigner du groupe. La réaction instinctive de mise en alerte de votre corps et la peur qui s'ensuit sont des réactions réflexes de survie appropriées devant un danger réel. Si, dans l'exemple cité, le serpent avait été réel, votre conscience vous aurait alors permis de prendre la meilleure décision devant la possibilité d'être attaqué par ce serpent (qui aurait pu « sentir » que vous constituez un danger ou de la nourriture pour lui-même) : rester coi, fuir à toute allure, vous préparer à vous défendre ou attaquer pour profiter de l'effet de surprise. Dans tous les cas, votre réaction réflexe émotive aurait été « intelligente ». Mais devant une liane, ces réactions réflexes ne sont pas vraiment appropriées et votre intelligence se doit de les tempérer et de les faire disparaître.

À l'inverse, si je vous demande de vous rappeler consciemment une expérience où vous avez été terrifié, votre cerveau primitif produira des réactions physiologiques qui vous feront ressentir de la peur, même si aucun danger réel n'existe actuellement. Nos sensations et nos émotions influencent nos pensées et nos pensées, à l'inverse, créent des sensations et des émotions. Nos pensées peuvent ou non calmer nos sensations et nos émotions. C'est ainsi que s'expliquent les phobies : des malaises physiologiques provoqués par une peur infondée, virtuelle. Notre cerveau primitif ne fait pas la différence entre un danger réel (un serpent) et un danger virtuel (la peur que notre partenaire nous abandonne). Dans les deux cas, nous réagissons de la même manière. L'intelligence émotionnelle nous permet de mieux faire la différence entre un réel danger et un danger imaginaire ou imaginé et nous permet ainsi de développer des réactions émotives plus appropriées, comme nous le verrons un peu plus loin dans l'acquisition des habiletés relationnelles nécessaires à toute relation amoureuse harmonieuse.

Toute relation amoureuse implique nos trois cerveaux. L'attirance physique et sexuelle relève de notre cerveau reptilien, la passion, de notre cerveau mammalien, et l'amour, de notre cerveau humain. L'intelligence émotionnelle fera en sorte que nous investirons davantage dans une relation harmonieuse à long terme plutôt que dans la recherche de plaisirs intenses que des relations passionnelles, mais éphémères, peuvent nous procurer. Les couples heureux gèrent leur relation à partir de leur néocortex. Ils ne laissent pas leurs réactions émotives impulsives hypothéquer leur relation. Les couples malheureux laissent leur cerveau émotionnel prendre le contrôle : ils réagissent impulsivement aux actions et réactions de leur partenaire, mettant ainsi régulièrement leur couple en danger. Ils prennent des lianes pour des serpents et sont assurés que leurs perceptions et interprétations sont vraies. J'ai reçu nombre de femmes en consultation, par exemple, qui continuaient de croire, dur comme fer, que leurs maris les avaient trompées malgré leurs dénis et ceux des femmes, généralement des collègues de travail, soupçonnées d'être les amantes.

Nous savons aujourd'hui que l'expression verbale ou physique d'une émotion trace dans le cerveau des « sentiers neurologiques » facilitant l'expression de l'émotion en question[101]. Les pleurs, manifestation comportementale de la tristesse, stimulent certains neurones et les rendent plus sensibles. Les personnes qui pleurent finissent par pleurer de plus en plus « spontanément et facilement », même dans des situations qui n'appellent pas la tristesse. Les pleurs, au lieu de

---

[101] Stefan Klein, *Apprendre à être heureux. La neurobiologie du bonheur,* Robert Laffont, 2002.

soulager, stimulent donc la dépression qui facilite les pleurs, dans un cercle vicieux dont il n'est pas facile de sortir. Même chose pour la colère. Monter le ton ou crier active les neurones associés à la colère, rendant la personne de plus en plus irritable et… colérique. La peur contamine le cerveau qui s'apeure plus facilement et rapidement. De plus, les émotions sont contagieuses, comme on peut le constater lors de réactions hystériques de foule. Pleurer devant un enfant lui arrache des larmes. Faire semblant d'avoir peur provoquera une réelle réaction de peur chez l'enfant. Votre colère risque de stimuler la colère de votre partenaire, ou sa fuite, réponse tout aussi inappropriée (schismogenèse complémentaire).

Heureusement, ce qui est vrai pour les émotions dites négatives l'est aussi pour les émotions positives : la joie, l'enthousiasme, l'admiration, l'amour… Rire devant un enfant qui vient de tomber provoquera son rire plutôt que ses pleurs si vous lui avez montré une réaction de peur. L'expression répétée des émotions positives facilite l'expression d'émotions positives, comme l'exercice de la guitare en facilite le jeu : c'est le premier « Je t'aime » qui est le plus difficile à dire ; le centième se dit beaucoup plus spontanément. Avez-vous remarqué comment certaines personnes sont énergivores et d'autres énergisantes ? Les couples malheureux, inconsciemment et involontairement, entretiennent des sensations, des émotions et des pensées négatives qui grugent leur énergie, à l'inverse des couples heureux qui, dans un cercle harmonieux et non vicieux, encouragent l'expression de sensations, émotions et pensées positives, ce qui leur donne de l'énergie. Chacun d'entre nous a le choix entre l'expression de sentiments positifs ou l'expression de sentiments négatifs. Et contrairement à une certaine croyance psychologique, ravaler ses paroles ne donnent pas d'ulcères. Toute thérapie conjugale devrait enseigner

L'explication du malheur de bien des gens, c'est qu'ils ont le temps de se demander s'ils sont heureux ou s'ils ne le sont pas.

B. B. Shaw

aux couples à développer leur intelligence émotionnelle par le partage de sensations agréables, l'expression d'émotions positives et l'échange de pensées heureuses.

Voici deux exercices[102] de contact que je propose régulièrement aux conjoints qui viennent me consulter pour les aider à faire baisser la pression qui peut exister entre eux et à remplacer leurs émotions désagréables par des émotions agréables. Je leur demande de faire ces exercices même lorsqu'ils vivent une certaine hostilité pour justement exorciser cette hostilité et les aider à reprendre contact avec l'essentiel, soit l'intimité amoureuse à la base de leur projet de couple.

Embrasser et respirer. Avez-vous déjà remarqué la façon dont les gens se font la bise ? Même s'ils sont mariés ? Le contact se fait sous la forme d'un A et à peine le temps de dire : trois mille et un. Ce contact intime consiste à demander aux deux partenaires de se prendre dans les bras l'un de l'autre, de coller l'ensemble de leur corps à celui de leur partenaire, de synchroniser leurs respirations et de s'abandonner, en silence, jusqu'à ce que les deux partenaires arrivent à relaxer. C'est souvent beaucoup plus long que vous pouvez l'imaginer, surtout si vous éprouvez de la colère envers votre partenaire et que vous auriez alors plutôt envie de lui dire « Ne me touche surtout pas ! » Cet exercice exige de la part des deux partenaires le contrôle de quatre éléments : 1. Vous tenir debout ; 2. Envelopper votre partenaire avec vos deux bras ; 3. Vous concentrer sur vous-même (votre respiration) et 4. Vous tranquilliser totalement. Plus qu'un simple contact physique, sensuel ou sexuel, cet exercice met deux personnes autonomes en interdépendance, puisqu'ils doivent respirer ensemble. C'est en japonais, je crois, que le mot « ami » se dit « respirer ensemble ». Pour être heureux à long terme, les deux amants doivent aussi

Le baiser est la plus sûre façon de se taire en disant tout.

Maupassant

---

[102] Ces deux exercices m'ont été inspirés par le livre de David Schnarch, *Passionnate Mariage*, Op. cit.

être deux amis. Cet exercice est excellent pour évaluer la qualité de leur relation et voir lequel résiste et lequel est le plus fusionnel. Quand ils y parviennent, les deux partenaires vivent alors des sensations agréables et calment ainsi leurs émotions négatives, si nécessaire, pour ne laisser émerger que le sentiment amoureux. Fait régulièrement, cet exercice a l'avantage de diminuer l'apparition d'émotions négatives et les deux partenaires peuvent arriver plus rapidement à une détente totale et énergisante. C'est un exercice qui apparaît fusionnel, mais qui en fait en est un de différenciation. C'est pourquoi la danse est un excellent prélude à l'amour : deux personnes qui dansent ou font l'amour doivent synchroniser leur rythme personnel respectif.

Les yeux ardents. Il est facile de prédire l'état et l'évolution d'un couple : il s'agit de regarder comment ils se regardent. Les couples malheureux se regardent de moins en moins ou avec des couteaux dans les yeux. Les couples passionnés se dévorent des yeux. Les couples heureux se regardent tout simplement. Les couples malheureux ne se regardent pas de peur de voir ou d'être vu, de peur de voir un jugement ou pour ne pas se montrer à l'autre. Les passionnés se regardent sans se voir, puisqu'ils se mirent l'un dans l'autre. Les partenaires heureux regardent leur conjoint à l'extérieur d'eux et dans les yeux ; ils le regardent quand il parle ; ils le regardent quand ils se caressent et ils se regardent au moment de l'orgasme, se pénétrant ainsi jusqu'à leurs âmes. La première partie de cet exercice consiste à demander à chacun des partenaires de se regarder lui-même dans le miroir pour apprécier son regard et apprivoiser son trouble. Se regarder intimement est un exercice beaucoup plus difficile qu'il n'y paraît : on regarde ses cheveux, ses rides, ses vêtements, mais rarement la personne qui nous habite. Nul ne peut vraiment regarder un autre s'il ne s'est lui-même regardé. Les regards sont, à mon avis, plus intimes que la relation sexuelle elle-même, à plus forte raison si l'on se regarde au moment de l'extase. Si vous relisez le chapitre trois, vous réaliserez que de nombreuses belles histoires d'amour ont commencé par un regard souligné d'un sourire.

J'encourage aussi les couples qui viennent me voir à faire un troisième exercice : se rappeler les plus beaux souvenirs de leur histoire conjugale, quitte à ressortir de temps à autre leur album photos. L'objectif est d'approfondir les sentiers neurologiques du bonheur. Un couple heureux se construit sur ce qui va bien et non en mettant l'accent sur ce qui va mal dans une futile tentative d'améliorer ce qui va mal. Les partenaires heureux arrosent les fleurs, non les mauvaises herbes.

10.6 Les habiletés relationnelles

Vivre en couple et en société demande certaines habiletés relationnelles, voire une certaine intelligence relationnelle et, nous le répétons, une intelligence émotionnelle qui font que les personnes heureuses ne laissent pas leurs émotions négatives prendre toute la place. Parmi toutes les habiletés relationnelles, les quatre suivantes sont, à mon avis, particulièrement utiles.

L'empathie. L'empathie, base de l'altruisme, est la capacité que possède une personne de se mettre à la place de l'autre et de ressentir ses sensations, émotions et sentiments, sans se laisser envahir par ceux-ci. C'est un concept développé par le psychologue états-unien Carl Rogers[103] dans l'élaboration de sa thérapie basée sur l'acceptation inconditionnelle de l'autre. Les psychologues les plus empathiques sont les plus courus, parce que compréhensifs. C'est une habileté particulièrement difficile à développer à l'intérieur d'un couple, là où les émotions plongent au cœur des besoins de chacun des partenaires. Comment ne pas prendre de façon personnelle et rester neutre, mais non indifférent, à l'expression de reproches (justifiés ou non), de peurs, de colère, de tristesse de l'autre ? Comment ne pas se sentir

---

[103] Rogers, Carl R., *Le développement de la personne,* Éd. Dunod, 1991.

responsable lorsque justement notre partenaire semble nous accuser ? Les couples malheureux n'y parviennent pas et réagissent par la défensive et la justification, bases de la schismogenèse complémentaire. Les membres des couples heureux y parviennent d'autant plus facilement qu'ils connaissent et acceptent les différences existant entre les sexes et les sensibilités spécifiques de leur partenaire.

L'homme qui reconnaît le besoin de communication verbale à couleur émotive de sa femme et son besoin de dire ce qui ne va pas afin d'améliorer la relation pourra plus facilement rester à son écoute sachant que celle-ci lui sera reconnaissante de lui avoir consacré le temps et l'écoute dont elle a besoin pour se sentir importante à ses yeux. La femme qui reconnaît le besoin de valorisation de l'homme et son ultra sensibilité à toute critique même dite positive pourra constater l'avantage qu'elle peut en retirer en transformant ses plaintes en demandes et obtenir ainsi l'attention que ses commentaires positifs lui mériteront. Exprimer le désir d'une sortie en couple est beaucoup plus efficace que de dire : « On ne sort jamais » ou pire « Tu ne me sors jamais ». Accepter de se laisser influencer par le style de son partenaire permet d'améliorer l'empathie qui facilite l'acceptation du style de son partenaire, créant ainsi une « union-genèse[104] » complémentaire.

Écouter une personne selon ses schèmes de référence à elle, sans la juger, lui permet de développer une attitude positive vis-à-vis d'elle-même et de reconnaissance face à l'autre. Être écouté de façon empathique facilite l'acceptation de soi-même et permet de mieux se connaître, mieux se définir et de se positionner plus facilement par rapport à l'autre. L'empathie n'est ni validation, ni compassion, mais bien acceptation de l'autre comme autre. Ce faisant, l'autre peut se permettre d'être encore plus transparent et vrai. Sans devenir le

---

[104] Néologisme.

thérapeute de son partenaire, ce qui est de toute façon impossible en raison de la charge émotive impliquée, l'empathie entretient la complicité et l'amour. L'empathie demande évidemment une force de caractère et une maturité émotionnelle au-dessus de la moyenne. Il n'est donc pas surprenant qu'à peine 20 % des couples soit heureux à long terme. Bonne nouvelle, l'empathie, tout comme les autres habiletés relationnelles, peut toutefois s'apprendre.

Dans ce domaine, comme dans certains autres domaines relationnels, la femme a généralement plus de facilité à « sentir » les autres. Plus nous sommes sensibles à nos propres émotions, plus nous pouvons déchiffrer les émotions des autres à partir d'indices corporels, du ton de la voix ou de ce que le contenu des paroles laisse sous-entendre. Les hommes ont plutôt appris à travers leur histoire millénaire de chasseur et par leur éducation à contenir leurs émotions et à se montrer impassibles. Les hommes auraient avantage à se laisser influencer par leurs partenaires sur le plan de l'empathie et des habiletés relationnelles.

L'ouverture. Nulle relation au long cours n'est possible sans ouverture de soi, sans prendre le risque de se faire connaître tel que nous sommes. Quelque part la séduction, nécessaire pour attirer quelqu'un vers soi, n'est finalement que tromperie. Cette supercherie doit toutefois cesser pour que, la phase passionnelle terminée, puisse se construire un couple basé sur la réalité des deux partenaires. Nous avons vu que nombre de personnes n'y parviennent pas et repartent à la recherche d'une nouvelle passion ou se résignent et cherchent des compensations à l'extérieur du couple. Les autres osent montrer leur vulnérabilité, leurs sensibilités, leurs rêves, leurs espoirs, mais aussi leurs craintes, leur fragilité. L'ouverture de l'un stimule généralement l'ouverture de l'autre et jette ainsi les bases d'une véritable complicité où chacun est prêt à prendre soin de l'autre. Cette ouverture de soi à l'autre qui, finalement, est aussi une ouverture à soi, nécessite un véritable lâcher prise et un dépassement de la peur du jugement et de la crainte que ce que l'on révèle à l'autre puisse être utilisé contre soi, ce qui arrive fréquemment lors des disputes chez les couples malheureux.

D'un autre côté, l'ouverture ne signifie nullement de tout dire ; chacun a droit à sa vie privée, à ses pensées secrètes, à des désirs inavouables, tant que cette vie, ces pensées et désirs ne viennent pas saper les bases de la relation amoureuse et respectent les ententes implicites et explicites des partenaires. L'ouverture à son partenaire n'exclut pas non plus l'ouverture à d'autres : chacun a droit à des amis avec qui partager des pensées et des activités. Nul besoin non plus de toujours dire la vérité, surtout si celle-ci risque de détériorer la relation. Il faut savoir faire la part des choses. Qui d'entre nous n'a jamais menti à son partenaire ? Des mensonges pieux, il va s'en dire. Ou des mensonges par omission. Ou des demi vérités. Ou des mensonges qui nous valorisent. Ou des mensonges pour faire plaisir à l'autre, tel que : «Tu sais bien qu'il n'y a qu'avec toi que je veux faire l'amour».

> *La confiance est contagieuse, de même pour la méfiance.*
>
> Michael O'Brien

Les couples heureux savent doser ce paradoxe de la révélation de soi et l'évitement de sujets sensibles ou tabous. Mais il ne faudrait pas que le silence de l'un se fasse par peur de réactions négatives de l'autre ou qu'il laisse place à l'émergence d'un doute par l'autre. Par exemple, taire un repas de trois heures avec un collègue de travail de l'autre sexe et particulièrement charmant à la question «Où étais-tu ce midi quand j'ai cherché à te joindre au bureau ?» peut poser un sérieux problème. Dire la vérité pourrait froisser et ne pas la dire laisse place à la suspicion. Habituellement, chez les couples heureux, le partenaire appréciera la vérité même si celle-ci provoque un petit pincement au cœur, car il saura que l'autre est vrai et transparent. Il n'y a pas place pour la jalousie et la possession dans un couple heureux, chacun est toujours libre et responsable de ses actions et de ses conséquences.

L'affirmation de soi. Les psychologues appellent « assertion » l'affirmation de soi. L'assertion (*self-assertion* ou *assertiveness*) est la capacité que possède une personne d'exprimer clairement ses pensées et sentiments de façon respectueuse pour elle-même et pour l'autre. Cette assertion se situe entre la soumission à l'autre et l'agression de l'autre. Elle ne brime pas les droits de l'autre et ne sait que faire de la culpabilité ou de la peur de blesser l'autre. L'assertion repose sur la prémisse que chaque être humain a le droit d'exprimer son opinion, d'en prendre la responsabilité et de laisser à l'autre la responsabilité de sa réaction. L'assertion est essentielle à une communication ouverte.

> *La première étape pour obtenir ce que nous désirons de la vie est de décider ce que nous désirons.*
>
> Ben Stein

L'affirmation de soi présuppose la confiance en soi, le sentiment de sa propre valeur (estime de soi) et la conscience de soi. La confiance en soi repose sur le regard posé sur soi-même et ne dépend pas du regard de l'autre. L'estime de soi part du principe que nous sommes une personne valable qui a le droit de profiter de ce que la vie a de meilleur à offrir. La conscience de soi se développe à partir d'expériences qui nous renseignent sur nos forces et nos faiblesses. La personne assertive est proactive, capable de confrontation lorsque la situation l'exige pour faire respecter ses droits et se sent libre de s'exprimer, même si elle sait qu'elle ne sera pas approuvée par l'autre. Elle s'exprime en « Je » et non en « Tu » ou « On ». Elle sait rester calme, même dans des situations tendues, et prend le temps de respirer pour garder le contrôle de ses pensées et sentiments. Elle sait aussi utiliser son corps et sa voix, son langage non verbal (93 %) pour appuyer ses dires (7 %).

Les partenaires des couples malheureux, au contraire, s'expriment agressivement et qualifient fréquemment leur agressivité de «caractère fort». Très fréquemment, le plus timide des deux adoptera rapidement une attitude passive devant les montées de colère de son partenaire, se distancera graduellement de l'autre pour se protéger et perdra lentement sa confiance et son estime de soi. La position du plus colérique n'est pas plus avantageuse, car il a alors l'impression que l'autre lui échappe. L'accumulation réciproque de sentiments négatifs ne peut que perturber la relation et se manifester sous différentes formes, dont la perte de libido et l'intention délibérée de faire mal à l'autre par des paroles blessantes. La perte de libido est souvent utilisée par le soumis pour exprimer son hostilité, une attitude qualifiée de passive–agressive par les psychanalystes.

Est-ce nécessaire de dire que les couples heureux à long terme sont composés de deux partenaires assertifs et respectueux ?

Le positivisme. D'après les chercheurs, les couples heureux utilisent au moins cinq fois plus de paroles et de comportements positifs dans leurs discussions que les couples malheureux. Ils s'expriment de l'affection, utilisent l'humour, valorisent leur partenaire, le touchent, le remercient là où les couples malheureux font appels aux menaces, au chantage, au contrôle, aux critiques ou au retrait dans le silence. Rappelez-vous les quatre cavaliers de l'Apocalypse de Gottman. Les couples heureux apprennent à transformer leur négativité en positivisme, parce qu'ils sont fondamentalement réalistes et non idéalistes. Les idéalistes augmentent

> *Si vous dites continuellement que les choses iront de mal en pis, vous avez de bonnes chances de devenir prophète.*
>
> Isaac B. Singer

d'autant leurs frustrations que leurs idéaux sont éloignés de la réalité. Ce qui les pousse et les justifie à critiquer cette réalité dont leur partenaire fait partie. Plus les attentes sont grandes et illusoires, plus les déceptions sont sévères.

Les gens heureux sont portés vers la gentillesse, tout en restant vrais. Ils sont attentifs aux autres et particulièrement à leur partenaire, la personne qui, après eux-mêmes, est la plus importante de leur vie. Les membres des couples heureux considèrent leur partenaire comme un invité spécial dans leur vie et se comportent envers lui comme ils se comportent envers leurs amis les plus chers, c'est-à-dire avec respect et déférence. Lorsqu'on écoute les conversations des couples malheureux, on constate que les membres de ces couples interprètent négativement les paroles, actions et réactions de leur partenaire. La femme dira, par exemple, à son conjoint qu'il doit avoir quelque chose à se faire pardonner ou qu'il a une idée derrière la tête s'il lui apporte des fleurs à l'improviste, sans occasion spéciale, alors que la femme heureuse y verra une expression spontanée de tendresse et de reconnaissance. Un autre exemple : le mari dira à sa femme qu'elle est pire que sa mère lorsqu'elle est plus facilement irritable au lieu de comprendre qu'elle vit une période stressante à son travail ou qu'elle est en plein SPM (syndrome prémenstruel). En général, au lieu de s'expliquer le comportement parfois désagréable de leur partenaire par des facteurs externes ou circonstanciels, les partenaires malheureux y voient plutôt des tares personnelles, héréditaires ou liées au sexe : «Les hommes sont tous des obsédés» ou «Les femmes critiquent tout le temps». Ce qui ne peut qu'intensifier la tension entre les partenaires et augmenter l'insatisfaction conjugale à la longue.

Croyez-vous que l'homme qui accuse sa femme d'être «frigide» a des chances d'augmenter la fréquence et surtout la qualité de ses rapports sexuels ? Croyez-vous que la femme qui accuse l'homme de toujours chercher à avoir raison augmente la probabilité que celui-ci l'écoute plus attentivement ? Dans les deux cas, inconsciemment et involontairement, cet homme encourage la non réceptivité sexuelle de sa partenaire et cette femme, la tendance à l'argumentation de son conjoint. En plus, ils développent une suspicion malsaine envers leur partenaire et un pessimisme face au futur de leur relation qui ne peut qu'empirer. Les membres des couples malheureux se reprochent souvent de ne pas avoir choisi le « bon » partenaire ou accusent leur partenaire de ne pas être à la hauteur de leurs aspirations. Ces interprétations négatives ne peuvent qu'hypothéquer leur amour et envenimer la relation jusqu'à la résignation ou la rupture.

Les partenaires heureux sont moins portés à blâmer ou critiquer leur partenaire. Loin de remettre en question l'amour ou la bonne foi de leur partenaire, ils cherchent plutôt à comprendre les raisons véritables des comportements agréables ou désagréables de leur partenaire. Ils sont plus réalistes et moins subjectifs. Ils n'attribuent pas de motivations égoïstes à leur partenaire. Les membres des couples heureux ont des projets à court, moyen et long terme qui, avec la réalisation de chacun, leur permettent d'entretenir un optimisme profond dans l'avenir de leur couple. Chaque objectif atteint les encourage à persévérer dans la recherche de nouveaux objectifs. Chaque parole positive, chaque geste valorisant, chaque crise sur-montée leur confirme que la vie à deux est possible et enrichissante, même si parfois difficile. Ils préparent avec fébrilité leur mariage; ils sont impatients d'acheter leur maison; ils attendent avec enthou-siasme l'arrivée de leurs enfants; ils fêtent les réussites professionnelles de chacun; ils ont des moments privilégiés (des rituels) en famille... et ils ont hâte aussi au départ des enfants pour se retrouver en tant qu'amants et réaliser de nouveaux rêves. Même dans les épreuves, ils réussissent à voir le bon côté des choses. Ils voient toujours le verre à moitié plein plutôt qu'à moitié vide. Ils savent aussi s'entourer d'amis positifs et heureux en couple et entretiennent avec leurs familles respectives des relations significatives. Les partenaires heureux ont généralement eu des parents heureux.

Il existe certes d'autres habiletés relationnelles importantes pour la réussite d'un couple, telles que la patience, l'adaptabilité, l'altruisme, la quiétude, une bonne mémoire, la rationalité, le romantisme, la bonne humeur, la capacité de s'apaiser, un bon contrôle de l'anxiété, le leadership, la coopération, le sens éthique, mais je crois que les quatre habiletés décrites ci-dessus sont primordiales. En fait, il y en a une autre que j'estime importante : la capacité de bien s'entendre avec les autres de telle sorte que tous et chacun y trouvent son compte, soit la négociation.

10.7 L'art de la négociation

Toute relation intime implique la rencontre de deux univers différents, deux univers qui se complètent et qui... s'opposent. L'autre n'est pas un clone de nous-même, ni l'incarnation de notre princesse ou prince charmant qui n'existe que dans nos fantasmes. Il y aura donc inévitablement des sources de conflits et des crises. Chez les couples malheureux, les différends deviennent des blocages permanents alors que les couples heureux ne cherchent plus, après un certain temps, à résoudre ces blocages : ils apprennent à les gérer de telle sorte qu'ils n'empoisonnent pas leur existence. De toute façon, les conflits ne sont pas destructeurs *per se,* c'est plutôt la façon de les confronter qui peut devenir problématique. Ces conflits, surmontés, deviennent alors des occasions privilégiées de croissance. Aviez-vous remarqué que le mot crise se retrouve dans le mot croissance ?

Les partenaires heureux savent que le ciel peut parfois être caché par des nuages : c'est pourquoi ils profitent au maximum du ciel lorsqu'il est bleu. Même quand nous nous aimons éperdument, nous ne sommes pas à l'abri de crises et de conflits. Les partenaires heureux n'essaient pas à tout prix d'établir un consensus : plus que la résolution de conflits, ils veulent préserver la qualité de leur relation et de leur amour. Ils préfèrent être heureux plutôt que d'avoir raison ou le dernier mot. Ils sont passés maîtres dans l'art de désamorcer les conflits, dans l'art de la négociation, car ils savent qu'à l'intérieur d'un couple il ne peut y avoir que deux gagnants ou deux perdants. Mais quelle est la différence entre compromis, prix à payer et négociation ?

Contrairement à la croyance populaire, les couples heureux ne font pas de compromis ; ils seraient au contraire plutôt exigeants. Dans un compromis, les deux protagonistes cèdent un peu de terrain pour sauver la face, mais se retrouvent avec une position insatisfaisante pour les deux, une situation perdant–perdant. Certaines situations (aller voir un film d'action ou une comédie romantique) sont sans trop de conséquences, mais d'autres sont beaucoup plus dramatiques : si la libido de l'un des partenaires exigent trois relations sexuelles par semaine et celle de l'autre, une seule, le compromis à deux rapports intimes par semaine ne fera qu'augmenter la frustration des deux partenaires. La dynamique perdant–perdant, même sur des enjeux mineurs, ne peut qu'être nocive avec le temps. L'objectif d'une bonne négociation est d'arriver à une situation gagnant-gagnant. Dans le premier cas, chacun peut aller voir le film désiré chacun de son côté et se retrouver à la sortie du cinéma ou, mieux encore, trouver une comédie romantique remplie d'action ou un bon suspense autour d'une relation amoureuse. La différence de libido est certes plus difficile à surmonter, mais il arrive souvent que tout ne soit qu'une question de « timing » ou que les partenaires puissent à tour de rôle prendre l'initiative de la relation et du déroulement de celle-ci. Les hommes (ce sont généralement eux qui ont une plus forte libido) devraient se rappeler que les femmes ont généralement besoin de se sentir appréciées pour elles-mêmes, et détendues, pour être plus réceptives à l'intimité sexuelle. Il serait peut-être utile qu'ils remettent à l'ordre du jour toutes les techniques de séduction qu'ils ont utilisées lors de la lune de miel, alors qu'ils faisaient l'amour jusqu'à cinq fois par semaine.

Les couples heureux acceptent toutefois de payer le prix qu'il faut pour obtenir ce qu'ils veulent ; ils prennent la responsabilité de leurs besoins et désirs et utilisent les stratégies nécessaires pour les satisfaire. Ils acceptent, par exemple, de payer un montant élevé pour une bonne bouteille de vin, mais ils exigent d'en avoir pour leur argent et n'hésitent pas à retourner la bouteille s'ils ne sont pas satisfaits. Faire un compromis serait, comme l'affirme un dicton populaire, de mettre de l'eau dans son vin. La négociation n'est pas le résultat d'un compromis, mais une entente qui satisfait les deux partenaires. Les couples heureux sont passés maîtres dans l'art de désamorcer les conflits et dans l'art de la négociation, ce qui ne veut pas nécessairement dire qu'ils trouvent une solution à tous les problèmes, la solution pouvant être qu'il n'y a justement pas de solution et qu'il faudra apprendre à vivre avec un problème insoluble. *« So what »* disent les anglophones.

Pour les problèmes solubles, la négociation se fait en cinq grandes étapes : 1. La description du problème ; 2. La recherche de solutions ; 3. Le choix d'une solution ; 4. La mise en pratique de la solution retenue et 5. L'évaluation.

1. Description du problème. Il est très important de rester centré sur le problème actuel et ne pas en profiter pour faire remonter à la surface toutes les insatisfactions du passé. Il vaut aussi la peine de prendre tout le temps nécessaire pour que chaque partenaire puisse exprimer à sa satisfaction la nature du problème telle qu'il la voit. À proscrire : nier la perception du problème de l'autre ou le critiquer sur sa façon de le voir.

2. Recherche de solutions. Une fois l'étape de la description franchie et les partenaires bien au courant de la perception de chacun, il est alors temps d'émettre diverses solutions potentielles, des plus réalistes aux plus farfelues. Je suggère alors aux deux partenaires d'inscrire les solutions sur une feuille séparée.

3. Choisir une solution. Pour ce faire, chacun écrit les solutions sur sa feuille par ordre de priorité. Il arrive parfois que les deux aient choisi la même solution prioritaire, ce qui simplifie la suite du processus. Si non, chaque solution peut faire l'objet d'une analyse des pour et des contre par les partenaires.

4. Mise en pratique. Une fois choisie une solution, le couple se donne un certain temps pour expérimenter la solution : quelques jours, semaines ou mois.

5. Évaluation. À l'échéance, les partenaires se font part de leur taux de satisfaction ou insatisfaction, suite à l'expérimentation. Il faut se rappeler que l'objectif n'est pas de trouver la solution parfaite, mais une solution qui fonctionne et est satisfaisante pour les deux partenaires.

Il faut évidemment rester en état d'écoute active tout au long du processus qui peut être relativement rapide ou prendre parfois quelques jours. Il se peut aussi que le couple n'arrive pas à trouver de solution et doive accepter que le problème soit insoluble. Il ne faut jamais perdre de vue que la com-

> *Le premier devoir de l'amour est l'écoute.*
>
> Paul Tillich

munication n'est pas toute-puissante, qu'elle peut être clé de l'amour, mais aussi source de mésentente. Les dynamiques de la communication efficace et de la non violente doivent être préférées aux communications «tu, tu, tu, tu...», mais n'oubliez pas les limites de ces styles de communication et du fait que vous n'êtes pas des spécialistes de l'écoute active, comme peuvent l'être les thérapeutes.

Toute décision concernant le couple ne doit jamais être unilatérale. À titre d'exemple, j'ai eu un ami, grand amateur de pêche, qui avait toujours rêvé d'avoir un pied-à-terre au bord d'un lac. Un jour, il apprend à sa femme, sans jamais lui avoir parlé de ce rêve en détail, qu'il vient de faire l'acquisition d'un magnifique chalet avec deux chambres et qu'enfin ils pourront profiter de leurs vacances annuelles et de leur temps libre pour aller pêcher tous deux et en famille. Quelle ne fut pas sa surprise de voir sa femme éclater en

sanglots. Pour elle, ce chalet représentait davantage l'esclavage d'une deuxième maison à ranger et à récurer qu'une source de plaisirs ; elle aurait plutôt préféré utiliser leurs économies pour se payer un voyage annuel en amoureux dans un pays exotique, quitte à prévoir une excursion de pêche lors de chaque voyage.

J'aime bien l'image du tuyau utilisé par Jacques Salomé pour responsabiliser les deux partenaires dans le processus de la communication et de la négociation. Dans une cuisine, l'eau est apportée par un tuyau et les déchets repartent par un autre tuyau. Dans la communication entre deux personnes, il n'existe qu'un seul tuyau pour transporter les messages positifs et les messages négatifs. Les messages positifs sont généralement reçus de façon positive, quoiqu'il puisse y avoir des exceptions et des interprétations de la part du receveur. Les messages négatifs suscitent généralement une réaction aussi négative, à moins d'un excellent sens de l'humour du receveur. Mais il est certain que l'émission continuelle de messages corrosifs ne peut que donner avec le temps un mauvais goût aux messages positifs expédiés dans le même tuyau. Cette image démontre bien que chacun est responsable de son bout de tuyau et non des deux bouts. Un partenaire peut expédier un message positif qui peut être reçu comme un message toxique sans que l'émetteur ait une quelconque responsabilité dans la réception du message. Seule la perception de l'autre est en cause ; encore faut-il que le message ait été expédié « clair comme de l'eau de roche ». Dans une négociation, je n'ai de pouvoir que sur mon bout du tuyau et aucun sur l'autre bout. Je suis responsable de ma façon de dire les choses et d'interpréter les messages de l'autre. Je peux chercher à avoir raison en imposant ma façon de voir ou décider d'être heureux en acceptant aussi d'être influencé par l'autre.

●　●　●　●　●

Le bonheur conjugal est donc fait de bonheur personnel, du choix d'un partenaire compatible quoique imparfait, de la connaissance de soi et de l'autre en tant que personne unique et sexuée, d'une prise de responsabilité totale de l'état du couple, de la capacité de contenir ses pulsions et de gérer ses émotions, de l'acquisition d'habiletés relationnelles efficaces et d'une excellente capacité de négociation à double gagnant. Lorsque tous ces ingrédients sont présents, la vie amoureuse et la vie sexuelle sont resplendissantes.

Choisir d'être heureux ou malheureux

Être en vie implique nécessairement plaisir et douleur, moments heureux et moments difficiles, hauts et bas. Devant cette réalité, nous n'avons pas toujours le choix, mais nous pouvons développer deux attitudes positives : 1. Choisir d'être heureux plutôt que malheureux en cherchant toujours à voir le bon côté des choses et à tirer les bonnes leçons de nos expériences positives et négatives et 2. Décider de tout faire pour augmenter nos probabilités d'être heureux et minimiser celles d'être malheureux. Ce qui exigera évidemment de nombreux efforts, mais « À vaincre sans péril, on triomphe sans gloire ». Le bonheur, y compris le bonheur conjugal, s'apprend et se construit.

Il existe toutefois des relations conjugales auxquelles il faut mettre fin dans les meilleurs délais. Tous les couples vivent des moments difficiles, mais lorsqu'il n'est plus possible de faire autrement, il faut quitter les relations devenues difficiles ou impossibles. Tout couple vaut la peine d'être sauvé, mais pas à n'importe quel prix. La thérapie conjugale constitue l'occasion ultime pour vérifier si la poursuite de la relation de couple est encore possible, à la condition que les deux partenaires veuillent y participer et acceptent de se remettre en question. Voici sept situations où la relation devient une impasse et dont la seule solution est d'y mettre fin dans les meilleurs délais, même sans thérapie.

1. Vous devez mettre fin à toute relation avec une personne hors d'atteinte, soit parce que votre amoureux est déjà marié, soit parce qu'il vous dit qu'il ne veut pas s'engager (croyez-le !) ou parce qu'il ne peut pas s'engager à cause d'un travail trop prenant. Ne faites pas comme l'une de mes clientes venue me consulter à 39 ans et à qui son amant promettait de divorcer depuis près de 15 ans.

2. Vous devez aussi divorcer si vous êtes sur des longueurs d'ondes tellement différentes qu'il n'existe entre vous aucun point commun, que la communication ne mène nulle part et que, finalement, vous n'avez pas, ou si peu, de plaisir à être ensemble.

3. Si vos besoins d'amour et de tendresse ne sont pas respectés, si votre partenaire rejette votre sexualité, s'il n'y a ni respect, ni honnêteté (des infidélités à répétition par exemple), si vous ne ressentez aucun soutien émotif ou concret, quittez !

4. Si vous avez l'impression que votre couple constitue un territoire dévasté où ne règnent que le vide, l'isolement, le manque, la distance... quittez !

5. Quittez aussi le couple qui n'est qu'un champ de bataille remplit de haine, de colère et d'insultes. À plus forte raison si vous êtes victime de violence psychologique, physique, sexuelle et économique ou si vous-même réagissez par de la violence psychologique, physique et sexuelle.

6. Quittez toute relation basée sur la manipulation par la jalousie (tu n'as pas le droit d'exister en dehors de moi), par la faiblesse (je ne suis rien sans toi), par le pouvoir (tu agis comme je veux, sinon je te quitte), par la servitude (je te suis tellement utile que tu ne pourras jamais me quitter) ou par la culpabilité (tout est de ta faute si ça ne marche pas entre nous). Il n'y a pas de place pour le chantage dans un couple heureux.

7. Et quittez aussi les relations où vous cherchez continuellement à vous convaincre que :

    • votre partenaire vous aime malgré sa froideur,

- c'est tellement bon ce qui se passe parfois (mais rarement) entre vous deux,
- vous vous disputez parce que vous vous aimez beaucoup trop,
- l'amour n'est pas tout dans la vie,
- c'est parce que l'autre a peur de l'intimité qu'il ne s'engage pas,
- l'autre n'a pas appris à exprimer ses émotions,
- vous croyez qu'il vaut mieux vivre malheureux à deux que malheureux seul.

Ce sont des rationalisations qui vous paralysent, qui vous font perdre votre confiance en vous, votre estime de vous-même et qui vous rendront malade, psychologiquement et physiquement, avec le temps.

Il y a aussi des partenaires que vous devez éviter ou fuir au plus tôt. Voici plusieurs indices que, malgré toute votre bonne volonté, vos efforts et votre amour, votre partenaire ne changera jamais et que vous devez le quitter par respect pour vous-même et pour le responsabiliser. Le divorce constitue souvent le début d'une «désintégration positive» s'il permet aux deux partenaires de se remettre en question, avec ou sans l'aide d'un thérapeute.

1. Vous avez réellement l'impression que vous êtes le seul à vous impliquer dans le couple ou dans la famille. Vous avez l'impression d'être davantage son parent que son partenaire. Vous en faites plus pour aider votre partenaire que lui-même n'en fait pour lui.

2. Rien de ce que votre partenaire entreprend ne fonctionne parce qu'il a développé une attitude négative devant la vie. Il démissionne avant même d'avoir essayé, car, dit-il, «ça n'en vaut pas la peine» et que, de toute façon, rien ne marchera jamais pour lui.

3. Les coupables, ce sont les autres: le gouvernement, le système, les patrons, la situation économique, ses parents, vous. Tous sont responsables de sa condition, jamais lui. Il n'accepte pas la responsabilité de sa situation.

4. L'alcool, le jeu, la drogue, la cyberdépendance sont des moyens pour lui de fuir ses responsabilités, de fuir la réalité. Il est incapable d'admettre que l'une ou l'autre de ces habitudes est devenue une dépendance et il ne se rend pas compte de leurs effets destructeurs sur sa vie et sur votre relation, malgré toutes les fois où vous avez tenté de lui en parler. Vous vous êtes souvent disputés à cause de ses «vices».

5. Il a développé un caractère autoritaire et n'accepte aucune contestation de votre part, de la part de ses enfants ou de qui que ce soit. Partout où il passe, il crée des confrontations avec son entourage.

6. Sa vie est parsemée d'échecs à tout point de vue : professionnel (il n'a jamais su garder un emploi), familial (il est en guerre avec sa propre famille), social (il n'a aucun ami intime avec qui partager des loisirs), parental (sa relation avec ses enfants est inexistante), personnelle (il n'a aucun projet) et amoureuse (il n'a rien réglé avec son ex-conjoint).

7. Il vous dit qu'il a essayé de changer mais qu'il n'y peut rien : «Je suis comme ça. Tu me prends comme je suis, un point c'est tout». Là aussi, croyez-le !

8. Il essaie de gagner du temps et vous dit qu'il est capable de régler ses problèmes tout seul, qu'il n'a besoin ni de thérapie, ni de lecture, ni de personne. Il vous a promis à plusieurs reprises de changer, mais ses changements ne durent que le temps de ses promesses, que le temps de vous amadouer.

9. Il vous avoue qu'il est très bien comme il est et qu'il ne veut absolument pas changer son style de vie. Il vous renvoie plutôt la balle en vous disant que c'est vous qui devriez changer et vous adapter. Il vous suggère même d'aller consulter parce que c'est vous «le» problème et que de toute façon vous n'êtes jamais satisfait.

10. Vous avez de plus en plus l'impression que «Ça ne peut pas être pire ailleurs!» et vous vous surprenez de plus en plus à penser à la séparation, à un ancien amoureux, à prendre un amant pour aller vérifier votre valeur. Vous êtes de plus en plus sensible aux marques d'attention de vos collègues ou voisins.

Que vous vous reconnaissiez ou reconnaissiez certains des comportements de votre partenaire dans cette liste est tout à fait normal. Tout est une question de mesure. Si, par contre, votre partenaire correspond en tous points au portrait ci-dessus, vous avez une décision difficile à prendre. Pour vous assurer de prendre la bonne décision, posez-vous la question suivante : «Si la situation est toujours la même dans cinq ans, est-ce que je désirerai encore être avec la même personne?» Rappelez-vous que les répercussions d'une tension permanente sur votre santé physique et mentale croissent avec le temps et que cette tension fragilise votre système immunitaire. Il vaut donc mieux mettre fin à une relation potentiellement dangereuse pour votre santé mentale, émotive et physique et profiter d'une période de célibat pour intégrer les éléments de ce livre sur les couples heureux, travailler sur vous-même (en thérapie ou non) afin de devenir une personne plus autonome, plus différenciée, plus heureuse avec vous-même, et finalement trouver un partenaire amoureux plus approprié.

En définitive, le secret du bonheur et du bonheur conjugal se résume à peu de choses : rester en contact avec soi en tant que personne unique et trouver une personne elle-même en contact avec elle-même. Un couple heureux est composé de deux personnes autonomes qui développent une relation d'intimité et d'interdépendance pour réaliser un projet de vie. Ce sont deux personnes qui n'oublient jamais que l'individu est la base du couple, que la famille ne peut exister sans couple uni et qu'une société fonctionnelle est formée de personnes autonomes, de couples unis et de familles heureuses.

Le couple heureux est l'avenir de l'humanité.

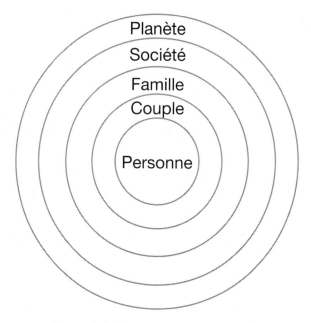

Figure 22. Nous sommes tous reliés

1

La chimie de l'amour

Plusieurs hormones interviennent dans le processus amoureux.

1. **Les phéromones ou phérormones.** Ces effluves sont produits par les glandes apocrines situées sous les aisselles, autour des mamelons et dans les aines. Même émises à dose infime, elles donnent une empreinte olfactive personnelle unique et possèdent le don d'attirer certaines personnes et d'en éloigner d'autres. L'amour n'est peut-être au fond qu'une question d'odorat. Ne dit-on pas des gens qui nous sont antipathiques : «Celui-là, je ne peux pas le sentir!»

2. **La phényléthylamine.** C'est une substance chimique cérébrale qui déclenche des sensations d'allégresse, d'exultation et d'euphorie. Le coup de foudre est l'état d'un cerveau submergé d'amphétamines naturelles : nous sommes en amour avec les sensations que nous éprouvons devant l'image que nous nous faisons de l'être aimé. Les drogués de l'amour vont de coup de foudre en coup de foudre à la recherche de l'excitation déclenchant la production de phényléthylamine et la passion.

3. **Les endorphines.** Ne pouvant carburer très longtemps à la phényléthylamine, le cerveau la remplace après un temps variable par une espèce d'opiacé qui fait diminuer l'amour-passion et se développer l'amour attachement : les amoureux peuvent maintenant parler, manger et dormir en paix. Sécurité, stabilité et tranquillité sont maintenant au rendez-vous.

4. **L'ocytocine ou hormone de l'amour.** Produite en plus grande quantité par les femmes, elles rendent celles-ci plus «maternantes», plus disposées à prendre soin des autres, à créer des alliances. Elle expliquerait la tendance des amoureuses à devenir des «mamantes»[105]. Les hommes en produisent au moment de l'orgasme.

5. **La dopamine.** Neurotransmetteur précurseur de l'adrénaline, elle serait responsable de l'excitation et de la joie ressenties dans la poursuite de nos objectifs, comme séduire une personne. Elle attise la curiosité et stimule l'imagination. Elle nous rend euphoriques. L'alcool et la nicotine, de même que nos fantasmes sexuels, stimulent la production de dopamine.

6. **La testostérone ou hormone sexuelle.** Produite en grande quantité chez les hommes, elle est responsable de leur plus grande libido et de leur comportement intrusif, car elle est aussi associée à l'agressivité (énergie de vie).

---

[105] Néologisme formé par la contraction de maman et amante.

Annexe

2

Testez votre bonheur conjugal !

Évaluez votre degré de satisfaction à propos des vingt-cinq items ci-dessous à partir de l'échelle suivante :
1. Très insatisfait
2. Peu satisfait
3. Satisfait
4. Assez satisfait
5. Très satisfait

1. Notre confiance et respect réciproques	1	2	3	4	5
2. Le respect de mon territoire et de mes habitudes	1	2	3	4	5
3. Sentiment d'admiration pour mon partenaire	1	2	3	4	5
4. Sentiment que mon partenaire m'admire	1	2	3	4	5
5. Sentiment de complicité avec mon partenaire	1	2	3	4	5
6. Notre entente sur nos projets à court, moyen et long terme	1	2	3	4	5
7. La communication verbale émotive	1	2	3	4	5
8. La fréquence de nos rapports sexuels	1	2	3	4	5
9. La qualité de nos rapports sexuels	1	2	3	4	5
10. Nos moments de tendresse, hors sexualité	1	2	3	4	5
11. L'éducation de nos enfants	1	2	3	4	5
12. Notre entente financière	1	2	3	4	5
13. Le partage des tâches ménagères	1	2	3	4	5
14. Mes liens avec la belle-famille	1	2	3	4	5
15. Les activités de loisirs	1	2	3	4	5

16. La vie au jour le jour	1	2	3	4	5
17. La prise de décision	1	2	3	4	5
18. La résolution de nos conflits	1	2	3	4	5
19. La quantité de temps passé ensemble	1	2	3	4	5
20. La qualité du temps passé ensemble	1	2	3	4	5
21. Le support obtenu lors de moments difficiles	1	2	3	4	5
22. Les relations avec nos couples amis	1	2	3	4	5
23. Nos périodes de vacances en couple ou seul, sans la famille	1	2	3	4	5
24. Notre engagement réciproque et notre partage du pouvoir	1	2	3	4	5
25. Mon sentiment de liberté dans mon couple	1	2	3	4	5

Faites le total de chaque colonne = _____, puis soustrayez 25 points de ce total = _____ %

Le chiffre obtenu vous donne votre taux de satisfaction conjugale en pourcentage. Plus celui-ci est élevé et plus vous vivez en couple depuis longtemps, plus vous êtes amoureux et heureux.

Interprétation sommaire des résultats :
76 à 100 % : Couple très heureux, surtout si vous approchez 100 %.
51 à 75 % : Couple heureux avec des hauts et des bas, mais attention si vous approchez 51 %.
25 à 50 % : Couple malheureux et qui risque de l'être de plus en plus si vous ne réagissez pas immédiatement.
0 à 25 % : L'un de vous deux, sinon les deux, songe sérieusement au divorce. Pensez à une thérapie conjugale ou personnelle.

Pour une meilleure perception de votre situation conjugale, nous vous suggérons de demander à votre partenaire de répondre lui aussi à ce questionnaire et de discuter ensemble de votre degré de satisfaction et des points sur lesquels tous deux êtes satisfaits. Prenez la responsabilité de vos insatisfactions et de celles de votre partenaire et voyez ce que vous pouvez faire pour les faire disparaître. Ne cherchez surtout pas un « coupable », cela ne ferait qu'augmenter votre tension conjugale et votre taux d'insatisfaction.

Pour obtenir une évaluation plus détaillée de votre taux de satisfaction conjugale, je vous invite à vous rendre sur le site www.coupleheureux.com et à répondre de nouveau au questionnaire. Vous y trouverez un deuxième questionnaire plus élaboré vous permettant d'analyser votre acquisition des sept bases de l'harmonie conjugale (Chapitre 10). Différents conseils personnalisés vous seront proposés afin d'augmenter vos probabilités de faire partie des couples heureux à long terme. Vous aurez accès sur le site à des articles écrits par l'auteur et vous pourrez vous abonner à une lettre d'information mensuelle (newsletter) sur les plus récentes découvertes concernant les couples heureux. Vous pourrez aussi consulter les réponses préparées par notre équipe de psychologues aux questions les plus souvent posées par les couples à la recherche de l'harmonie conjugale.

Liste des figures

Liste des tableaux

Bibliographie

Alberoni, Francesco, *Je t'aime*, Paris, Plon, 1998.

Bach, G. R. et P Wyden, *Ennemis intimes*, Montréal, Éditions Le Jour, 1984.

Bacqué, Marie-Frédérique, *Le deuil à vivre*, Paris, Odile Jacob, Éd. Poches, 2000.

Barber, Lyne, *Pour femmes seulement, Comment améliorer vos relations intimes*, Montréal, Québécor, 6ᵉ éd., 1989.

Barranger, Jack, *Savoir quand quitter...*, Montréal, Éditions Le Jour / Actualisation, 1990.

Bateson, Grégory, *La nature et la pensée*, Paris, Le Seuil, 1984.

Beauthéac, Nadine, *Le deuil. Comment y faire face ? Comment le surmonter ?*, Paris, Le Seuil, 2002.

Bloom, Howard, *Le principe de Lucifer*, Paris, Éditions Le jardin des livres, 2001.

Bourguignon, Stéphane, *Le principe du geyser*, Montréal, Québec / Amérique, 1996.

Brien, Michèle, *Parlez pour qu'on vous écoute*, Montréal, Éditions Le Jour, 1982.

Buscaglia, Léo, *S'aimer ou le défi des relations humaines*, Montréal, Éditions Le Jour, 1985.

Carter, J. et J. Sokol, *Ces hommes qui ont peur d'aimer*, Paris, J'ai lu, Coll. Bien-être, 1994.

Chabot, Marc, *Des hommes et de l'intimité*, Montréal, Éditions St-Martin, 1987.

Corneau, Guy, *Pères manquants, fils manqués*, Montréal, Éditions de l'Homme, 1989.

Corneau, Guy, *L'amour en guerre*, Montréal, Éditions de l'Homme, 1996.

Cowan et Kinder, *Les femmes qu'ils aiment, les femmes qu'ils quittent*, Paris, Robert Laffont, 2003.

Dallaire, Yvon, *S'aimer longtemps ? L'homme et la femme peuvent-ils vivre ensemble ?* Québec, Option Santé, 1996.

Dallaire, Yvon, *Chéri, parle-moi ! Dix règles pour faire parler un homme*, Québec, Option Santé, 2001.

Dallaire, Yvon, *Moi aussi... Moi... plus, 1 001 différences homme-femme*, Québec, Option Santé, 2002.

Dallaire, Yvon, *Homme et fier de l'être. Un livre qui dénonce les préjugés envers les hommes et fait l'éloge de la masculinité,* Québec, Option Santé, 2001.

D'Ansembourg, Thomas, *Cessez d'être gentil, soyez vrai,* Éditions de l'Homme, Montréal, 2001.

DeAngelis, Barbara, *Les secrets sur les hommes que toute femme devrait savoir,* Montréal, Éditions Edimag, 1993.

Delis et Phillips, *Le paradoxe de la passion ou Les jeux de l'amour et du pouvoir,* Paris, Robert Laffont, Collection Réponses, 1992.

Doyle, Laura, *The Surrendered Wife. A Practical Guide to Finding Intimacy, Passion and Peace With a Man, New York,* Fireside Ed., Simon and Schuster inc., 1999.

Durben-Smith, Jo et Diane Desimone, *Le sexe et le cerveau, La réponse au mystère de la sexualité humaine,* Montréal, Éditions La Presse, 1985.

Erikson, Erik H., *Adolescence et crise, la quête de l'identité,* Paris, Flammarion, 1972.

Fisher, Hélène, *Histoire naturelle de l'amour, Instinct sexuel et comportement amoureux à travers les âges,* Paris, Robert Laffont, 1994.

Forward, S. et J. Torres, *Ces hommes qui méprisent les femmes... et les femmes qui les aiment,* Montréal, Éditions de l'Homme, 1988.

French, Marylin, *Toilettes pour femme,* Paris,Robert. Laffont, 1978.

Fromm, Éric, *L'art d'aimer,* Paris, Éd. De l'Épi, 1968.

Germain, B. et P. Langis, *La sexualité. Regards actuels,* Montréal, Études vivantes, 1990.

Giroux, Michel, *Psychologie des gens heureux,* Montréal, Éditions Québécor, 2005.

Goffman, Erving, *Les moments et leurs hommes,* Textes recueillis par Y. Winkin, Paris, Le Seuil/Minuit, 1988.

Goldberg, Herb, *Être Homme, se réaliser sans se détruire,* Montréal, Éditions Le Jour, 1981.

Goldberg, Herb, *L'homme sans masque,* Montréal, Éditions Le Jour, 1990.

Goldberg, Herb, *Nouvelles relations entre hommes et femmes,* Montréal, Éditions Le Jour, 1990.

Goleman, Daniel, *L'intelligence émotionnelle. Comment transformer ses émotions en intelligence,* Paris, Robert Laffont, 1997.

Gottman, John et Nan Silver, *The Seven Principles for Making Mariage Work,* New York, Crown Publishers, 1999. Ce livre est aussi disponible en français sous le titre *Les couples heureux ont leurs secrets,* Paris, JC Lattès, 1999.

Gray, John, *L'homme vient de Mars, la femme vient de Vénus,* Montréal, Éditions Logiques, 1994.

Halpern, Howard M., *Adieu ou Comment rompre sans difficulté*, Montréal, Éd. du Jour, 1983.

Harvey, André, *Rencontre avec son sage intérieur*, Québec, Éd. Incala, 2001.

Hendrix, Harville, *Le défi du couple*, Laval, Modus Vivendi, 1994.

Hone, Geneviève et Julien Mercure, *Les saisons du couple*, Éd. Novalis, Ottawa, 1993, 191 p.

Johnson, Olive Skene, *The Sexual Spectrum. Exploring Human Sexuality*, Vancouver, Raincoast Books, 2004.

Kaufmann, Jean-Claude, *La formation du couple*, Paris, Que sais-je ?, 1993.

Klein, Stefan, *Apprendre à être heureux. La neurobiologie du bonheur*, Paris, Robert Laffont, 2002.

Lafavore, Michael, *Men's health advisor 1997, Men's health magazine*, New York, Rodale Press, 1997.

Langis, Pierre, *Psychologie des relations intimes. L'amour et le couple*, Montréal, Bayard, 2005.

Leleu, Gérard, *La fidélité et le couple*, Paris, J'ai lu, 2001.

Lemaire, Jean-Guy, *Le couple : sa vie, sa mort*, Paris, Payot, 1979.

Le Senne, René, *Traité de Caractérologie*, Presses Universitaires de France, coll. Logos, 1ère edition, 1945.

Maslow, Abraham, *Motivation and Personality*, New York, Harper Perennial, 1970.

Nabati, Simone et Moussa, *Le père, à quoi ça sert ?* Genève, Éd. Jouvences, 1994, pp. 61-68.

Nagler et Androff, *Bien vivre ensemble, 6 nouvelles règles*, Montréal, Éd. du Jour, 1992.

Naifeh, S. G. W. Smith, *Ces hommes qui ne communiquent pas*, Montréal, Éditions Le Jour, 1987.

Nazare Aga, Isabelle, *Les manipulateurs et l'amour*, Montréal, Éditions de l'Homme, 2000.

Norwood, Robin, *Ces femmes qui aiment trop*, Montréal, Stanké, 1986.

O'Connor, Dagmar, *Comment faire l'amour à la même personne... pour le reste de votre vie*, Montréal, Éd. Le Jour, 1987.

Pasini, Willy, *La force du désir*, Paris, Odile Jacob, 1999.

Peiffer, Vera, *Célibataire et heureux*, Montréal, Éditions Le Jour, 1994.

Portelance, Colette, *La liberté dans la relation affective* Montréal, Éd. du Cram, 1996, 283 p.

Proulx, Mario, En collaboration, *La planète des hommes,* Montréal,Bayard, 2005.

Richer, Gilbert, *Par le bout du nez,* Québec,Option Santé, 2005.

Robert, Jocelyne, *Le sexe en mal d'amour,* Montréal, Éditions de l'Homme, 2005.

Rogers, Carl R., *Le développement de la personne,* Paris, Dunod, 1991

Salomé, Jacques et S. Galland, *S'aimer et se le dire,* Montréal, Éditions de l'Homme, 1993.

Salomé, Jacques et S. Galland, *Parle-moi... j'ai des choses à te dire,* Éd. de l'homme, Montréal, 1995, 245 p.

Salomé, Jacques et S. Galland, *Si je m'écoutais, je m'entendrais,* Éd. de l'homme, Montréal, 1990, 335 p.

Schnarch, David, *Passionate Marriage, Keeping Love and Intimacy Alive in Committed Relationsahip,* New York, Henry Holt and cie, 1997.

Spark, Richard F., *Male sexual health, A couple's guide,* New York, Consumer reports books, 1991.

Sykes, Bryan, *La malédiction d'Adam, un futur sans hommes,* Paris, Albin Michel, 2004.

Tanenbaum, Joe, *Découvrir nos différences entre l'homme et la femme,* Montréal, Éditions Québécor, 1992.

Tannen, Déborah, *Décidément, tu ne me comprends pas, ou Comment surmonter les malentendus entre hommes et femmes,* Paris,Robert Laffont, 1993.

Tordjman, Gilbert, *Le couple, les nouvelles règles du jeu,* Paris, Hachette, 1995.

Weil, Bonnie E. et Ruth Winter, *L'adultère, un péché qu'on pardonne,* Montréal, Éditions de l'Homme, 1994.

Wertheimer, Neil, *Encyclopedia of men's health, Men's health book,* New York, Rodale Press, 1995.

Wilson Schaef, Anne, *Ces femmes qui en font trop,* Laval, Modus Vivendi, 1997.

Wright, John, *La survie du couple,* Montréal, Éditions Le Jour, 1990.

Remerciements

Mes premiers remerciements vont aux centaines de participants et participantes qui ont assisté à mon atelier «Qui sont ces couples heureux?» Sans leurs questions, leurs commentaires et réactions au contenu présenté lors de cet atelier, ce livre n'aurait pu, au cours des cinq dernières années, prendre la forme qu'il possède. C'est en osant s'ouvrir que ces personnes et ces couples m'ont permis de valider ou de modifier nombre d'idées présentées tout au long des différents chapitres de ce livre. Je leur en suis profondément redevable.

Je me sens aussi redevable à tous les gens qui gravitent dans mon entourage professionnel immédiat et qui facilitent, d'une façon ou d'une autre, la réalisation de mes projets : Caroline Bédard, directrice des éditions Option Santé, qui prend en charge toutes mes responsabilités lors de mes nombreux déplacements hors Québec ; Jean-François Dallaire, le webmestre de www.optionsante.com et de www.yvondallaire.com qui améliore continuellement mon environnement informatique ; Christian Chalifour qui s'occupe de a à z du montage et de l'impression de mes livres ; Sarah Olivier et Sylvie Honoré qui m'ont fait connaître en Belgique ; Christiane Mulhauser qui m'invite régulièrement à présenter mes livres en Suisse ; Philippe Lahille qui les distribue en France. Je remercie aussi Jean-Pierre Élias, Stéphane Masquida et toute l'équipe de représentants des Messageries ADP, lesquels ont rendu mes livres très populaires au Québec.

Je remercie également toutes les personnes qui, par le passé et actuellement, ont fait et font la promotion de mes conférences, mes ateliers et mes livres me permettant ainsi de faire connaître mon message auprès du public : Gabrielle Baiverlin, Alain de Bonnaires, Claude

Bouchardy, Hervé Dubois, André Dunand, Nicole Foulon, Christiane Franken, Patrick Guillot, Anne-Marie Janssen, Salvatore Rindone, Stéphane Rudaz, Christiane et Maurice Savio, Françoise Vercruysse.

Merci aussi à tous ceux et celles qui m'ont, à plusieurs reprises, ouvert les pages de leur magazine ou qui m'ont régulièrement invité à leurs émissions radiophoniques ou télévisuelles : Chantal Calatayud *(Psychanalyse)*, Jocelyne Cazin (TVA), Agnès Delbarre (Radio-France Bleue), Louise Deschâtelets (Télé-Québec), Philippe Eledjam *(Signes et sens)*, Mario Grenier (FM 91,9), Christelle Gilquin *(Femme d'aujourd'hui)*, Katia Hess (Radio Suisse), Jean-Baptiste Isaac *(Men's Health)*, Claire Lamarche (TVA), Sylvie Ledoux (Canal-vie), Pascale Lemelin *(Corps et âme)*, Louis Martin *(Corps et âme)*, François Paradis (TVA), Alexandra et François Rény (FM 93), Claude Saucier (Société Radio-Canada), Louise-Andrée Saulnier (TQS), Brigitte Simard (CKRS), Véronique Thiberghien (RTBF), Josée Turmel (TQS). Et tous les journalistes qui m'ont interviewé et les recherchistes qui ont fait appel à moi pour leurs documentaires.

J'aimerais remercier sincèrement Matthieu Merlio (Deveo) qui m'a approché pour mettre sur pied et promouvoir le site Intenet www.coupleheureux.com et qui a travaillé sans relâche depuis plus d'un an et demi pour rendre accessible ce site qui complète mon livre et permettra à des milliers d'internautes d'avoir accès à certaines informations sur les couples heureux. Je remercie aussi Yannick Lacoste (ViaMedias Éditions), chargé de la diffusion et de la promotion de ce livre en Europe francophone, lequel, avec ses précieux conseils, a grandement amélioré la présentation littéraire et graphique de ce livre.

Merci à tous ceux et celles qui m'ont chaleureusement ouvert la porte de leur maison lors de mes nombreux voyages et qui me permettent ainsi de comparer le vécu des couples européens et canadiens.

Je n'ose les nommer de peur d'en oublier. Je remercie finalement Jacques Salomé qui m'a fait l'honneur de signer la préface de mon livre et Catherine Solano pour la collaboration spéciale apportée pour le chapitre sur les couples sexuellement heureux.

À tous : Soyez heureux !

Imprimé au Canada, 2009